U0890666

本书受河南省高校哲学社会科学优秀著作资助(二十大专项)和河南省高等学校青年骨干教师培养计划资助,收录河南省高等学校哲学社会科学优秀著作卓越学术文库

马克思主义视域下的新时代观研究

方兰欣 著

河南大学出版社
HENAN UNIVERSITY PRESS
·郑州·

图书在版编目(CIP)数据

马克思主义视域下的新时代观研究 / 方兰欣著. 郑州 : 河南大学出版社, 2024. 12. -- ISBN 978-7-5649-6172-5

Ⅰ. D61

中国国家版本馆 CIP 数据核字第 2024HA9499 号

马克思主义视域下的新时代观研究

MAKESI ZHUYI SHIYU XIA DE XINSHIDAIGUAN YANJIU

责任编辑 郑 鑫 薛建立

责任校对 柳 涛 柴桂玲

封面设计 史 岩

出 版 河南大学出版社

地址:郑州市郑东新区商务外环中华大厦 2401 号 邮编:450046

电话:0371-86059701(营销部) 网址:hupress.henu.edu.cn

排 版 河南大学出版社设计排版中心

印 刷 广东虎彩云印刷有限公司

版 次 2024 年 12 月第 1 版 **印 次** 2024 年 12 月第 1 次印刷

开 本 710 mm×1010 mm 1/16 **印 张** 17.25

字 数 283 千字 **定 价** 58.00 元

(本书如有印装质量问题,请与河南大学出版社营销部联系调换。)

序　言

方兰欣是我在中央党校文史部带的第一个，也是多年来我带的唯一一个马克思主义文化学专业的博士。兰欣本科和硕士阶段是在郑州大学读的哲学专业，他 2014 年 9 月博士入学，2015 年 5 月便在《学习时报》发表《哲学发展要直面中国问题》，9 月在《长白学刊》发表《法哲学视野中的法治文化建设》，专业基础好，学习用功；在校期间多次获得博士研究生科研奖励，做过学生党支部书记、学生同乡会会长，还短暂挂职过市长助理。难得的是，他还多次获得博士研究生的"文明宿舍"奖励。作为他的博士研究生导师，我感到十分欣慰！

兰欣博士毕业后到郑州大学工作，我也一直关注着他的发展。他先后主持获批了河南省社科规划项目、中国博士后面上项目、教育部青年基金项目、国家社科基金项目等，2018 年与我合作发表了《改革开放以来中国特色社会主义的发展逻辑》，2019 年我们合作发表了《论习近平新时代观》，2023 年我们合作发表了《正确认识中华文明的突出特性》，2024 年我们合作发表了《文化的力量论纲》。在这期间，兰欣聚焦新时代观相关问题的研究，形成了二十余万字的书稿，并在 2022 年底获河南省高校哲学社会科学优秀著作资助（二十大专项）出版立项。即将由河南大学出版社出版的《马克思主义视域下的新时代观研究》就是该出版资助项目的最终成果。作为他的博士研究生导师，我愿谈谈阅读感受！

马克思说："时间实际上是人的积极存在，它不仅是人的生命的尺度，而且是人的发展的空间。"人和社会是由不同时间阶段构成的总体性过程，我们往往用“时代”来标注和指称特定的时间阶段。关于时代的根本观点和总看法,就是通常所说的“时代观”,这是一个政党和国家确定长期发展战略的基本依据。党的十九大报告提出“中国特色社会主义进入了新时代”。这是党的十八大以来,以习近平同志为核心的党中央创造性地回答我国改革发展进程中的一系列重大理论与实践问题,带领中国在国际局势风云变幻之际开创新思想、取得新成就、呈现新气象、进入了新时代。如何读懂新时代,需要深刻理解习近平新时代观,这是深入学习领会习近平新时代中国特色社会主义思想的重要内容。我在专著《强国时代》中认为,党的十八大以来,我国站在了实现强起来新的历史起点上,我国进入了全面建成社会主义现代化强国的新时代,简称“强国时代”,习近平新时代中国特色社会主义思想本质上是实现强起来的理论,是强国时代所需要的理论,可简称“强国理论”。方兰欣撰写的专著《马克思主义视域下的新时代观研究》坚持大历史观,运用历史唯物主义基本原理和方法论,从中国看世界与从世界看中国相结合的角度系统梳理了新时代观的研究基础、生成逻辑和重要内容,从学理角度阐释了中华民族“站起来”“富起来”“强起来”、中国式现代化“领起来”、中华文明“兴起来”的时代方位,在解读新时代和理解习近平新时代观方面有一定的拓展和深化。纵览全书,我认为有以下三个方面的特点或优点:

一是选题新颖,论题具有现实意义。时代观问题由来已久,并非是一个全新的问题,马克思、列宁等都有所论及。但是,时代发展一往无前,时代观自然也应该与时俱进,随着时代的发展和变迁而不断更新。中国特色社会主义进入新时代,我们究竟处在一个什么样的时代,面对什么样的时代特征、时代主题、时代任务等,确实需要根据时代的发展和习近平总书记关于这个时代的重要论断、论述来梳理、总结并建构一种新的时代观,以更好认识和适应时代的发展。遗憾的是相关成果并不多见,已有成果也多为报刊论文形式,系统化的理论著作寥寥无几。本书以习近平新时代观为研究对象,着重从马克思主义总体性的角度切入,力求体现习近平新时代观深厚的理论性、系统性和战略性,分析进入新时代的重大意义和根本标志,弄清新时代到底是一个什么样的时代,多维度完整呈现习近平新时代观。因此,选题具有一定的理论创新性和较强的现实价值。

二是逻辑性强，章节结构安排合理。全书分为十四章：第一章从选题缘由、研究现状、思路方法、理论基础等方面对时代观研究的前提性问题进行了总体性理论分析和交代，强调时代观的研究要善于从大时代中把握小时代，从小时代的变化中觉察大时代的变迁和流动。第二章着重从历史逻辑、理论逻辑、现实逻辑和主体逻辑四个维度概述了习近平新时代观的孕育生成，指出“新时代”是新时代观形成的历史根据、现实根据，马克思主义及其中国化成果是新时代观形成的理论逻辑，习近平同志是新时代观形成的最根本的贡献者，突出新时代观是理解习近平新时代中国特色社会主义思想的逻辑前提和总纲。第三章是在阐述习近平关于当前人类所处历史阶段的判断中呈现新时代观如何运用马克思主义的立场、观点与方法指明了人类所处大的时代方位、时代性质和时代趋势，反映出习近平新时代观的唯物史观前提与马克思主义理论基础。第四章是在国际比较和分析中呈现出习近平新时代观是在统筹国内国际两个大局，把握中国与世界深刻变化，对国际局势和世界大势清醒判断基础上形成的对时代发展的总体性认识和总体性判断。第五章到第十三章分别是从中国特色社会主义进入新时代、辩证认识新时代的阶段性特征、全面建成社会主义现代化强国、建设更加坚强有力的马克思主义政党、坚持以人民为中心、建设中华民族现代文明、引领构建人类命运共同体等维度深入阐释习近平新时代观关于中国方位、时代特征、时代课题、时代方向、文明复兴、人类命运与共等问题的认识和回答。最后一章（第十四章）是在前面几章研究基础上尝试性地对习近平新时代观的科学内涵进行了学术性的凝练，概述其重大理论与现实意义。总的来看，全书主题主线清晰，各个章节内容结构安排合理、逻辑性强，体现出作者对相关问题的研究比较系统和全面。

三是观点允当，内容表述有思想性。“新时代观”是一个相对比较宏观、也比较严肃的主题，有一定的研究难度和挑战。该书坚持辩证唯物主义和历史唯物主义的立场和方法，对马克思主义经典作家关于时间、历史、时代的相关论述比较熟悉，对中国共产党领导人关于时代的相关论述梳理得比较扎实，可谓是旁征博引。书中提出的对时代的研究和把握需要带着四面镜子的观点比较有新意，关于中国方位、强国时代、命运与共等观点坚持史论结合、论从史出，论述比较客观、允当，关于时代和人的关系的论述颇具思想性，特别是把“站起来”“富起来”再到“强起来”的时代逻辑拓展到中国式现代化“领起来”和中华文明“兴起来”的历史纵深，体现出作者对相关问题的思考有深度，这也使得本书显得厚重饱满。

作为兰欣的博士研究生导师，我知道这本即将面世的书是他学术研究中反复修改完善后出版的首部专著，于他而言这既是前期研究的一个阶段性成果，也是未来学术研究的新起点。文章千古事，得失寸心知。正如他在后记中提到的，作为首部专著，难免还存在一些需要进一步挖掘和深化的地方。但是，一个三十多岁的“青椒”，上有老、下有小，在承担着大量教学任务的情况下仍能挤出时间来著书立说，值得肯定、值得期待！希望兰欣博士能够在学术研究的道路上取得更大的进步。可喜的是，该书已被收录河南省高等学校哲学社会科学优秀著作卓越学术文库，相信会给读者带来一定的思考和启发。

是为序。

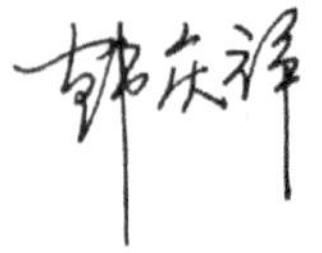

2024 年 11 月

目　录

前　言

历史是人类世代的更替，其关键节点将一段时间内的特定社会、政治、文化和经济状况与其他时期显著区分开来，这一总过程被标注为不同的时代。时代观是特定主体关于时代的总看法以及在时代性质、时代主题、时代特征、时代变迁、时代潮流、时代课题、时代精神等基本问题上形成的根本观点。时代观问题是马克思主义最基本的理论问题，也是世界政治最基本的实践问题，是一个政党和国家确定长期发展战略的基本依据。任何主体的存续都离不开特定的时空场域，只有正确把握大的历史时代，才能够更好谋划特定主体的小时代。因此，需要对时代观问题有一个总体性的把握，需要形成并坚持一种正确的时代观。

党的十八大以来，以习近平同志为核心的党中央推动中国特色社会主义事业取得历史性成就、发生历史性变革、产生历史性影响，推动我国社会主要矛盾发生历史性转化，中国特色社会主义进入了新时代。时代在发展变化，时代观也在与时俱进、不断更新，新时代孕育了习近平新时代观。习近平新时代观是马克思主义时代观的与时俱进和创新发展，是习近平新时代中国特色社会主义思想的立论基础和逻辑前提，是理解和把握新时代、新使命、新思想、新战略的一个总纲，因而值得从学理层面进行系统深入的研究和阐释。

基于此，本书坚持大历史观，运用马克思历史唯物主义基本原理和方法论，从中国看世界与从世界看中国相结合，着重从“研究基础论”“生成逻辑论”“历史阶段论”“国际形势论”“中国方位论”“辩证认识论”“强国时代论”“强大政党论”“人民中心论”“一以贯之论”“唱响中国论”“文明复兴论”“命运与共论”和“科学内涵论”十四个方面,对习近平新时代观进行系统化的梳理和总结,从学理角度阐释中华民族从“站起来”“富起来”到“强起来”,再到中华文明“兴起来”这一新时代的历史进程、生成逻辑、根本标志、历史方位、发展逻辑、历史使命、战略安排、实践要求、世界意义和行动指南等丰富内涵。

导 论 用马克思主义观察时代、把握时代、引领时代

世界正经历百年未有之大变局，中国特色社会主义进入了新时代，需要我们保持时代清醒、增强时代自觉，树立正确的时代观。习近平总书记在庆祝中国共产党成立100周年大会上的讲话指出："新的征程上，我们必须坚持马克思列宁主义、毛泽东思想、邓小平理论、'三个代表'重要思想、科学发展观，全面贯彻新时代中国特色社会主义思想，坚持把马克思主义基本原理同中国具体实际相结合、同中华优秀传统文化相结合，用马克思主义观察时代、把握时代、引领时代，继续发展当代中国马克思主义、21世纪马克思主义！"①用马克思主义观察时代、把握时代、引领时代是中国共产党百年奋斗的成功经验，也是新时代征程中继续取得成功的根本遵循。

一、时代是人的存在方式

马克思主义认为，人是一种自为性的存在，有过去、现在和未来三个基本维度。人的这种存在方式使人有了"时间"，产生了"历史"。人是社会历史性的存在，本质上是一种时间性的存在，"时间……是人的发展的空间"。② "历史不外是各个世代的依次交替。每一代都利用以前各代遗留下的材料、资金和生产力；由于这个缘故，每一代一方面在完全改变了的环境下继续从事所继承的活动，另一方面又通过完全改变了的活动来变更旧的

---

① 习近平：《习近平谈治国理政》，第四卷，外文出版社，2022，第10页。

② 《马克思恩格斯全集》，第37卷，人民出版社，2019，第161页。

环境。”①历史唯物主义认为，历史不是任人打扮的小姑娘，有其内在逻辑与规律。

人类社会历史是过程性与阶段性的统一，在特定“质”态范围内，历史处在量的积累阶段，表现出相对的稳定性特征。实际上，历史是人存在的展开，由低级到高级发展，是人类不同时代的更迭和延续。“时代”是历史的片段，“指历史上以经济、政治、文化等状况为依据而划分的某个时期”②。“时代”是“时期”，而任何“时期”都是有限的“时间”。正是因为作为“时代”的“时间”是有限的、不可逆的，因而对人才有意义，才让人珍视。整个历史的展开就是人类各个时代的贯通，就是人在与“时间”赛跑。因此，一部人类发展史，实际上就是人类争取和利用时间的历史。

人在历史和时代中塑造着自己，也在历史和时代中发现自己。人是生活在时代之中的，时代是人的存在方式，也是人认识自身的方式。人在不同时期，有不同的生理、心理特点，有不同的社会关系和思想文化特质。尽管，个体情况不同、外在环境不同，同一时代的人也各不相同，但是，这些身处同一时代的人却打上了与另一个时代的人不同的烙印。人随历史发展而变迁，时代和时代有了差异，一个时代的人同以往时代的人就有了不同。一个人、民族、国家有其历史、现在和未来，都是在前人奠定的基础上创造出新成就，从一个旧的时代中开创出新的时代。

历史和时代是人的存在方式，因此，认识时代就是认识人自身，把握好时代就是在谋划自己的生活。人需要反观时代、认识时代，进而把握好时代。不同时代人们的生存环境、生产方式和生活方式存在差异，认识活动中主体、客体和中介因素各有特点。人们在时代问题上所持的根本观点和对时代特征、趋势、演进逻辑与规律的总看法就是“时代观”。时代观不同，人们对世界的认知、情感和态度就大不一样，引申出不同的内政外交方针和策略。时代问题是马克思主义的基本理论问题，也是世界政治经济中的重要现实问题，是一个政党和国家确定长期发展战略的基本依据。

---

① 《马克思恩格斯文集》，第1卷，人民出版社，2009，第540页。
② 《现代汉语词典》，商务印书馆，1996，第1143页。

二、马克思主义是观察时代、把握时代、引领时代的思想武器

马克思主义是科学的世界观和方法论，是中国共产党立党立国、兴党兴国、强党强国的指导思想。《中共中央关于党的百年奋斗重大成就和历史经验的决议》指出："全党必须坚持马克思列宁主义、毛泽东思想、邓小平理论、'三个代表'重要思想、科学发展观，全面贯彻习近平新时代中国特色社会主义思想，用马克思主义的立场、观点、方法观察时代、把握时代、引领时代，不断深化对共产党执政规律、社会主义建设规律、人类社会发展规律的认识。"①时代在发展，社会在变化，但马克思主义依然是共产党人把握时代性质、研判时代方位、认识时代特征、回答时代课题、引领时代潮流的科学真理。

马克思主义是源于时代而又超越时代的伟大思想精华。马克思恩格斯深入资本主义时代的生产方式和社会现实，吸取自然科学、哲学的最新成果，置身于工人运动的时代洪流中创立了马克思主义。马克思主义是对19世纪资本主义时代的真实写照，同时，马克思主义又跳出19世纪资本主义具体的、个别的、孤立的某一方面现状，深入到了资本主义生产和社会运行的内在机理，探寻其一般规律。因而，马克思主义是源于19世纪的资本主义时代，又超越了19世纪的资本主义时代的伟大思想。马克思主义不是故步自封的宗派主义体系，它永远和自己的时代接触并相互作用，关注、研究和回答自己时代提出的最迫切需要解答的重大课题。一部马克思主义发展史实际上就是一部马克思主义创始人及后继者以社会和时代发展的实际问题为中心不断展开的理论创新史。

关注时代发展、与时代同行是马克思主义的鲜明品格，是马克思主义永葆生机之关键。从马克思、恩格斯到列宁，再到毛泽东、邓小平，每一代代表人物都具有强烈的时代意识——认清时代潮流，明确历史方位，解决时代课题，推动时代发展——形成了一脉相承又与时俱进的马克思主义时代观。也正因为如此，马克思主义才能源于时代又超越时代，为观察、把握和引领时代提供了科学方法论指引，照亮我们前行的路。马克思主义哲学揭示了

① 本书编写组：《〈中共中央关于党的百年奋斗重大成就和历史经验的决议〉辅导读本》，人民出版社，2021，第81页。

现实的人及其历史发展的一般规律,政治经济学揭示了资本控制社会并奴役劳动的奥秘,科学社会主义揭示了人的解放的途径与无产阶级革命的战略与策略。马克思主义关于人类社会发展的基本原理,在人类社会发展的历史长河中会永远保持旺盛的理论生命力;马克思主义所揭示的资本主义时代发展的一般规律,在这一时代发展的所有阶段都不可能过时;马克思主义关于工人阶级和劳动群众历史使命的思想,使我们能够始终牢记使命、坚定信念、注重实干,奏响"江山就是人民,人民就是江山"的时代旋律;马克思主义关于世界历史的思想,使我们既能够坚定立足中国方位把握世界潮流,又能够自觉站在世界历史的高度审视当今世界发展趋势和面临的重大时代问题,以追求合作共赢的"共同价值"超越零和博弈的"普世价值",以"构建人类命运共同体"的中国实践解决人类面临的生态恶化、贫富分化加剧等全球公共难题,在解决中国问题与世界共同难题中以更加奋发有为的姿态引领时代新发展。正如恩格斯所强调的那样:"马克思的整个世界观不是教义,而是方法。它提供的不是现成的教条,而是进一步研究的出发点和供这种研究使用的方法。"①

中国共产党坚持用马克思主义观察、把握和引领时代。矛盾分析法是认识世界和改造世界的根本方法,也是观察、把握和引领时代的重要方法论要求。时代的性质是由时代主要矛盾的主要方面决定的,把握时代必须抓住时代的主要矛盾及其主要方面。② 聚焦解决社会主要矛盾,确立时代课题与中心任务,进而制定科学合理解决社会主要矛盾的战略与策略,是中国共产党的一个好传统。习近平主席在博鳌亚洲论坛 2018 年年会开幕式上指出:"中国 40 年改革开放给人们提供了许多弥足珍贵的启示,其中最重要的一条就是,一个国家、一个民族要振兴,就必须在历史前进的逻辑中前进、在时代发展的潮流中发展。"③新民主主义革命时期,半殖民地半封建的社会性质决定了救亡图存的时代主题,我们在马克思主义的指导下逐步实现了国家统一和民族独立的时代目标,建立了新中国,中华民族受人欺辱、任

---

① 《马克思恩格斯文集》,第 10 卷,人民出版社,2009,第 691 页。

② 丰子义:《把握时代的意义与方法论》,《马克思主义与现实》2020 年第 6 期。

③ 习近平:《让开放的春风温暖世界——在第四届中国国际进口博览会开幕式上的主旨演讲》,人民出版社,2021,第 5-6 页。

人宰割的旧时代一去不复返了！社会主义革命和建设时期，我们确立起社会主义基本制度，明确了“四个现代化”的奋斗目标，对适合中国国情的社会主义建设道路进行了艰辛的理论和实践探索，总结出社会主义建设规律，中华民族在时代格局中站稳了脚跟！改革开放时期，我们科学认识和把握和平与发展的时代主题，坚持发展是硬道理，不断“做大蛋糕”以满足人民群众日益增长的物质文化需要，不断完善现代化的战略步骤与总体布局，推动中国现代化取得巨大成就，“实现了人民生活从温饱不足到总体小康、奔向全面小康的历史性跨越”①，中华民族大踏步赶上了时代！党的十八大以来，我们定位立足“两个大局”的时代背景和中国特色社会主义新时代的历史方位，定标聚焦解决“人民群众日益增长的美好生活需要和不平衡不充分的发展之间的矛盾”的新主要矛盾，定法细化落实创新、协调、绿色、开放、共享的新发展理念，以不可阻挡的步伐开启全面建成社会主义现代化强国的新征程，迎来了从站起来、富起来到强起来的伟大飞跃，即“强国时代”，迎来了从精神被动到精神主动，再到文明复兴的时代！

三、聆听时代声音

马克思主义认为，矛盾往往以问题的形式表现出来，成为时代的呼唤。时代不同，人们面对的主要问题就大不一样。问题是客观的，问题必然对现实生活产生影响。因此，问题对我们来说既是考验，也是我们向前迈进的台阶。习近平总书记在党的十九大向全世界宣告：“经过长期努力，中国特色社会主义进入了新时代。”②新时代有新时代的问题、特点和阶段性特征，需要我们完整理解、科学认识。“每个时代总有属于它自己的问题，只要科学地认识、准确地把握、正确地解决这些问题，就能够把我们的社会不断推向前进……只有立足于时代去解决特定的时代问题，才能推动这个时代的社会进步。”③我们党正是在解决问题的过程中一步步由小变大、由弱变强的。“只有聆听时代的声音，回应时代的呼唤，认真研究解决重大而紧迫的问题，

① 习近平：《在庆祝中国共产党成立100周年大会上的讲话》，《人民日报》2021年7月2日第2版。

② 习近平：《习近平谈治国理政》，第三卷，外文出版社，2020，第8页。

③ 习近平：《问题就是时代的口号》，《浙江日报》2006年11月24日第1版。

才能真正把握住历史脉络、找到发展规律,推动理论创新。”①只有直面社会现实问题,聆听时代的声音,回答人民群众的关切,才能真正拥抱、引领时代。

中国特色社会主义在改革开放中开创,又在改革开放中发展,特别是党的十八大以来的历史性成就助推中国特色社会主义进入了新时代。中国特色社会主义发展了中国,强大了中国,也震撼着世界。人们以不同的立场、方法、心态、情感和眼光评价中国特色社会主义的发展成就,也以不同的立场、方法、心态、情感、眼光评估中国未来的发展走势。当今世界正经历百年未有之大变局,坚持和发展中国特色社会主义,在全面建成小康社会、实现第一个百年奋斗目标基础上,进一步实现第二个百年奋斗目标,实现中华民族伟大复兴的中国梦,迫切需要全面总结、深刻认识和精准回答关乎我国发展全局的一系列重大思想理论问题。马克思主义科学理论是时代精神的精华,经过近一百八十年的血与火的洗礼依然占据着真理和道义的制高点。时代在变化,时代在发展,马克思主义仍然是我们观察时代、解读时代、引领时代,回答时代课题、破解时代难题的科学理论武器。面对各种非难和质疑,需要我们运用辩证唯物主义和历史唯物主义的立场、观点、方法去分析时代,去认识中国特色社会主义。只有这样,才能在实践中坚定方向、坚定自信、清除杂音,才能在孜孜不倦地探索中,不断书写中国特色社会主义新篇章。

四、跟上时代步伐

历史车轮滚滚向前,时代潮流浩浩荡荡。社会历史总是在一个旧时代中开创出新的时代,这个新的时代又为将来更新的时代所取代。人与时代呈现出三种基本关系:落后于时代者,如张勋复辟、袁世凯称帝等,终将为时代所淘汰;超前于时代者,如布鲁诺等,不为时代所理解;唯有与时代同频者,才能立时代潮头拥抱未来。新时代的发展一往无前,我们要跟上时代步伐,不辜负这个伟大的新时代。经过改革开放四十多年的发展,中国特色社会主义进入了新时代,我们站在了发展起来以后的历史方位上,社会主义初

① 习近平:《在哲学社会科学工作座谈会上的讲话》,《人民日报》2016年5月19日第2版。

级阶段开始进入后半程，开始实现从站起来、富起来向强起来的伟大飞跃。但是，我们不能躺在过去的功劳簿上睡大觉，不能有停下来歇歇脚、享受享受的想法。要对当代中国发展的内外环境有清醒认识，永不懈怠，锐意进取。要清醒认识到"我们的事业越前进、越发展，新情况新问题就会越多，面临的风险和挑战就会越多，面临的不可预料的事情就会越多"①。习近平总书记强调："我们看世界，不能被乱花迷眼，也不能被浮云遮眼，而要端起历史规律的望远镜去细心观望。"②中国共产党把握人类社会发展规律、社会主义建设规律和执政党建设规律，顺应大势成了时代潮流的弄潮者。改革开放是当代中国最鲜明的特色，也是党最鲜明的旗帜。正是由于改革开放，中国才能大踏步赶上时代，也只有继续改革开放，将改革进行到底，中国才能始终引领时代潮流。

五、在时代发展的潮流中发展

"时代是出卷人，我们是答卷人，人民是阅卷人。"③当今世界处于百年未有之大变局，党面临的"四大考验"具有长期性和复杂性，"四种危险"尖锐且严峻，推进中国式现代化，实现中华民族伟大复兴，必须进行具有许多新的历史特点的伟大斗争。"要跟上时代前进步伐，就不能身体已进入 21 世纪，而脑袋还停留在过去。"④在新的历史条件下，面对中国特色社会主义进入新的发展阶段，其中最为关键的就是要揭示中国特色社会主义的"发展逻辑"，揭示中国特色社会主义进入新的发展阶段的发展逻辑和发展规律。要做到"在时代发展的潮流中发展"⑤，就必须深入把握改革开放以来中国特色社会主义的发展规律、发展逻辑，要明白我们成功的奥秘，对自身发展的历史、理论、现实、价值和世界意义有高度的理论自觉。⑥ 跳出历史周期律长期执政，驾驭越来越复杂的环境和局势执好政，把我们的事业继续推向

---

① 习近平：《习近平谈治国理政》，第一卷，外文出版社，2018，第 23 页。

② 习近平：《习近平谈治国理政》，第二卷，外文出版社，2017，第 442 页。

③ 习近平：《习近平谈治国理政》，第三卷，外文出版社，2020，第 70 页。

④ 习近平：《习近平谈治国理政》，第一卷，外文出版社，2018，第 273 页。

⑤ 习近平：《让开放的春风温暖世界——在第四届中国国际进口博览会开幕式上的主旨演讲》，人民出版社，2021，第 4 页。

⑥ 韩庆祥、方兰欣：《改革开放以来中国特色社会主义的发展逻辑》，《中国特色社会主义研究》2018 年第 3 期。

前进，需要我们初心永驻，用不变的初心争取最广泛的民心。唯有初心永不变，始终保持先进性，始终走在时代前列，始终坚持以人民为中心，才能让红色江山永不变色，党的事业有未来。

改革开放不仅开创了中国特色社会主义，而且将中国特色社会主义成功推进到了新时代，中华民族实现了从“站起来”到“富起来”的历史性转变，正在实现由“富起来”到“强起来”的伟大飞跃。伟大的时代产生伟大的思想，伟大的思想引领伟大的时代。习近平新时代中国特色社会主义思想站在历史正确的一边，坚持用马克思主义观察时代、解读时代、引领时代，推动中国特色社会主义进入了新时代。历史和时代是人的存在方式，把握历史规律和大势，顺应时代潮流和趋势，聆听时代声音，始终与时代同行，我们的事业就一定能够永葆生机和活力。

第一章　研究基础:新时代观研究的前提性问题

问题的形成在一定程度上就蕴含着问题的解决方法。因此,任何一种比较深入的研究或许都不能忽略对其问题产生缘由的揭示。党的十八大以来,以习近平同志为核心的党中央自觉坚持并运用马克思主义的立场、观点和方法洞察世界大势、研判中国发展新方位、谋篇布局新时代,形成了习近平新时代观。研究习近平新时代观对于更好理解"习近平""新时代""时代观""中国特色社会主义""中国式现代化",更加能动地应对新时代的大变局具有重要意义。习近平新时代观是马克思主义中国化时代化的成果,要放在马克思主义中国化时代化的视域中来理解和把握。

一、问题缘起

时代观问题是马克思主义最基本的理论问题,也是世界政治最基本的实践问题。党的十八大以来,以习近平同志为核心的党中央高举旗帜、战略布局,创造性回答我国改革发展进程中的一系列重大理论与实践问题,带领中国在国际局势风云变幻之际开创新思想、取得新成就、呈现新气象、进入新时代。时代发展变化,治国理政理论和实践不断创新,时代观也在与时俱进、不断更新,新时代孕育了新时代观。习近平同志自觉运用辩证唯物主义和历史唯物主义分析、研判和回答时代问题,形成了习近平新时代观。

无论从政治、理论还是实践上讲,"习近平""新时代""时代观""中国特色社会主义"等都是至关重要且密切相连的概念。这就在政治、理论和实践的层面向学术界提出了要深入研究和阐释习近平新时代观的需要。

（一）读懂新时代要求梳理和研究习近平新时代观

党的十九大向世界宣告："经过长期努力，中国特色社会主义进入了新时代。"这是以习近平同志为核心的党中央坚强并正确领导的结果，也是全党全国各族人民共同奋斗的结果，习近平总书记在其中作出了根本性的贡献。中国特色社会主义进入了新时代，那么，这个新时代究竟是一个什么样的时代，这一重大政治判断背后的世界观、历史观、国际观基础是什么？要回答这些问题，要读懂我们置身于其中的新时代，就需要我们梳理和研究习近平新时代观。只有了解习近平总书记关于人类历史、世界形势、中国方位、历史使命、我国发展阶段性特征、新时代征程的总体性判断和认识，才能真正理解中国特色社会主义进入了新时代，才能真正读懂新时代。

（二）学懂弄通新思想要求研究和阐释习近平新时代观

习近平新时代中国特色社会主义思想是党和人民实践探索和集体智慧的结晶，是马克思主义中国化时代化的最新成果，是中国特色社会主义理论体系的重要组成部分。学懂弄通习近平新时代中国特色社会主义思想，重在学习掌握其所蕴含的世界观与方法论以及贯穿其中的马克思主义立场、观点和方法。习近平新时代观是马克思主义时代观的与时俱进和创新发展，构成习近平新时代中国特色社会主义思想的立论基础和逻辑前提。作为新思想的立论基础和逻辑前提，就如同渔民撒网时手里提着的纲绳，从深层次上起到"提纲挈领""纲举目张"的作用。这就是说，要深入学习贯彻习近平新时代中国特色社会主义思想就要求我们首先在学理上研究和阐释好习近平新时代观。

（三）走好新时代的长征路要求阐释和构建习近平新时代观

列宁曾说过："没有革命的理论，就不会有革命的运动。"①中国特色社会主义进入新时代，坚持和发展中国特色社会主义、建设朝气蓬勃的马克思主义政党、推进中国式现代化、建设中华民族现代文明等时代课题更加突

① 《列宁全集》，第6卷，人民出版社，1986，第23页。

出，我们面临许多具有新的历史特点的伟大斗争，方方面面的环境和条件都发生了变化。走好新时代的长征路，特别需要科学的思想和理论体系作指引。我们要站在新时代即我国发展新的历史方位上来理解和把握中国特色社会主义新的发展逻辑，理解和把握中国特色社会主义发展的新境界。中国特色社会主义进入新时代，如何读懂新时代的世界与中国，如何把握新时代党的历史使命和奋斗目标，如何谋划和经略新时代中国特色社会主义伟大事业的战略布局，如何在新时代实现中华民族伟大复兴的中国梦等问题都可以从习近平新时代观中找到方向、遵循和指引。理解了习近平新时代观，才能更好深入理解和把握中国特色社会主义进入新时代面对的新时代课题、使命和要求，才能真正理解新时代，才能真正理解新时代的中国特色社会主义。因此，研究、阐释进而建构起习近平新时代观是在新时代坚持和发展中国特色社会主义、走好新时代长征路的政治要求和实践要求。

（四）建设美好世界需要研究习近平新时代观

放眼当今世界，全球经济增长乏力，贫富差距持续拉大，地区热点问题不断，旧有国际政治经济卫生体系弊端日益显露，世界正处于百年未有之大变局。习近平总书记洞察时代发展新特征，把握世界动荡变革期的复杂局面，指出："单边主义、保护主义、霸凌行径愈演愈烈，治理赤字、信任赤字、发展赤字、和平赤字有增无减。"①西方国家由于奉行"资本至上""丛林法则"，习惯"冷战思维"，迷信"自由主义"，自感"文明优越"，一方面造成国内社会越来越撕裂，另一方面在世界范围内制造麻烦和冲突。西方国家深陷"西方困境"，资本主义世界乱象丛生，资本主义文明面临严重挑战，人类文明发展处在了一个新的十字路口。习近平总书记站在时代发展、全球治理和人类文明进步的高度，提出构建人类命运共同体，推动文明交流互鉴，从理论和实践上深刻回答了中国之问、世界之问、人民之问、时代之问。习近平新时代观为建设美好世界提供了世界观、价值观、文明观、方法论和实践论遵循。

综上所述，"新时代"是"习近平新时代观"形成的现实基础和时代背

---

① 习近平：《习近平重要讲话单行本》，人民出版社，2021，第224页。

景,“习近平”是“习近平新时代观”的主要创立者和根本贡献者,“中国特色社会主义”是“习近平新时代观”的实践基础和根本主题,“习近平新时代观”是理解“习近平新时代中国特色社会主义思想”的逻辑起点和立论基础。习近平新时代观是关乎新时代中国特色社会主义事业全局、根本的最高层次的战略判断,是习近平新时代中国特色社会主义思想的逻辑前提和重要内容,也是理解和把握新时代、新思想、新战略的一个总纲。研究好、阐释好习近平新时代观,是更好了解习近平,更好认识和把握新时代,更好学习贯彻习近平新时代中国特色社会主义思想,进而走好新时代的长征路的政治需要、理论需要和实践需要。

二、研究现状

总体而言,研究新时代,提炼新时代观,必须要有历史视野,有“大历史观”,不能忘记我们从哪里来。党的十八大以来,习近平总书记站在党和国家前途命运的高度,多次强调历史记忆的重要性:“中国特色社会主义不是从天上掉下来的,而是在改革开放 40 年的伟大实践中得来的,是在中华人民共和国成立近 70 年的持续探索中得来的,是在我们党领导人民进行伟大社会革命 97 年的实践中得来的,是在近代以来中华民族由衰到盛 170 多年的历史进程中得来的,是对中华文明 5000 多年的传承发展中得来的,是党和人民历经千辛万苦、付出各种代价取得的宝贵成果。得到这个成果极不容易。”①“一个没有历史记忆的民族是没有前途的。”“一个不记得来路的民族,是没有出路的民族。”“不忘本来才能开辟未来。”②法国哲学家福柯十分深刻地将历史记忆提升到斗争的高度认为:“记忆是斗争的重要因素之一,谁控制了人们的记忆,谁就控制了人们行为的脉动,因此,占有记忆,控制它、管理它,是生死攸关的。”③犹太裔政治思想家汉娜·阿伦特也强调没有历史记忆就无法抵达纵深:“我们处在忘记过去的危险中,而且这样一种遗忘,更别说忘却的内容本身,意味着我们丧失了自身的一个向度,一个在人类存在方面纵深的向度。因为记忆和纵深是同一的,或者说,除非经由记

---

① 习近平:《习近平谈治国理政》,第三卷,外文出版社,2020,第 70 页,

② 习近平:《习近平谈治国理政》,第二卷,外文出版社,2017,第 49 页。

③ 转引自胡百精:《互联网与集体记忆构建》,《中国高校社会科学》2014 年第 3 期。

忆之路，人不能达到纵深。”①从目前来看，站在“大时代观”高度来研究习近平新时代观的论著尚不多见，这是中国学术界需要下大工夫进行深入研究的一个重大课题。

具体来说，尽管国内外学术界较为注重对习近平新时代观的研究，发表了一些有分量的研究成果，这些成果也涵括了习近平新时代观的诸多方面，在一些问题上也有所深化，但总体来说，新时代观的研究才刚刚起步，还存在着一些有待进一步深入研究的薄弱环节和亟待深入研究的问题域，主要体现在五个方面：

第一，理论宣传有余，学理研究不足。已有成果多是对党的十九大报告提出的“新时代”作政治解读，这是十分必要的。然而，真正从学理上对新时代、习近平新时代观及其基本内容进行深度分析研究还不够。因此，应进一步从学理上深化对习近平新时代观的研究。

第二，部分研究有余，整体研究不足。目前，国内外对新时代的每一部分都分别有相对深入的认识和研究，但对习近平新时代观的整体性研究远远不够，还没有上升到“习近平新时代观”的高度。

第三，当下研究有余，生成逻辑研究不足。习近平新时代观当然是回答当下问题、解决当下问题的。但是，时代发展是连续的，不知道自己从哪里来、到哪里去，就会迷失方向。因而，还应当从宏大历史视野来研究习近平新时代观的生成逻辑，揭示新时代观生成的历史必然性。

第四，实证研究有余，哲学研究不足。哲学是时代精神的精华，是思想中的时代。不谋全局者不足以谋一域。“新时代观”首先是哲学问题，只有上升到哲学高度，才能“登泰山而小天下”。目前，国内外学术界关注新时代的某一方面的具体问题较多，但从哲学高度展开研究远远不够。要分析研究、概括提炼“习近平新时代观”，必须从哲学本体论、历史观、认识论、价值观、辩证法和实践观高度来进行。

第五，国内视野有余，国外视域不足。习近平新时代观是在统筹国内国际“两个大局”的基础上形成的。但是，目前对习近平新时代观的研究相对偏重于国内视野，而国际视域，尤其是对世界发展格局的变化与发展大势的

① 汉娜·阿伦特：《过去和未来之间》，王寅丽、张立立译，译林出版社，2011，第89页。

研究显得不足。因此,应当将国内国际"两个大局"统一起来加强对习近平新时代观的研究,尤其是要加强对新时代应对重大风险的研究,加强对避免"修昔底德陷阱"和"中等收入陷阱"的研究。

总之,"习近平新时代观"是习近平新时代中国特色社会主义思想的时代认识论基础,涉及内容比较多,许多问题尚在进一步学习研究中,因而需要组织力量,从学理上、哲学上深入研究和概括提炼"习近平新时代观",出版更加全面、厚重的著作。坚持问题导向,从历史与逻辑、国内和国际、理论和实际相结合的整体视角,进一步从学理上、哲学上进行系统思考和完整把握,是习近平新时代观研究的正确方向和显著发展趋势。

三、思路方法

思路决定出路。"人类始终只提出自己能够解决的任务"①,只有立足理论和现实需要,聚焦核心问题和研究对象,确立适当的研究目标,研究才可能顺利展开。

(一)研究思路

本书的总体思路和逻辑是:选题以习近平新时代观为研究对象,在纵向上,坚持历史和价值、史和论、历史逻辑和理论逻辑、具体和抽象相统一,着重从哲学、总体性的角度切入,力求体现习近平新时代观深厚的理论性、系统性和战略性;在横向上,从历史观高度解析新时代的生成逻辑和发展逻辑,从认识论角度分析"现在何处、走向何方"等问题,从价值观维度分析进入新时代的重大意义和根本标志,弄清新时代到底是一个什么样的时代,多维度完整呈现习近平新时代观。

基于以上分析,本书尝试从哲学总体性角度来系统研究习近平新时代观,进而完整呈现习近平新时代观。这一研究具有理论、政治、实践三个层面的意义:

第一,理论价值。可概括为"学懂弄通"。时代是思想之母。从哲学、理论的高度上研究习近平新时代观,有助于理解新时代,有助于在理论上深

① 《马克思恩格斯文集》,第2卷,人民出版社,2009,第592页。

化对习近平新时代中国特色社会主义思想的理解和把握。

第二,政治价值。可概括为“主导定向”。理论上清醒,政治上才能坚定。研究习近平新时代观,弄懂新时代的使命与要求,用学术讲政治,有利于我党构筑“精神长城”,更好发挥主流意识形态的“主导定向”功能。

第三,实践价值。可概括为“凝心做事”。思想上清晰,政治上清醒,实践上就会有力量。研究习近平新时代观有助于增强使命意识,有助于凝聚起磅礴的精神力量,有助于调动实现中华民族伟大复兴中国梦的实践自觉。

(二) 研究方法

问题的性质和特点决定了研究的方法。基于本书研究的实际需要拟采用以下研究方法:

第一,宏观研究与微观分析相结合的方法。习近平新时代观是对新时代的总体把握,既有宏观上的战略思考和表述,也涉及经济、政治、社会、文化和生态及社会生活的微观领域。既需要宏观整体性视角,也需要借鉴多学科的微观分析理论和方法,才能全面系统而又完整地揭示新时代的生成逻辑,揭示新时代的内涵和基本要求。

第二,历史与逻辑相统一的方法。新时代观的动态生成过程是习近平新时代观的历史,新时代观的静态结构是其逻辑。本书研究运用历史与逻辑相统一的方法,把习近平新时代观的历史考察和习近平新时代观的逻辑分析有机结合,以历史的考察为基础,以逻辑的分析为依据,客观、全面地揭示新时代的生成逻辑、新时代观的结构体系。

第三,文献分析方法。确保研究成果的理论深度与客观公正,对相关理论文献、历史文献和音视频资料梳理分析,深入揭示中国特色社会主义创立、丰富、发展的历程、经验以及进入新时代的逻辑必然。

四、概念界定

对问题进行学理化的研究,不能停留在感性直观层面,而是需要对所涉及的基本概念进行理论上的追问和界定。话语场域不同,对“时代”这一概念内涵的理解也会不同。因此,研究习近平新时代观,首要任务是要对“时代”概念作一个界定和说明,明确是在哪个层面上、哪个角度、哪种语境中使用“时代”这一概念。

（一）“时代”界说

说起“时代”，有的人会想到美国的《时代》杂志，有的人会想到郭敬明的电影——《小时代》和刘若英主演的电视剧——《新结婚时代》，有的人可能会说“中国特色社会主义进入了新时代”。可见，“时代”一词的使用场合非常多，使用频率也比较高，但又是一个含义不太明确，甚至差别非常大的概念。

从政治角度看，学者们通常利用政权更迭间领导人和政体的不同划分时代。根据领导阶层和权力中心的不同，马基雅维利在《君主论》中将人类社会发展归纳为常规发展与越权发展两种方式，其中常规发展指“君主政体、贵族政体、共和政体”这样的演变顺序，越权发展指“暴君政体、寡头政体、群氓政体”这样的演变顺序。启蒙思想家维科认为，人类社会发展过程中，各个民族都要经历“神权时代、英雄时代、人的时代”的发展阶段和发展规律。而在我国封建社会，“时代”的更迭在政治层面随着国号的变化而动态演进。因此，时代可以代表一段政权的存在和结束、一种权力中心的转移，甚至可以代表君主和国都的变迁。

从经济角度看，人类社会总体上可划分为“古代生产力阶段（石器时代—青铜时代—铁器时代）、近代生产力阶段（蒸汽时代—电力时代）、现代生产力阶段（信息时代—生物技术时代）”，这是就生产力的总体发展水平而言的。就生产关系而言，我们通常按照马克思的标准将人类社会划分为“原始社会、奴隶社会、封建社会、资本主义社会、共产主义社会”五个阶段。因此，时代又可以代表生产力的发展状况、旧社会形态的结束和新社会形态的出现。

从文化和意识形态角度看，在广义的文化层面上，摩尔将人类社会的发展划分为“蒙昧时代、野蛮时代、文明时代”三个阶段。在人类对知识的获取和精神文明的不断发展层面，黑格尔将人类社会划分为“东方世界、希腊世界、罗马世界、日耳曼世界”；启蒙思想家赫尔德划分了“诗歌时代、散文时代、哲学时代”三个时期。因此，时代还可以代表文明的更迭、文化的传承与赓续，代表人类对精神文明的不断追求，对真理的渴望与探索。

对于“时代”一词的外延，不同领域、不同国别的学者采取着不同的划分依据，根据不同的标准得出了不同的划分结果。但是，究其本质而言，也有一些相对一致的共识。正如李君如所言：“从关于‘时代’的所有这些应用中，我们可以注意到三点：其一，时代同人的成长有关，同人类的历史有关；其二，时代是历史发展中的阶段；其三，时代是历史发展过程中具有独特代表性的发展阶段。”①

在“时代”一词中，首先是“时”。“时”，也即时间。从马克思实践唯物主义的角度来看，时间是物质运动变化的过程。因此，时代实际上是物质世界运动展开的一个过程。马克思主义认为，人是一种自为性的存在，有过去、现在和未来三个基本维度。人的这种存在方式使人有了“时间”，产生了“历史”。人是社会历史性的存在，本质上是一种时间性的存在，“时间……是人的发展的空间”②。时代是人的时代，对时代之本质的追问就是在把握“人”本身。比如我们常说的“石器时代”“青铜时代”“铁器时代”“机器时代”，这里的时代则是从生产力角度指涉的人类历史发展的阶段。而诸如“小学时代”“中学时代”“大学时代”则指涉的是学生学习成长的不同阶段。由于具体的物质性的承担主体不同，所谓的时代指涉也就不同。所以，对“时代”一词的理解有广义和狭义、宏观和微观之别。

《辞海》对“时代”一词有过解释，当然不同的版本表述侧重不同。上海辞书出版社 1988 年出版的《辞海》（词语分册缩印本）是这样解释的：“按照一定历史时期内的某个阶级在政治活动中所占据的地位以及依据各阶级的经济、政治、文化等状况来划分的社会各个发展阶段。”“依据某种特征划分的社会、国家或个人的各个发展阶段。”③1999 年出版的《辞海》对“时代”一词是这样解释的：(1)指历史上依据经济、政治、文化等状况来划分的社会各个发展阶段，如新石器时代、封建时代、社会主义时代；(2)指个人生命的某个发展阶段，如青年时代。④ 尽管划分标准有差别，但两个版本的解释都强调“时代”是特定主体发展的一个阶段。“时代”因为是特定主体的特定

---

① 李君如：《李君如著作集》，第 18 册，上海人民出版社，2019，第 14 页。

② 《马克思恩格斯全集》，第 37 卷，人民出版社，2019，第 161 页。

③ 《辞海》（词语分册缩印本），上海辞书出版社，1988，第 1237-1238 页。

④ 《辞海》（中），上海辞书出版社，1999，第 3921 页。

发展阶段，从而是主体存在的一个“时期”，而任何“时期”都是有限的“时间”。作为“时代”的“时间”是有限的、不可逆的，因而对个人、政党、民族和国家才是有意义的，从而特别值得让人珍视和把握。

本书是在宏观的层面上使用“时代”一词，认为“时代”是历史的片段，“指历史上以经济、政治、文化等状况为依据而划分的某个时期”①。正如列宁所言：“时代之所以称为时代，就是因为它包括所有的各种各样的现象和战争，这些现象和战争既有典型的也有不典型的，既有大的也有小的，既有先进国家所特有的也有落后国家所特有的。”②“这里谈的是大的历史时代。”③整个历史的展开，就是人类各个时代的贯通，就是人在与“时间”赛跑。因此，“一部人类发展史，实际上就是人类争取和利用时代的历史”④。

（二）时代观

时代观，就是“观”时代，是关于时代的观念和意识。时代观指的是人们在时代问题上所持的根本观点与对时代走向、时代演进、时代逻辑、时代趋势等有关时代基本问题的总看法，是一个政党和国家确定长期发展战略的基本依据。⑤ 作为世界观的一个方面，时代观体现了主体对自身所处时代的一种主观心理表达，代表着主体的思想观念和价值倾向性。同时，作为“历史的片段”，它标识着社会历史发展某一阶段的性质、基本矛盾的具体形态、发展趋势等，体现着该阶段的新特征、新内容、新变化。由此我们不难发现，时代问题并非单纯的时间或空间问题，它有着丰富的社会历史内涵，不仅处于不同发展阶段的人们往往拥有不一样的时代观，即使是处于同一时空里的人也会有不同的时代观。在这里，问题的关键在于，时代观作为历史主体关于时代的观念和意识，其差别主要体现在对时代特征、时代课题、时代主题、时代变迁及其规律的认识和把握上。马克思在《〈黑格尔法哲学批判〉导言》中谈到德国时用“现代的旧制度”这一看似矛盾的话语指称德国现状，虽然德国与英国、法国同处于一个时代，但德国甚至连近代都没达

① 《现代汉语词典》，商务印书馆，2002，第1143页。
② 《列宁全集》，第28卷，人民出版社，1990，第127页。
③ 《列宁全集》，第26卷，人民出版社，1990，第143页。
④ 高岸起：《时代观》，人民出版社，2013，第78页。
⑤ 韩庆祥、方兰欣：《论习近平新时代观》，《阅江学刊》2019年第4期。

到,“德国现状是旧制度的公开的完成,而旧制度是现代国家的隐蔽的缺陷”。英国、法国等现代国家面临的障碍,对德国来说却“应该作为目标来争取”。马克思在这里否定的正是线性历史观,“历史是认真的,经过许多阶段才把陈旧的形态送进坟墓”①。

时代在变化,时代观也在与时俱进、不断更新,在新的历史发展阶段往往会形成新的时代观念。党的十九大报告用“三个意味着”来阐释中国特色社会主义进入新时代。“三个意味着”是对我国历史发展新方位最深刻、最确切的理论总结,也是中国共产党人时代观的最新表达。

时代观作为一种总体性的意识和观念,必然对主体的知、情、意、行施加影响。这种影响总的来说可能表现为三种类型,也就是人与时代的三种关系:一是,过度落后于时代,被历史的洪流所淹没,如张勋复辟等;二是,过度超前于时代,要么不为当时的人们所关注,要么被关注但却不为当时的人们所容,如布鲁诺被施以火刑;三是,与时代同行,适度领先于时代,成为时代的弄潮儿,创造和引领时代。肯尼斯·艾瓦特·博尔丁认为作家、思想家和科学家也可分为三种类型,其中,“一些人落在时代的后面,一些人与时代合拍,另一些人则走在时代前面。第一种人将逐渐被人们遗忘;第二种人会变得著名并活跃在历史书中;第三种人不得不等待人们发现其价值”②。人与时代保持一种什么样的关系,在很大程度上决定着一个人的存在价值和意义,也决定着一个人在世的成就与幸福。

树立正确的时代观,科学认识和把握时代特征、趋势、演进逻辑与规律,是一个政党和国家确定长期发展战略的基本依据。

五、马克思主义时代观的理论基础与研究方法

马克思主义经典作家创立了历史唯物主义理论,破解了社会历史发展的“斯芬克斯之谜”。列宁提出了关于“大时代”与“小时代”的辨析方法,为我们更加清晰地分析时代问题进一步指明了研究方向。马克思主义时代观为后人正确认识时代问题提供了一整套基于历史唯物主义的科学方法,提

---

① 《马克思恩格斯文集》,第1卷,人民出版社,2009,第7-13页。

② 马克·戴维森:《隐匿中的奇才——路德维希·冯·贝塔朗菲传》,陈蓉霞译,东方出版中心,1999,第1页。

出要从分析时代性质、时代特征、时代主题、时代任务等多方面来界定不同时代的划分。

（一）马克思主义时代观的理论基础

历史唯物主义是马克思主义时代观的理论基础。在唯物史观诞生之前，社会历史的研究被蒙上了一层神秘的面纱，"人们总是为自己造出关于自己本身、关于自己是何物或应当成为何物的种种虚假观念"①，对人自身及其社会的认知长期以来都是一个"斯芬克斯之谜"。马克思、恩格斯奋起反抗虚假观念对人的统治，创立了历史唯物主义理论，破解了社会历史发展的"斯芬克斯之谜"。他们从"现实前提"，也即"现实的个人"出发，沿着"生命—生活—生产"的逻辑层层深入，创立了唯物史观，深刻揭示了人类社会发展的基本形态和一般规律，为研究时代问题提供了科学的思想与方法论。

历史唯物主义认为，全部人类历史的第一个前提是"有生命的个人的存在"。这个有生命的个人是"有血有肉的人"，单是维持肉体生命，"首先就需要吃喝穿住以及其他一些东西"②。人和动物一样都有"需要"，"需要"是客观的，"像野蛮人为了满足自己的需要，为了维持和再生产自己的生命，必须与自然搏斗一样，文明人也必须这样做"③。但是，人是以"生产"，也即自为性的实践活动方式来满足自身的"需要"。人的这种自我"生产"主要包括生活资料的生产和再生产、生产资料的生产和再生产、人自身的生产和再生产、社会关系的生产和再生产以及意识形态的生产和再生产。

人的"生产"在满足自身"需要"的同时也在形塑着"需要"本身，"需要是同满足需要的手段一同发展的，并且是依靠这些手段发展的"④。人的"需要"触发"生产"并且形塑着"新的需要"，"新的需要"再触发"新的生产"并形塑着"更新的需要"。正是在"需要→生产→新的需要→新的生产……"这一矛盾运动中，人生产和形塑着自身。同时，"人的需要的客观

① 《马克思恩格斯文集》，第1卷，人民出版社，2009，第509页。
② 《马克思恩格斯文集》，第1卷，人民出版社，2009，第531页。
③ 《马克思恩格斯文集》，第7卷，人民出版社，2009，第928页。
④ 《马克思恩格斯全集》，第42卷，人民出版社，2016，第526页。

存在,又必然驱动着社会生产的进行和进步,由此推动了社会有机体的世代发展"①。也就是说,只要人存在、社会存在,需要就存在,生产就要进行,"需要"和"生产"就处在矛盾运动关系之中,是人类社会活动的两个基本面。

马克思主义从"现实的人"来理解和把握历史与时代。马克思、恩格斯批判分析唯心主义和旧唯物主义哲学家对"现实的人"的错误理解,看到了其背后自然和历史的对立后,创立了历史唯物主义。"旧唯物主义的立脚点是'市民'社会;新唯物主义的立脚点则是人类社会或社会化的人类。"②因此,历史唯物主义视野中的"现实的人"具有唯心主义哲学家们所不具备的实践性、社会性、历史性,由从事各种实践活动的"现实的个人"抽象概括而来,与黑格尔的"绝对精神"、费尔巴哈的"类"相区别。这一点具体体现为"现实的人"在历史中从事活动,无法超越一定的历史阶段和条件,同时,"现实的人"的活动是创造历史的活动,不是片面的、孤立的、静止的活动。马克思在《1844 年经济学哲学手稿》中指出,历史是人"自己的形成过程",是人的"真正的自然史"。③ 马克思、恩格斯从人的实践活动来理解"历史"这个概念,认为历史是"人的本质力量的对象化过程",其实就是人的发展过程。因此,马克思、恩格斯的"历史"是"人类史",这也是将"现实的人"置于历史中进行考察的原因。

(二)马克思主义时代观的研究方法

马克思主义经典作家对每一时代性质的基本界定,都是在深入、具体地研究了该时代生产力与生产关系、经济基础与上层建筑等矛盾运动的基础上得出的科学结论,而不是从主观愿望出发来随意裁剪现实。经典作家坚持历史唯物主义的立场,认为社会历史发展是过程性与阶段性的统一,注重多角度把握人类历史及其不同的历史时代。

一是生产力标准。马克思在《资本论》中指出:"各种经济时代的区别,不在于生产什么,而在于怎样生产,用什么劳动资料生产。劳动资料不仅是

① 邱耕田:《哲学视阈中的科学发展》,新华出版社,2014,第 168 页。
② 《马克思恩格斯文集》,第 1 卷,人民出版社,2009,第 506 页。
③ 《马克思恩格斯文集》,第 1 卷,人民出版社,2009,第 211 页。

人类劳动力发展的测量器，而且是劳动借以进行的社会关系的指示器。"①"手推磨产生的是封建主的社会，蒸汽磨产生的是工业资本家的社会。"②在马克思看来，一个时代与另一个时代的区分不在于"生产什么"，而在于"怎样生产"。因此，"劳动资料"就成为社会生产力的"测量器"和"指示器"，也是划分不同时代的基本标准和依据。马克思以生产工具的时代性发展为依据，把社会历史划分为石器时代、铜器时代、铁器时代、大机器时代。这里需要说明的是，马克思重视"劳动资料"，重视生产力标准，但不把它们作为认识和划分时代的唯一标准，而是自觉从多维标准探寻人类历史时代变迁及其内在规律。

二是生产关系（主要是所有制）标准。马克思指出："各个人借以进行生产的社会关系，即社会生产关系，是随着物质生产资料、生产力的变化和发展而变化和改变的。生产关系总合起来就构成所谓社会关系，构成所谓社会，并且是构成一个处于一定历史发展阶段上的社会，具有独特的特征的社会。古典古代社会、封建社会和资产阶级社会都是这样的生产关系的总和，而其中每一个生产关系的总和同时又标志着人类历史发展中的一个特殊阶段。"③马克思在《〈政治经济学批判〉序言》中对这一观点进行了更为凝练精准的表述："大体说来，亚细亚的、古希腊罗马的、封建的和现代资产阶级的生产方式可以看做是经济的社会形态演进的几个时代。"④后来，列宁把马克思的这一思想进一步阐述为著名的"五形态理论"，即原始社会、奴隶社会、封建社会、资本主义社会和共产主义社会（第一阶段是社会主义社会）的依次更替。而马克思主义"五形态理论"也被作为社会历史时代划分成五种形态的依据。

三是人的解放程度标准。马克思指出："历史不过是追求着自己目的的人的活动而已。"⑤整个的人类历史也就是人类追求自身解放的历史。因此，以人的解放程度为标准，能够很好地反映人的自身发展与社会关系之间

---

① 《马克思恩格斯文集》，第 5 卷，人民出版社，2009，第 210 页。
② 《马克思恩格斯文集》，第 1 卷，人民出版社，2009，第 602 页。
③ 《马克思恩格斯文集》，第 1 卷，人民出版社，2009，第 724 页。
④ 《马克思恩格斯文集》，第 2 卷，人民出版社，2009，第 592 页。
⑤ 《马克思恩格斯文集》，第 1 卷，人民出版社，2009，第 295 页。

的主要联系,进而自觉把握和利用这些主要的社会关系,促进人的解放。马克思依据人的发展程度,把人类历史分为前后相继的三个大阶段:第一阶段是人的依赖阶段;第二阶段是"以物的依赖性为基础的人的独立性"阶段;第三阶段是"建立在个人全面发展和他们共同的、社会的生产能力成为从属于他们的社会财富这一基础上的自由个性"阶段。① 相应的,第一阶段主要包括原始社会、奴隶社会和封建社会。第二阶段主要是资本主义社会。到了资本主义社会,随着生产的社会化和商品经济的快速发展,人对人的依赖关系逐渐被以物为媒介的人与人的关系所取代,人的自由个性得到了很大发展。但是,这种以物为媒介的人的自由解放具有很大的局限性,人对物的过分依赖造成了人的本质的异化,因而资本主义社会不是人类发展的理想社会。第三阶段指的是共产主义社会。在共产主义社会,生产力高度发展,商品货币关系消失,国家消亡,旧式分工也被消灭,人从对物的依赖关系中彻底解放出来,实现了人的个性自由而全面的发展。因此,共产主义社会是人类理想的社会。

四是突出阶级标准。马克思主义时代观具有鲜明的阶级性和科学性特征。马克思指出:"我们判断这样一个变革时代也不能以它的意识为根据;相反,这个意识必须从物质生活的矛盾中,从社会生产力和生产关系之间的现存冲突中去解释。"②这就阐明了马克思主义时代观具有突出的阶级性特征。列宁则进一步明确了划分时代的阶级标准:"我们无法知道,一个时代的各个历史运动的发展会有多快,有多少成就。但是我们能够知道,而且确实知道,哪一个阶级是这个或那个时代的中心,决定着时代的主要内容、时代发展的主要方向、时代的历史背景的主要特点等等。"③换句话说,确定一个阶级是否处于时代中心,不是看这一阶级人数多少、力量强弱,而主要看这一阶级是不是先进生产力和生产关系的代表,能否代表历史前进方向。可见,阶级分析的观点和方法是马克思主义时代观的一个显著优势和本质特征。

五是"大时代"与"小时代"相结合。"大时代",是就人类社会总体格局

① 《马克思恩格斯文集》,第 8 卷,人民出版社,2009,第 52 页。

② 《马克思恩格斯文集》,第 2 卷,人民出版社,2009,第 592 页。

③ 《列宁全集》,第 26 卷,人民出版社,1990,第 143 页。

而言的;“小时代”,是就大时代进程中的阶段性、局域性而言的。马克思、恩格斯侧重于把握人类历史发展的“大时代”(社会形态),列宁则在“大时代”和“小时代”的统一中把握人类社会历史。列宁在《打着别人的旗帜》一文中,把资本主义“大时代”划分为三个“小时代”:“通常把历史时代划分为:(1)1789—1871年;(2)1871—1914年;(3)1914—?”“第一个时代是从法国大革命到普法战争;这是资产阶级崛起的时代,是它获得完全胜利的时代。这是资产阶级的上升时期……第二个时代是资产阶级取得完全统治而走向衰落的时代,是从进步的资产阶级转变为反动的甚至最反动的金融资本的时代。这是新的阶级即现代民主派准备和慢慢聚集力量的时代。第三个时代刚刚开始……这是帝国主义时代,是帝国主义发生动荡和由帝国主义引起动荡的时代。”①在这里,列宁实质上是依据重大历史事件即法国大革命(1789年)、普法战争(1871年)、第一次世界大战爆发(1914年)将资本主义“大时代”合乎逻辑地划分为三个“小时代”。列宁后来也将俄国十月革命视为具有划时代意义的重大历史事件,指出十月革命将世界历史划分为两个时代,即资本主义时代和社会主义时代,并依据他所处的帝国主义时代,指明帝国主义是向社会主义过渡的资本主义,帝国主义时代同时就是无产阶级革命的时代。需要指出的是,马克思主义划分时代的标准多种多样,不同的划分标准形成了不同的时代序列,无论是大时代还是小时代,都是相对而言的,一旦时代划分的坐标系发生变化,大时代和小时代也会发生变化。对此,列宁特别强调:“这里的分界线也同自然界和社会中所有的分界线一样,是有条件的、可变的、相对的,而不是绝对的。我们只是大致地以那些特别突出和引人注目的历史事件作为重大的历史运动的里程碑。”②

事实上,中国特色社会主义进入新时代,就体现了“大时代”和“小时代”的有机统一。新时代精确标定了我国发展新的历史方位,有其深刻的内在依据。概括来说,从“国内—纵向”看,历史性成就、历史性变革、历史性影响、新的理论飞跃、坚强领导集体促使中国特色社会主义进入新时代;从“国际—横向”看,中国比以往任何时候都靠近世界舞台中心,国际影响力和综合国力显著增强,已不再是国际秩序的被动接受者和国际事务的旁观

---

① 《列宁全集》,第26卷,人民出版社,1990,第144页。
② 《列宁全集》,第26卷,人民出版社,1990,第144页。

者，而是世界和平的重要维护者、世界经济发展的重要贡献者、国际新秩序的重要建设者。现如今，中国在诸多方面都有了自己的主张，并且中国方案、中国智慧、中国经验越来越显示出其世界意义。例如，中国独立自主开创并推进了中国式现代化，创造了人类文明新形态，给世界上那些既希望加快发展又希望保持自身独立性的国家和民族提供了全新选择，从理论和实践上有力证伪了“现代化=西方化”的意识形态迷思，向世界各国展现了世界现代化和人类文明发展的新图景等等。就此而言，中国特色社会主义新时代这一“小时代”是在国际整体局势这一“大时代”中孕育而生的，而新时代这一“小时代”又反过来为国际整体“大时代”注入新内涵和新动力，提供新选择和新方案，有力影响了“大时代”的发展。这是我们坚定信心“建功立业新时代”的最大底气。

六是“向后思索法”。马克思说：“人体解剖对于猴体解剖是一把钥匙。反过来说，低等动物身上表露的高等动物的征兆，只有在高等动物本身已被认识之后才能理解。”①马克思这一研究政治经济学的方法也被称为“向后思索法”“典型样本分析法”。对历史事实及其发展变化的理解需要借助一定的方法。从事物发展的历史时序来看，认识特定事物的方法主要分为三种：一是通过对特定事物出现之前的历史思考来关联该事物，二是从特定事物本身出发进行内在自我反思，三是通过对特定事物出现之后的历史分析回溯该历史事实以寻求“原相”。② 这一方法同样适用于时代观的研究。时代“观”就是“观”时代，而任何一个时代都包含“时间—纵向”和“空间—横向”两个维度，只有同时兼顾这两个维度的时代内涵，才能透过繁芜复杂的时代问题和现象把握住时代的本质、主题和规律。为了弄清楚那些在人类历史上起支配作用的一般规律，马克思曾经运用双重抽象法：一是从人类社会历史发展的纵向维度中选取最复杂、最典型、最发达的资本主义社会作为分析对象，二是从资本主义社会历史发展的横向维度中选择特别具有代表性的国家如英国进行探讨。通过纵向维度的剖析来呈现未来社会的可能性趋势，通过横向维度的分析可以揭示资本主义社会生产关系的共通性。纵向和横向分析法相结合为解决现存社会历史形态的连续性和中断性矛盾提

① 《马克思恩格斯文集》，第8卷，人民出版社，2009，第29页。
② 刘同舫：《“人体解剖”与“猴体解剖”的辩证关系论》，《马克思主义研究》2023年第3期。

供了独特的方法论指导，科学说明特定社会经济形态发展到另一社会经济形态时蕴含的规律性和必然性，凸显社会发展矛盾的普遍性和特殊性的统一。① 而对资本主义社会进行研究，并不意味着放弃对以往的、已经覆灭的社会形态的研究，因为正如“人体”的生理特征是“猴体”生理特征的典型表现一样，对资本主义社会这一最复杂的社会形式进行“解剖”有助于透视已经覆灭的原始社会、奴隶社会和封建社会的发展规律，对英国这一当时资本主义最为发达的“典型样本”的分析有助于把握整个资本主义世界体系的内在规律，从而更好地对未来共产主义新时代进行战略前瞻。“资产阶级社会是最发达的和最多样性的历史的生产组织。因此，那些表现它的各种关系的范畴以及对于它的结构的理解，同时也能使我们透视一切已经覆灭的社会形式的结构和生产关系。”②我们把握当代资本主义社会的新变化，也需要运用“人体解剖对于猴体解剖是一把钥匙”的研究方法，一方面，就当今世界整体而言，资本主义生产关系仍占据主导地位；另一方面，中国特色社会主义的蓬勃发展，使世界范围内“两种制度”“两种意识形态”的较量发生了有利于社会主义的转变，世界上正视和相信马克思主义科学真理的人多了起来。

总之，对时代的研究和把握需要带着四面镜子：一个是望远镜，一个是放大镜，一个是平面镜，还有一个是显微镜。用望远镜朝向历史看，增强厚重感；用望远镜向前看，增强时代感；前后结合，贯通历史和未来，在总的过程中把握时代的流变及趋势和逻辑。放大镜，主要是指将特定问题或环节放到大的历史时段或事件中进行把握，强调一定的高度和站位。平面镜，主要是把握当下，立足现实，清醒把握所处历史方位，从而不脱离实际。显微镜，主要是见微知著、以小见大，不放过细节。四面镜子相结合，实际上就是要全视角把握和理解时代，坚持在大时代中把握小时代，在大过程中把握小阶段。当然，也要善于管中窥豹，从小时代的变化中敏锐觉察大时代的变迁和流动，进而掌握战略主动。“只有在整个人类发展的历史长河中，才能透视出历史运动的本质和时代发展的方向。”③

① 刘同舫：《“人体解剖”与“猴体解剖”的辩证关系论》，《马克思主义研究》2023 年第 3 期。

② 《马克思恩格斯文集》，第 8 卷，人民出版社，2009，第 29 页。

③ 习近平：《在纪念马克思诞辰 200 周年大会上的讲话》，《人民日报》2018 年 5 月 5 日第 2 版。

第二章　生成逻辑：新时代观的孕育生成

时代观是人们在时代问题上所持的根本观点与对时代走向、时代演进、时代逻辑、时代特征、时代精神的总看法，是一个政党和国家确定长期发展战略的基本依据。党的十八大以来，以习近平同志为核心的党中央站在党、国家和民族的事业发展全局的高度，创造性回答我国改革发展进程中的一系列重大理论与实践问题，带领中国在国际局势风云变幻之际开创新思想、取得新成就、呈现新气象、进入新时代。时代发展变化，时代观也在与时俱进、不断更新，新时代孕育了习近平新时代观。新时代观是以习近平同志为核心的党中央坚持运用唯物史观和马克思主义立场、观点和方法把握时代性质、分析时代问题、研判时代方位的理论成果，是党在新时代理论和实践上的重大成果，也是指导实践、引领实践的重要思想理论武器，有着深刻的历史逻辑、理论逻辑、现实逻辑和主体逻辑。

一、新时代观形成的历史逻辑

人是在历史中存在的，人的思想和观念也是在历史中形成和发展起来的。“观念的东西不外是移入人的头脑并在人的头脑中改造过的物质的东西而已。”①习近平新时代观不是“飞来峰”，是党带领人民在百年奋斗历史中形成的，是在改革开放 40 多年光辉历史的基础上形成的，是在党的十八大以后我们继往开来，创造“历史性成就”、发生“历史性变革”、产生“历史

① 《马克思恩格斯文集》，第 5 卷，人民出版社，2009，第 22 页。

性影响"基础上形成的,有着深刻的历史逻辑。

第一,习近平新时代观植根中华文明5000多年的历史积淀。中华民族文明历史源远流长,"超百万年的文化根系,上万年的文明启步,五千年的古国,两千年的中华一统实体"①。积淀深厚、绵延久远的中华文明史蕴含着丰富的哲学思想、人文精神、教化思想、道德理念等,涵育了中华民族自强不息、开放包容、协和万邦的历史基因。光辉灿烂的中华文明史是中华民族生生不息、发展壮大的重要滋养,也是中国人观察时代、认识时代、把握时代的重要思想资源和历史镜鉴。

第二,习近平新时代观汲取世界社会主义500多年的历史经验。空想社会主义历经300多年的发展历史,对资本主义社会进行了无情的批判,对未来理想社会时代进行了天才的描绘,为科学社会主义提供了思想材料。马克思的"两大发现"使社会主义从空想发展到科学,世界社会主义运动有了指导理论。列宁把科学社会主义理论同俄国具体国情结合,在资本主义链条最薄弱的一环上打开了缺口,实现了社会主义从理论到现实制度的转变。俄国革命与苏联社会主义建设取得了巨大的成就,社会主义探索固化为"苏联模式"。"东欧剧变"、苏联解体,国际共产主义运动在世界范围内遭受挫折,陷入低潮。中国共产党人顺应时代潮流和历史大势,重新思考社会主义的本质,聚焦时代主题、回答时代课题,从中国具体国情与实际出发,突破"苏联模式",探索出了一条有中国特色的社会主义道路。中国特色社会主义展现了社会主义的独特优势与强大生机活力,在世界上高高举起了社会主义的伟大旗帜。

第三,习近平新时代观总结近代以来中华民族180多年的艰辛探索。晚清鸦片战争后,中华民族陷入了苦难深渊,无数仁人志士救亡图存,谱写了中华民族波澜壮阔的奋斗史。180多年的奋斗历程中,中国人民先后做出了许多尝试和探索,做出了两次重大的历史选择。第一个历史选择是,把马克思主义基本原理与中国革命具体实际相结合,选择了经过新民主主义通向社会主义的正确道路,建立了新中国,确立了社会主义制度。第二个历史选择是,从社会主义初级阶段的基本国情出发,在改革开放实践中成功开

---

① 苏秉琦:《华人·龙的传人·中国人——考古寻根记》,辽宁大学出版社,1994,第245页。

辟并不断发展中国特色社会主义。中国特色社会主义是中国近代历史发展的必然逻辑,是中国人民做出的历史性选择。

第四,习近平新时代观基于中国共产党带领人民百年奋斗的历史成就和历史经验。中国共产党一经成立,就担负起了中华民族伟大复兴的历史使命。一百多年来,党带领人民把马克思主义普遍真理同中国革命、建设与改革各个时期的具体实际相结合,不仅推翻了"三座大山",结束了中华民族百年来被宰割的屈辱历史,而且成功开辟了中国特色社会主义伟大事业。一百多年来,中国共产党由小到大、由弱到强,不断深化对共产党执政规律、社会主义建设规律、人类社会发展规律的认识与把握,使中国特色社会主义从无到有、从弱到强,并且道路越走越宽广。中国特色社会主义是党带领人民百年苦难辉煌的最大历史成就。

第五,习近平新时代观基于改革开放40多年来中国特色社会主义的开创和发展。经历了新中国成立之初的社会主义建设探索之后,自改革开放开始,中国真正进入了社会主义的快速成长和发展期。以邓小平同志为主要代表的中国共产党人,解放思想、实事求是,创造性地回答了"什么是社会主义、怎样建设社会主义"这一重大问题,成功地避开了"邪路""老路",开创了中国特色社会主义道路;以江泽民同志为主要代表的中国共产党人,继往开来,进一步对"建设什么样的党、怎样建设党"这一新的重大现实问题进行了深入的阐释,成功把中国特色社会主义推向21世纪;进入21世纪,以胡锦涛同志为主要代表的中国共产党人,明确了中国特色社会主义道路、理论体系和制度的"三位一体",成功在新的历史起点上坚持和发展了中国特色社会主义。总而论之,改革开放进程中我们党带领全国各族人民成功开辟了中国特色社会主义道路,丰富了中国特色社会主义理论体系,完善、发展了中国特色社会主义制度,培育了中国特色社会主义文化,从一穷二白的落后面貌跃升为世界第二大经济体,实现了从"站起来"到"富起来"的历史性转变。

第六,习近平新时代观基于党的十八大以来,中国特色社会主义取得的历史性成就、发生的历史性变革、产生的历史性影响。"历史性成就",是新时代观形成的首要根据。这里讲的历史性成就主要体现在两个层面:一是从1978年我国改革开放以来所取得的历史性成就,二是党的十八大以来所取得的历史性成就。特别是党的十八大以来取得的历史性成就,是全方位的、开创性的,可集中概括为“解决了许多长期想解决而没有解决的难题,办成了许多过去想办而没有办成的大事”①。“历史性变革”,是新时代观形成的基本根据。正是党的十八大以来取得的“历史性成就”,才推动了党和国家事业发生“历史性变革”。前者是因,后者是果。“历史性变革”是深层次的、根本性的,它从生产力到生产关系、从经济基础到上层建筑、从国内到国际等全方位地展开。这种深层次、根本性的历史性变革,在思想理论和实践要件层面推动中国特色社会主义进入新时代。“历史性影响”,是新时代观形成的根本依据。“历史性成就”“历史性变革”必然会产生历史性影响,这种历史性影响最聚焦、最鲜明、最根本,主要体现在促进了社会主要矛盾的历史性转化,即由过去人民日益增长的物质文化需要同落后的社会生产之间的矛盾,转化为人民日益增长的美好生活需要和不平衡不充分的发展之间的矛盾。当今,无论是社会主要矛盾的需求方还是供给方,都发生了历史性转化,从人民需要的总体状况和社会供给的总体状况两个根本方面,体现并反映着中国社会发展的整体状况,并揭示中国发展的历史方位。正是由于当今人民的需要状况和社会的供给状况都发生了历史性转化,所以便直接促进中国特色社会主义进入了新时代,使我国发展进入新的历史方位。中国特色社会主义进入新时代所取得的历史性成就、历史性变革和历史性影响是习近平新时代观形成的最直接、最根本的历史前提和历史依据。

第七,习近平新时代观是在对历史和时代发展逻辑的深刻把握基础上形成的。辩证唯物主义认为思想和思维着的物质是分不开的,因此人们的时代认知和时代观念也同时代的发展密不可分。马克思指出:“物质生活的生产方式制约着整个社会生活、政治生活和精神生活的过程。不是人们的意识决定人们的存在,相反,是人们的社会存在决定人们的意识。”②恩格斯也指出:“在历史上出现的一切社会关系和国家关系,一切宗教制度和法律制度,一切理论观点,只有理解了每一个与之相应的时代的物质生活条件,并且从这些物质生活条件中被引申出来的时候,才能理解。”③在经典作家

① 习近平:《习近平谈治国理政》,第三卷,外文出版社,2020,第7页。

② 《马克思恩格斯文集》,第2卷,人民出版社,2009,第591页。

③ 《马克思恩格斯文集》,第2卷,人民出版社,2009,第597页。

看来，社会物质条件决定着社会生活的方式，进而也决定着一定社会生活方式基础上形成的思想观念。习近平新时代观是马克思主义时代观的与时俱进，也是对时代问题的历史性回答。马克思主义诞生于19世纪的欧洲，集中反映了19世纪及其之前的资本主义时代状况，要破解和回答的问题集中体现为“资本主义走向何处，人类走向何处”。进入20世纪后，以列宁为代表的马克思主义者运用历史唯物主义和唯物辩证法分析世界形势，分析当时帝国主义战争和无产阶级革命的现实，分析经济文化落后的国家和地区如何走向社会主义的问题，创新发展了马克思主义，形成了关于“战争与革命时代”的总体性认识。20世纪后半程，以邓小平同志为主要代表的中国共产党人解放思想，把握经济全球化发展的潮流，形成了“和平发展为主题”的新的时代认识。进入21世纪，国际力量对比发生前所未有的新变化，新一轮的科技革命和产业革命带来的新陈代谢和激烈竞争前所未有，全球治理体系和国际形势变化的不适应、不对称前所未有。面对“世界百年未有之大变局”和中国特色社会主义进入新时代，以习近平同志为主要代表的中国共产党人坚持用马克思主义观察时代变化，围绕新时代坚持和发展什么样的中国特色社会主义、怎样坚持和发展中国特色社会主义，建设什么样的社会主义现代化强国、怎样建设社会主义现代化强国，建设什么样的长期执政的马克思主义政党、怎样建设长期执政的马克思主义政党，建设什么样的人类新文明、怎样建设人类新文明等一系列重大时代课题，用新思想引领时代新发展，形成了习近平新时代观。从19世纪到20世纪，再到21世纪，时代状况、时代潮流、时代问题、时代理念的改变构成习近平新时代观生成的大历史场域。时代是思想之母，习近平新时代观正是在对历史和时代发展逻辑的深刻把握中形成的。

第八，习近平新时代观的孕育生成有着具体清晰而又前后连贯的历史线索。习近平新时代观的形成既有对时代课题的“大写意”把握，同时也有建立在具体实践之上精细入微的“工笔画”。“习近平新时代观的生成贯穿于七年知青岁月经历到党的十八大以前的从政实践再到党的十八以来的治国理政实践，是习近平主动把握时代大势和应对时代挑战的必然产物。”①

① 何土凤：《习近平新时代观研究》，中国石油大学博士学位论文，第67页。

七年知青岁月,习近平深受时代影响,置身时代洪流,深入条件极其艰苦的梁家河插队劳动学习。这段特定时代背景下"苦其心志、劳其筋骨、饿其体肤"的经历培养了习近平的人民情怀,磨练了品格和意志,也奠定了他理解政治、明辨时势、把握人生、读懂中国的实践和认识的起点。"可以说,近平那个时候的世界观和价值观就开始形成了。"①在正定、厦门、宁德、福州等地方工作时期,习近平看准历史和时代进步的趋势,做改革的拥护者、实践者、清醒者、保护者,在改革开放的新潮中紧跟时代步伐,勇立时代潮头。在福建、浙江、上海以及中央层面任职工作期间,习近平从更高层面和更大领域开展领导工作,敏锐洞察时代趋势和国际形势演变,在理论和实践的结合中深刻分析时代问题、精准扑捉时代风向、走在了时代前列,对时代的认识和理解更加立体和丰满。党的十八大以来,习近平同志作为全党、全军的核心,作为重大国际斗争实践中成长起来的国际领袖,站在强党、强国、强军和推动构建人类命运共同体的高度,全面认识"世界百年未有之大变局"和"中国特色社会主义进入新时代"这一新历史方位,概括和凝练出对时代态势、时代课题、时代精神、时代潮流等问题的总的观点和看法,形成了习近平新时代观。以上这些历史阶段和历史节点的线性梳理和呈现,表明习近平新时代观不是一下子突然形成的,而是有着深厚的历史基础和比较清晰的演进逻辑。

二、新时代观形成的理论逻辑

源远才能流长。习近平新时代观的形成不是偶然的,而是有其深刻的理论渊源和清晰的理论逻辑。马克思主义经典作家关于时代问题的基本思想构成习近平新时代观的理论基础,马克思主义中国化理论成果为习近平新时代观的形成提供了直接理论资源。

马克思主义政党特别注重对时代问题的研究,形成了体系化的马克思主义时代观理论。习近平同志指出:"马克思主义就是我们党和人民事业不断发展的参天大树之根本,就是我们党和人民不断奋进的万里长河之泉

① 中央党校采访实录编辑室:《习近平的七年知青岁月》,中共中央党校出版社,2017,第244页。

源。”①马克思、恩格斯对时代问题的思考侧重历史上的“大时代”，也就是我们通常所说的从社会形态（生产方式）、技术形态（生产力）角度来划分历史和时代，且对社会形态的划分也是多角度、多标准的。马克思、恩格斯从唯物史观角度认识和划分人类社会发展的不同时代，开创了辩证唯物主义的时代观，指明了资本主义时代资产阶级和无产阶级的对立关系与破解之道。马克思、恩格斯对历史的“大时代”的揭示指明了人类历史发展的大趋势，并基于唯物史观，认为走向共产主义是人类历史发展的最终归宿。

列宁继承和发展了马克思、恩格斯关于时代的基本思想，对资产阶级所开辟的历史时代进行划分，对共产主义发展阶段进行划分。列宁在《帝国主义是资本主义的最高阶段》中，对帝国主义问题进行了全面分析，进一步分析了资本主义进入金融帝国主义时代后的垄断性特征与腐朽趋势，得出帝国主义是社会主义革命前夜的结论，从阶级解放与民族解放的角度提出了“战争与革命”的时代观。同时，列宁也对“大时代”中的“小时代”即阶段性、地区性的发展过程作了分析。马克思主义经典作家的这些理论为习近平同志在资本主义和社会主义长期共存并竞争的“大时代”思考中国特色社会主义新时代提供了理论基础。

中国共产党人把马克思主义基本原理同中国革命、建设和改革各个时期的具体实践相结合，形成了具有自身理论特色的时代观思想。毛泽东对于时代的观察和认识，深受列宁在《帝国主义论》中关于资本主义发展不平衡规律和帝国主义战争不可避免的判断影响。毛泽东早在1925年的《中国社会各阶级的分析》一文中就指出：“现在世界上的局面，是革命和反革命两大势力作最后斗争的局面。”②1940年，毛泽东在《新民主主义论》中又指出：“现在的世界，是处在革命和战争的新时代，是资本主义决然死灭和社会主义决然兴盛的时代。”③新中国成立以后较长的一段时期内，中国共产党总体上坚持并采取了“革命与战争”为主题的时代认知和思维。尽管毛泽东认为这是战争主导的时代，但是这一时期的战争却带着“为永久和平而战的性质”。他在1938年的《论持久战》一文中指出：“没有任何一个历史时

① 习近平：《习近平谈治国理政》，第二卷，外文出版社，2017，第66页。
② 《毛泽东选集》，第一卷，人民出版社，1991，第4页。
③ 《毛泽东选集》，第二卷，人民出版社，1991，第680页。

期像今天一样,战争是接近于永久和平的”;“即使尔后尚有一个战争时期,但是已离世界的永久和平不远了”。[①] 新中国成立后,毛泽东多次提出“总的看来,形势是向好的方面发展的”、“新的世界战争是能够制止的”等主张,萌生了“争取较长的和平时间是有可能的”时代观。20 世纪 60 年代中苏关系恶化后,毛泽东对战争爆发可能性的估计增加了,但这种估计并没有上升到世界大战的层面上。1961 年 2 月,他对来访的密特朗提出,只要能做到互不干涉内政,“意识形态的墙和社会制度的墙”[②]是可以拆掉的。毛泽东晚年还就中美两国关系提出新期待,“希望以后两国友好”[③],并亲手开辟了两国关系的历史新篇章。毛泽东以唯物辩证法作为思想武器,形成的关于世界和平的基本观点、基本态度深刻影响了新中国的外交政策,推动世界和平事业的发展。从一定意义上讲,习近平总书记提出的“一带一路”“人类命运共同体”等倡议、理念和战略举措就是这种影响的必然结果与自然延伸。改革开放后,邓小平带领全党解放思想、实事求是,与时俱进地提出了“和平与发展”为主题的时代观,强调要走自己的路。在改革开放进程中,以邓小平同志为主要代表的中国共产党人放眼变化了的世界和时代,认为和平是有希望的,世界大战是可以避免的。在毛泽东时代“战争引起革命,革命制止战争”的战争观和时代观的总体背景下,我们党对战争的估计过于严重,国际战略也充满了革命激情。邓小平反思这段历史时坦言:“过去我们的观点一直是战争不可避免,而且迫在眉睫。我们好多的决策……都是从这个观点出发的。”[④]邓小平总结历史经验和教训、放眼世界形势和潮流,指出各国都在进行现代化建设,中国已经错过了许多机会,不能再耽误了,“现在要横下心来,除了爆发大规模战争外,就要始终如一地、贯彻始终地搞这件事,一切围绕着这件事,不受任何干扰。就是爆发大规模战争,打仗以后也要继续干,或者重新干”[⑤]。在历史转折的关键节点,以邓小平

---

① 《毛泽东选集》,第二卷,人民出版社,1991,第 474、475 页。

② 中共中央文献研究室:《毛泽东年谱(1949－1976)》,第 4 卷,中央文献出版社,2013,第 537 页。

③ 中共中央文献研究室:《毛泽东年谱(1949－1976)》,第 6 卷,中央文献出版社,2013,第 627 页。

④ 《邓小平文选》,第三卷,人民出版社,1993,第 126-127 页。

⑤ 《邓小平文选》,第二卷,人民出版社,1994,第 249 页。

同志为核心的党中央把握世界大势、顺应时代潮流，从“以阶级斗争为纲”转到以经济建设为中心的社会主义现代化建设上来，“安下心来集中力量搞社会主义现代化建设”，这就廓清了走“自己的路”到底是“往哪里去”的方向性前提。邓小平强调，经济发展、民生保障、国防巩固等许多问题都要靠现代化建设来解决，现代化建设是一个带有主题性的任务。正是改革开放进程中党和国家工作紧紧聚焦现代化建设这一主题，始终坚持以经济建设为中心，坚持走自己的路，保持了正确的发展方向，中国得以大踏步赶上了时代。江泽民和胡锦涛坚持了邓小平开创的中国特色社会主义和现代化事业，同时结合时代和实践的发展，进一步丰富了邓小平“和平与发展”为主题的时代观和时代认识。党的十九大报告提出中国特色社会主义进入新时代有三个“意味着”，强调新时代的“五个是”，特别是第一个“是”突出强调“承前启后、继往开来”。这实际上也就表明了习近平新时代是对邓小平时代的接续发展、推进拓展，当然也是对邓小平时代观的深化和发展。概言之，中国共产党在革命、建设和改革的各个历史时期形成的关于时代的思想和理论为习近平同志研判人类“大的历史时代”，研判国际情势，研判中国特色社会主义进入新时代等重大时代性命题提供了理论支撑。

三、新时代观形成的实践逻辑

实践是认识的来源，也是推动认识发展的根本动力。“每一个时代的理论思维，包括我们这个时代的理论思维，都是一种历史的产物，它在不同的时代具有完全不同的形式，同时具有完全不同的内容。”①习近平新时代观是以习近平同志为核心的党中央在新时代治国理政的开创性实践中形成的，具有坚实的实践基础。中国特色社会主义进入新时代，在治国理政实践中要具体解决好社会主要矛盾，就是要进一步贯彻落实好新发展理念的逻辑，以进一步全面深化改革实现发展的整体转型升级进而构建新发展格局。与此同时，新时代的十年伟大成就进一步推进并拓展了中国式现代化，当然也在推进和拓展中国式现代化的伟大实践中实现思想观念的系统化、时代化发展。另外，新时代是“大国”走向“强国”的时代，也是建设中华民族现

① 《马克思恩格斯文集》，第9卷，人民出版社，2009，第436页。

代文明的时代、实现中华民族伟大复兴的时代，正是在直面这些现实问题和解决现实问题的现实实践中进一步丰富和发展了习近平新时代观。

习近平新时代观是在新发展阶段破解新的社会主要矛盾与贯彻新发展理念、推进和拓展中国式现代化的实践中形成的。党和国家事业是在一定的历史中展开的一定的现实的人的感性活动和过程，因此正确认识党和国家事业所处的历史方位和发展阶段，就成为一切思想路线、工作路线的根本依据。习近平总书记在省部级主要领导干部学习贯彻党的十九届五中全会精神专题研讨班上的讲话指出："全面建成小康社会、实现第一个百年奋斗目标之后，我们乘势而上开启全面建设社会主义现代化国家新征程、向第二个百年奋斗目标进军，这标志着我国进入了一个新发展阶段。"①这个新发展阶段也是社会主义初级阶段经过几十年积累站到了新的起点上的一个阶段，是中国特色社会主义进入新时代的一个发展阶段。中国特色社会主义之所以进入了新时代，其根本在于中国社会生产力的快速发展，中国社会的整体性发展和提升，是中国社会的生产力和生产关系、经济基础和上层建筑之间的结构关系发生了改变，也就是说中国社会的主要矛盾发生了改变。社会主要矛盾的改变从需求侧来讲意味着"人民美好生活需要日益广泛，不仅对物质文化生活提出了更高要求，而且在民主、法治、公平、正义、安全、环境等方面的要求日益增长"②。中国初步发展起来以后，需求侧和供给侧的变化必然要求一种新的发展理念，新发展理念是在"我国发展起来以后使大国成为强国"这一新的历史方位中才真实地提出来的，在"欠发展"的历史方位中是不可能完整提出来的。从"新发展理念"的逻辑可以看出，它既是解决社会主要矛盾的根本之道，也是使大国成为强国的根本之道。"新发展理念"蕴含着新时代观的基本理念和重要内容，贯彻落实新发展理念的实践就成为习近平新时代观成熟发展的实践。"新发展理念"的第一个理念是创新发展，这是在对时代发展逻辑的深刻把握基础上做出的重大判断。习近平总书记指出："创新是一个民族进步的灵魂，是一个国家兴旺发达的不竭动力，也是中华民族最深沉的民族禀赋。在激烈的国际竞争中，惟创新者

① 《习近平著作选读》，第二卷，人民出版社，2023，第398-399页。
② 《中国共产党第十九次全国代表大会文件汇编》，人民出版社，2017，第9页。

进，惟创新者强，惟创新者胜。”[1]党的十八大以来，在创新发展理念引领下，我们由过去的要素驱动、投资规模驱动转向更加注重创新驱动。第二个理念是协调发展，其逻辑是由过去的重点突破非均衡走向更加注重全面协调发展，这是我国进入新发展阶段发展方式上的大逻辑。一般来讲，在“欠发展”的历史方位，其发展方式主要是非均衡性的重点突破；而“发展起来以后”，则更加注重补齐发展短板，注重全面协调发展，注重整体集成。第三个理念是绿色发展，其逻辑是由以环境污染为代价的低水平发展走向以绿色为支撑的高质量发展，这是我国发展基础上的大逻辑。这里的绿色关乎我国发展基础，当然也是资本主义时代世界范围内存在的发展难题，强调的是相对于资本主义现代化所要开创的新型现代化。第四个理念是开放发展，其逻辑是我国由低端开放走向高端开放，这是我国发展空间上的大逻辑。这里的开放关乎我国发展空间和发展的内外效应，是从统筹国内外两个大局意义上来着力解决我国发展不平衡不充分的问题。就当今时代来讲，闭关锁国是不可能的，“独善其身“也是不可能的，动辄脱钩、断链更是损人不利己，与世界历史潮流背道而驰。第五个理念是共享发展，其逻辑是一部分地区、一部分人先富起来之后从先富走向共富，即共享发展成果，这是我国发展目标上的大逻辑。这一逻辑突破资本增殖逻辑带来的排他性基因，既着力于解决发展不平衡不充分的问题，也着力于解决当前发展不能满足人民对美好生活需要的问题，通过共享发展成果来共同实现美好生活。同时，“一个人的发展取决于与他直接或间接交往的其他一切人的发展”，共享理念也是新型经济全球化和现代化发展的新理念。“新发展理念”是发展动力、发展方式、发展基础、发展空间和发展目的整体转型升级，赋予中国式现代化鲜明的“中国特色”和新型现代性内涵，体现了中国式现代化所蕴含的独特世界观、价值观、文明观。立足新发展阶段，以“新发展理念”为引领构建新发展格局进而实现高质量发展和高水平的自立自强，体现了以习近平同志为核心的新时代的中国共产党对人类现代化发展的目的、动力、方式、路径等在理论和实践上的创新。习近平新时代观正是在新发展阶段贯彻新发展理念，回答“时代之问”和“现代化之问”的实践中形成的新判断、新理

---

① 中共中央文献研究室：《习近平关于科技创新论述摘编》，中央文献出版社，2016，第3页。

念、新思想。

习近平新时代观是在坚持“两个结合”，推动社会主义文化繁荣兴盛，建设中华民族现代文明，全面推进中华民族伟大复兴的实践中丰富和发展的。党的二十大报告指出，十八大以来的十年以习近平同志为核心的党中央举旗定向、统揽全局，“采取一系列战略举措，推进一系列革命性实践，实现一系列突破性进展，取得一系列标志性成果”，同时提出了一系列治国理政新理念、新思想、新战略，创立了习近平新时代中国特色社会主义思想，实现了马克思主义中国化时代化的新飞跃。习近平新时代观是在新时代的伟大实践中进一步丰富和发展起来的，并且在引领新时代的实践中坚持和发展了马克思主义，构成了习近平新时代中国特色社会主义思想的逻辑前提和观念基础。习近平总书记在庆祝中国共产党成立 95 周年大会上的讲话指出：“我们要以更加宽阔的眼界审视马克思主义在当代发展的现实基础和实践需要，坚持问题导向，坚持以我们正在做的事情为中心，聆听时代声音，更加深入地推动马克思主义同当代中国发展的具体实际结合，不断开辟二十一世纪马克思主义发展新境界，让当代中国马克思主义放射出更加灿烂的真理光芒。”①在新时代的治国理政实践中，以习近平同志为核心的党中央把宣传思想文化工作摆在了更加突出的位置上，强调意识形态工作的极端重要性，明确马克思主义是“魂脉”，中华优秀传统文化是“根脉”，坚持“两个结合”创造了中国式现代化的文化形态。习近平总书记在庆祝中国共产党成立 100 周年大会上的讲话强调新的征程上，必须坚持“把马克思主义基本原理同中国具体实际相结合、同中华优秀传统文化相结合，用马克思主义观察时代、把握时代、引领时代，继续发展当代中国马克思主义、21 世纪马克思主义”②。在新时代的治国理政实践中，习近平总书记既突出强调并坚持了马克思主义的指导思想地位，又创新发展了 21 世纪的马克思主义，开辟了马克思主中国化时代化的新境界；既继承了中华优秀传统文化，坚定了文化自信，又推动中华优秀传统文化创造性转化和创新性发展，提升了中华文化的影响力，巩固了中华民族的文化主体性。随着“两个结合”在

① 中共中央文献研究室：《习近平关于社会主义文化建设论述摘编》，中央文献出版社，2017，第 95-96 页。

② 习近平：《习近平著作选读》，第二卷，人民出版社，2023，第 483 页。

实践上的深入推进,随着中国特色社会主义文化事业和文化产业的发展不断实现社会主义文化的繁荣兴盛,“在新的起点上继续推动文化繁荣、建设文化强国、建设中华民族现代文明,是我们在新时代新的文化使命”。习近平新时代观是在“站起来—富起来—强起来—文明兴起来”的伟大实践中形成的,也是在新时代增强文化自觉、坚定文化自信、担当历史使命、建设中华民族现代文明、推进中华民族伟大复兴的伟大实践中进一步丰富和发展起来的。

四、新时代观形成的主体逻辑

时代是实践之基、理论之母,大成就、大思想往往依托大人物,大人物往往助推大时代。习近平新时代观是以习近平同志为核心的党中央继承和发展马克思恩格斯唯物史观、列宁时代观、邓小平时代观,把握历史大势、洞察时代潮流,是党和人民实践经验和集体智慧的结晶,是新时代中国特色社会主义的重要组成部分,是全党全国人民实现中华民族伟大复兴的思想基础。习近平同志在习近平新时代观的形成、发展中起到了关键主体作用,起到了根本性、独创性的贡献,这是习近平同志个人强烈的时代意识和使命担当的体现。

第一,习近平同志本人具有坚定的人民情怀。马克思曾深刻地指出,人作为感性的对象性存在物是一个有激情的存在物,因而会在激情、热情这一本质力量的作用下追求自己的对象化。① 情感作为激情、热情的基础和前提,是人之精神本质的重要组成部分。情感、态度与人的实际生活经历密切相关,共同的生活经历是情感形成的基础和前提。习近平同志具有与群众心连心、同呼吸、共命运的深厚感情。这种感情不是成为党政军最高领导人之后突然形成的,而有一个逐渐积累的过程。习近平同志在陕西富平知青插队时,就和梁家河的人民群众打成一片,结下了深情厚谊。一路走来,丰富的基层生活经历、对人民的深厚情感、为人民做事的真心奠定了习近平治国理政思想与实践的情感基础。他抱着“我要为人民做事情,要同人民唱一曲悠扬的‘农家乐’”②的情怀,从中央部门“下沉”河北正定,随后经福建、

---

① 《马克思恩格斯文集》,第1卷,人民出版社,2009,第211页。

② 习近平:《知之深 爱之切》,河北人民出版,2015,第244页。

浙江、上海,再到中央,直至成为党政军的最高领导人。2012 年 11 月 15 日,习近平同志当选为我们党的总书记伊始,就向全党、全国各族人民宣告"人民对美好生活的向往,就是我们的奋斗目标",表示绝不躺在过去的功劳簿上睡大觉,要不辱使命、不负重托,"夙夜在公,勤勉工作",努力向人民交一份满意的答卷。① 2013 年 3 月 17 日,习近平同志当选中华人民共和国主席之后,表示不能有丝毫懈怠,必须再接再厉、一往无前,承诺将忠于人民,自觉接受人民监督,不辜负人民的信任和重托,并要求国家机关工作人员倾听人民呼声、保障人民权利、关心人民疾苦、为人民办实事,把人民放在心中最高的位置。2014 年 2 月 7 日,习近平主席在索契接受俄罗斯电视台专访时说:"我的执政理念,概括起来说就是:为人民服务,担当起该担当的责任。"②2019 年 3 月 22 日,习近平主席在意大利众议院回应众议长菲科关于当选中国国家主席时的心情时表示"我将无我,不负人民"。倘若对习近平同志关于马克思主义群众史观的系列重要讲话加以概括提升,就是以人民为中心的发展思想、为人民担当的执政理念,饱含着对人民群众的深厚感情。

第二,习近平同志具有深厚的历史文化底蕴。习近平同志博览群书,汲取马克思主义思想泉源,传承中华文化精髓,思接千载、视通万里。他强调:"马克思主义就是我们党和人民事业不断发展的参天大树之根本,就是我们党和人民不断奋进的万里长河之泉源。"③"历史是最好的教科书……中国优秀传统文化,领导干部也要学习,以学益智,以学修身。中国传统文化博大精深,学习和掌握其中的各种思想精华,对树立正确的世界观、人生观、价值观很有益处。"④习近平同志是我党历史上继毛泽东之后,又一位熟知并广泛引用中国传统文化经典、具有深厚历史文化底蕴的新型领导人。

第三,习近平同志具有丰富的实践历练。七年知青经历,习近平同志真正"懂得了什么叫实际,什么叫实事求是,什么叫群众",真正感觉到"天下无难事"。苦难经历的洗礼淬炼和铸就了他坚韧不拔、无私无畏的意志力。

---

① 习近平:《习近平谈治国理政》,第一卷,外文出版社,2018,第 4-5 页。
② 习近平:《习近平谈治国理政》,第一卷,外文出版社,2018,第 101 页。
③ 习近平:《习近平谈治国理政》,第二卷,外文出版社,2017,第 66 页。
④ 习近平:《习近平谈治国理政》,第一卷,外文出版社,2018,第 405 页。

从 1982 年河北正定从政,到 2012 年成为党政军的最高领导人,可以发现这 30 年中,习近平同志从县、地、市、省、直辖市,直至中央层级的主要岗位,每一层级都历经几年、都扎扎实实、都政绩卓著,每一岗位都干在实处、走在前列。党的十八大以后,在以习近平同志为核心的党中央领导下,党和国家事业各方面实践取得许多重大突破,取得历史性成就,产生历史性变革。正是这样的实践积淀和厚积薄发,厚植了他治国理政的扎实根基,成就了他非同凡响的领袖风范,成就了他博大精深的思想理论。

第四,习近平同志具有高超的哲学智慧与理论思维能力。真正的哲学是时代精神的精华,是人类的智慧之学,蕴含着认识世界和改造世界的智慧与方法。“我们党自成立起就高度重视在思想上建党,其中十分重要的一条就是坚持用马克思主义哲学教育和武装全党。学哲学、用哲学,是我们党的一个好传统。”①习近平同志对马克思主义哲学、中国哲学活学活用,在治国理政中善于运用哲学思维、哲学智慧分析和解决问题,在本质与特色的统一中坚定中国特色社会主义道路自信,在历史和现实的贯通中战略前瞻新时代,统筹国内国际两个大局,在活力和秩序的平衡中推进全面深化改革,在宏观与微观的耦合中精准施策,既部署“过河”的任务,又指导解决“桥或船”的问题,实现了马克思主义中国化时代化在新时代的历史性飞跃,为发展当代中国马克思主义、21 世纪马克思主义作出了原创性理论贡献。

要深刻理解新时代观形成的主体逻辑,还需要正确认识习近平、新时代和中国特色社会主义的辩证关系。

读懂了习近平,就真正理解了新时代观。习近平新时代观是新时代党的理论创新发展的成果,是全党集体智慧的结晶。但是,习近平在新时代观的形成、发展中起到了关键主体作用。中国特色社会主义进入了新时代,这是以习近平同志为核心的党中央坚强并正确领导的结果,也是全党全国各族人民共同奋斗的结果,而习近平在其中作出了根本性的贡献。因此,只有了解习近平的成长经历、家国情怀、责任担当、执政理念,理解了习近平在推动中国特色社会主义进入新时代所作出的根本性贡献,才能真正理解中国特色社会主义进入了新时代,才能真正读懂新时代。

① 习近平:《坚持历史唯物主义不断开辟当代中国马克思主义发展新境界》,《求是》2020 年第 2 期。

理解了新时代观，才能真正理解新时代中国特色社会主义。进入新时代，中国特色社会主义迎来了新的时代课题、历史使命和时代要求。理解了时代课题、使命和要求，才能真正理解新时代，才能真正理解新时代的中国特色社会主义。中国特色社会主义进入新时代，我们要站在新时代即我国发展新的历史方位上，来理解和把握中国特色社会主义新的发展逻辑，理解和把握中国特色社会主义发展的新境界。

以习近平同志为核心的党中央开辟"新时代"，谱写了中国特色社会主义新篇章，创立了习近平新时代中国特色社会主义思想和新时代观。习近平同志是站在新时代继续书写中国特色社会主义新篇章的划时代人物。因此，只有真正读懂新时代和中国特色社会主义，才能真正理解习近平。

由上所述，我们得出的结论是："新时代"的生成逻辑是新时代观形成的内在根据；"新时代"是新时代观形成的历史根据、现实根据；马克思主义及其中国化成果是新时代观形成的理论逻辑；习近平同志是新时代观形成的最根本的贡献者。"习近平""新时代""中国特色社会主义"分别表达的是"核心地位""历史方位""根本主题"。"习近平""新时代""中国特色社会主义"是互为前提、彼此理解的关系。新时代观是理解习近平新时代中国特色社会主义思想的逻辑前提和总纲。

第三章　历史阶段:依然处在马克思主义所指明的历史时代

人体解剖是猴体解剖的钥匙。对世情国情党情的研判要上升到长时段的历史范畴,“只有在整个人类发展的历史长河中,才能透视出历史运动的本质和时代发展的方向”①。2017 年 9 月 29 日,习近平总书记在中共十八届中央政治局第四十三次集体学习时强调指出:“时代在变化,社会在发展……尽管我们所处的时代同马克思所处的时代相比发生了巨大而深刻的变化,但从世界社会主义 500 年的大视野来看,我们依然处在马克思主义所指明的历史时代。这是我们对马克思主义保持坚定信心、对社会主义保持必胜信念的科学根据。”②研究习近平新时代观,首先要明晰习近平总书记关于人类所处历史时代的整体性判断,从中把握习近平新时代观的世界观基础和思想渊源。

一、社会历史发展的基本形态

历史唯物主义认为,和动物靠本能的自在生存不同,人必须通过自己的生产实践活动来满足生存、生活。人的生产在一定的自然环境与社会关系中进行,他们的生产方式是什么样的,人的生命就是什么样的。生产方式包含两个方面:生产力和生产关系。生产力指的是人们在生产实践中改造和影响自然满足社会需要的物质力量,实际上讲的是人之本质力量对象化于自然的能力。生产关系主要指的是人在生产实践中形成的经济关系,实际

① 习近平:《在纪念马克思诞辰 200 周年大会上的讲话》,《人民日报》2018 年 5 月 5 日第 2 版。
② 习近平:《习近平谈治国理政》,第二卷,外文出版社,2017,第 66 页。

上讲的是人和人之间的物质利益关系。生产力决定生产关系,“手推磨产生的是封建主的社会,蒸汽磨产生的是工业资本家的社会”①。生产关系支配和制约政治组织关系、家庭伦理关系、宗教精神关系等其他社会关系,而政治价值体系、家庭伦理价值体系、宗教价值体系分别表征相应的政治组织关系、家庭伦理关系、宗教精神关系。历史唯物主义认为,物质第一性,意识第二性,“不是人们的意识决定人们的存在,相反,是人们的社会存在决定人们的意识”②。生产力和生产关系的矛盾运动是社会历史发展的深层机制和基本动力。

马克思把社会形象化为一座大厦,进一步对人和人的社会关系进行了研究,揭示了社会结构的两个基本层次:经济基础和上层建筑。其中,上层建筑包含政治上层建筑和观念上层建筑。经济基础讲的是由社会特定发展阶段上的生产力所决定的社会物质关系、经济关系。政治上层建筑讲的是政治组织关系,观念上层建筑讲的是人们的思想文化关系。观念上层建筑又叫意识形态,是反映社会特定物质关系、经济关系、阶级关系的社会意识。核心价值体系是意识形态的本质与精髓。意识作为一种思想、观念,其背后是利益,“思想一旦离开利益,就会使自己出丑”。因此,作为观念上层建筑的“意识形态”实际上是特定集团意志和利益的思想演绎、文化表达,是反映个人、集团、阶级社会要求和理想的价值观念体系。观念上层建筑在经济基础与政治上层建筑既对立又统一的矛盾关系中,彼此互相作用和形塑,从而推动社会发展变迁。

马克思、恩格斯在著作中经常用到“时代”这个词,但并没有对“时代”进行概念界定,也没有形成系统化的时代观理论。在马克思、恩格斯著作语境中“时代”是一个社会历史范畴,经常用“社会形态”来指称。马克思、恩格斯以生产方式为依据多层面、多角度研究社会历史,提出了人类历史“三形态”“四形态”“五形态”的类型划分。

从社会交往的发展角度,马克思在《政治经济学批判(1857—1858年手稿)》中阐述了人的历史发展的三大形态:“人的依赖关系(起初完全是自然发生的),是最初的社会形式,在这种形式下,人的生产能力只是在狭小的范

① 《马克思恩格斯文集》,第1卷,人民出版社,2009,第602页。

② 《马克思恩格斯文集》,第2卷,人民出版社,2009,第591页。

围内和孤立的地点上发展着。以物的依赖性为基础的人的独立性,是第二大形式,在这种形式下,才形成普遍的社会物质交换、全面的关系、多方面的需要以及全面的能力的体系。建立在个人全面发展和他们共同的、社会的生产能力成为从属于他们的社会财富这一基础上的自由个性,是第三个阶段。第二个阶段为第三个阶段创造条件。"①第一个阶段,人的依赖状态主要强调农业社会中的人身依附。第二个阶段,主要是讲在发达资本主义和社会主义初级阶段等商品经济社会中"形成普遍的社会物质交换、全面的关系、多方面的需要以及全面的能力的体系"。这一阶段中,人类没有脱离物的依赖,但获得了相当的独立性,主要表现为雇佣、交换关系。第三个阶段,实际上代表了一种较为理想的生活状态,其中物质财富极大丰富、生产力高度发展、人的素养全面提升,因而每个人都自由而全面发展,也为一切人的自由全面发展创造条件。当然,由于人之个体的有限性与人类总体发展的无限开放性决定了"人的自由而全面发展"不是某一特定状态,而是持续性逼近理想而不断提升的过程。在人类历史的两个"依赖"阶段,社会整合与控制的主导性力量表现出从政治强制力向资本与财富,再从资本与财富向知识与思想、创新等方面转移。

从生产资料所有制的角度,马克思提出了社会历史的"五形态"划分。"克罗茨纳赫时期",马克思就从"现实的人"出发来研究历史哲学,批判黑格尔的国家学说,提出了家庭、市民社会决定国家政治,私有财产决定国家制度、法的关系的观点,并以此为理论基石,第一次明确将人类社会划分为古代时期、中世纪的专制时期、人获得政治解放的现时代和真正民主制度时期,并对各个历史时期的基本特征作了初步阐述。② 随后,马克思以分工和分配为依据,阐明了所有制形态演进的顺序:"部落所有制"形态、"古代公社所有制和国家所有制"形态、中世纪"封建的或等级的所有制"形态、现代"纯粹私有制"形态,人类社会发展的趋势是未来"无产阶级的占有制"形态。③ 在深入研究政治经济学后,马克思则非常明确地提出"古典古代社

① 《马克思恩格斯文集》,第8卷,人民出版社,2009,第52页。
② 《马克思恩格斯文集》,第1卷,人民出版社,2009,第342页。
③ 《马克思恩格斯文集》,第2卷,人民出版社,2009,第521-523页。

会、封建社会和资产阶级社会”依次更替的思想。① 在《〈政治经济学批判〉序言》中,马克思将经济社会形态划分理论表述为:“大体说来,亚细亚的、古希腊罗马的、封建的和现代资产阶级的生产方式可以看作是经济的社会形态演进的几个时代。”②

二、资本主义占主导地位的时代

要理解“马克思主义所指明的历史时代”,我们需要回到马克思主义发展史上,回到经典作家关于历史时代的基本思想和基本观点上。在他们看来,“每一历史时代的经济生产以及必然由此产生的社会结构,是该时代政治的和精神的历史的基础”③。资本主义社会化的机器大工业生产打破了传统的自然经济和社会形态,确立了资本主义现代化的生产关系和制度体系,创造了资本主义的现代化,人类进入了“我们的时代,资产阶级时代”④。资本主义现代化的生产和流通打破了自然屏障与人为的地方性壁垒,开拓了“世界市场”,使生产和消费变得日益世界性,原来孤立、隔绝的民族状态被打破,历史日益成为“世界历史”。资本主义现代化开启的“世界历史”,把一切民族和地方卷入由资本增殖逻辑所编织的链条中,彼此成为相互依存的体系。

在资本主义占据主导地位的时代,资本运作的逻辑是社会生活的基本逻辑。资本逻辑主导的西方现代化增进了民族之间的交往和联系,但也带来整个世界的分裂和被奴役状态。一方面,世界日益二元化。世界日益划分为两大对立阵营,“在一极是财富的积累,同时在另一极,即在把自己的产品作为资本来生产的阶级方面,是贫困、劳动折磨、受奴役、无知、粗野和道德堕落的积累”⑤。结果是,资产阶级与无产阶级的对立、城市与乡村的对立、文明与野蛮的二元化、传统与现代的撕裂、东方与西方的分化。另一方面,世界日益齐一化。由于资本主义生产方式的掠夺性和扩张性本质,“它

---

① 《马克思恩格斯文集》,第1卷,人民出版社,2009,第724页。
② 《马克思恩格斯文集》,第2卷,人民出版社,2009,第592页。
③ 《马克思恩格斯文集》,第2卷,人民出版社,2009,第9页。
④ 《马克思恩格斯文集》,第2卷,人民出版社,2009,第32页。
⑤ 《马克思恩格斯文集》,第5卷,人民出版社,2009,第743-744页。

迫使一切民族——如果它们不想灭亡的话——采用资产阶级的生产方式;它迫使它们在自己那里推行所谓的文明,即变成资产者"①。世界二元化的同时,又形成了一种齐一化、单向度的"支配—从属"关系:资产阶级奴役无产阶级,乡村从属于城市,传统国家从属于现代化国家,东方世界从属于西方世界,北半球支配南半球。这种从属结构使自然形成的民族之间的分工被粉碎,全部都被整合进入了资本主义现代化体系之中,民族的、地方的日益成为不可能。资本主义现代化带来的世界一体化、齐一化,实质上就是已经现代化起来的资本主义国家和地区对人类现代化道路的垄断,对未实现现代化的民族和地区的支配、统治与灭亡。在这种"缓进则退、不进则亡"的世界历史格局中,如果不想被支配,如果不想被灭亡,"使现代化——即进入到现代性之中——成为一切民族之普遍的历史性命运"②。

那么,面对生死存亡的历史性发难,"后发国家"选择什么样的道路来实现现代化,进而走入世界历史呢?由于西欧资本主义现代化道路的先发优势和垂范效应,有人就把西欧资本主义现代化模式当成人类现代化的"一般发展道路",认为欧化就是现代化,"后发国家"的现代化只用遵照西欧各国的先例,"复制—粘贴"即可。马克思坚决反对把西欧资本主义的发展史绝对化为世界各个民族的一般发展道路,认为这样的理论忽视了各个民族"所特有的历史条件""所处的历史环境",因而是"超历史的"。他在给《祖国纪事》杂志编辑部的信中肯定了"俄国人为他们的祖国寻找一条不同于西欧已经走过而且正在走着的发展道路"的努力,也认为"俄国可以在发展它所特有的历史条件的同时取得资本主义制度的全部成果,而又可以不经受资本主义制度的苦难"③。马克思在信中更进一步指出,像俄国这样的非资本主义国家如果遵照西欧各国先例,走资本主义道路"将会失去当时历史所能提供给一个民族的最好的机会",而这些国家一旦倒向资本主义制度,就将"受那些铁面无情的规律的支配",进而"遭受资本主义制度所带来的一切灾难性的波折"。虽然世界历史进程规定了不同民族和国家在谋求现代化的征程中存在共性的一面,但由于各个民族和国家存在诸多差异,从而

---

① 《马克思恩格斯文集》,第2卷,人民出版社,2009,第35-36页。

② 吴晓明:《世界历史与中国道路的百年探索》,《中国社会科学》2021年第6期。

③ 《马克思恩格斯文集》,第3卷,人民出版社,2009,第464页。

在道路选择上也必定存在诸多差异。现代化的道路并不只有西欧资本主义一条,况且资本主义的现代化道路,甚至“资本逻辑”主导的现代性也是需要超越的。

当今世界,资本主义仍然占据主导地位,坚持和发展中国特色社会主义事业“要避免犯脱离实际、超越阶段而急于求成、急躁冒进的错误,真正做到既尽力而为又量力而行”①。

三、资本主义在现实中向社会主义过渡的时代

要理解“马克思主义所指明的历史时代”,我们还要回到列宁的帝国主义时代观,回到十月革命所开创的人类新纪元上来。马克思、恩格斯指出“资产阶级时代”曾经起到很大的革命作用,但资本主义生产方式的内在矛盾决定了资本主义时代不是永恒的,也不可能终结历史,人类终将迎来社会主义、共产主义的时代。历史唯物主义使社会主义从空想发展为科学,并以科学理论的形式指明了资本主义时代的阶段性和暂时性,指明了走向共产主义时代的必然性与可能路径。

科学社会主义在理论上使社会主义从空想发展为科学,论述了资本主义向社会主义转变的必然性与可能路径。然而,资本主义走向社会主义不能仅停留在理想和理论层面,更应该成为一个现实的运动和实践。“我们所称为共产主义的是那种消灭现存状况的现实的运动。”②列宁在马克思主义时代观基础上,进一步将资本主义这个大的历史时代分为和平资本主义和帝国主义两个小时代,认为资本主义已经从自由竞争阶段发展到垄断阶段,进入了金融帝国主义时代,革命与战争成为时代的主题。列宁从无产阶级革命的现实需要出发,围绕时代主题思考革命的政策与策略问题,领导俄国取得了十月革命的胜利。十月革命的胜利使社会主义由科学理论变为现实制度,打破了资本主义一统天下的局面,开启了资本主义在现实中向社会主义过渡的新时代。毛泽东继承了列宁的时代观判断,认为“现在的世界,是处在革命和战争的新时代,是资本主义决然死灭和社会主义决然兴盛的时

---

① 习近平:《坚持实事求是的思想路线》,《学习时报》2012 年 5 月 28 日第 1 版。

② 《马克思恩格斯文集》,第 1 卷,人民出版社,2009,第 539 页。

代”①。第二次世界大战后，以中国为代表的一批社会主义国家诞生，社会主义实践从一国向多国发展，社会主义的力量不断壮大。人在历史发展中是可以发挥主观能动性有所作为的，但历史发展有其内在规律，“无论哪一个社会形态，在它所能容纳的全部生产力发挥出来以前，是决不会灭亡的”②。“东欧剧变”、苏联解体后，国际共产主义运动陷入低潮，社会主义遭受各方面的质疑和唱衰。直到2008年国际金融危机爆发，资本主义世界整体进入了下行轨道，世界各地再现“马克思热”。社会主义中国在经历改革开放的阵痛之后，焕发出强大生机与活力，开启社会主义初级阶段后半程，在世界上高高举起了中国特色社会主义伟大旗帜。中国共产党十九届六中全会审议通过的《中共中央关于党的百年奋斗重大成就和历史经验的决议》指出：“马克思主义中国化时代化不断取得成功，使马克思主义以崭新形象展现在世界上，使世界范围内社会主义和资本主义两种意识形态、两种社会制度的历史演进及其较量发生了有利于社会主义的重大转变。”③

尽管中国特色社会主义进入新时代，在世界上高高举起了科学社会主义的旗帜，但两种制度并存和竞争的时代，资本主义在现实中向社会主义的过渡并不是一帆风顺的，“越是前景光明，越是要增强忧患意识，做到居安思危，全面认识和有力应对一些重大风险挑战”④。

四、以“和平发展”为主题的时代

要理解“马克思主义所指明的历史时代”，我们还需要回到邓小平对时代主题与趋势的科学研判上来。20世纪70年代后，科技革命进一步发展，国际政治、经济格局出现许多重大变化，人们反思战争，追求和平和发展的渴望越来越强烈。邓小平观察世界大势，认为霸权主义等因素导致的局部战争依然存在，但“世界和平力量的增长超过战争力量的增长”，“在较长时间内不发生大规模的世界战争是有可能的，维护世界和平是有希望的”⑤。

① 《毛泽东选集》，第二卷，人民出版社，1991，第680页。

② 《马克思恩格斯文集》，第2卷，人民出版社，2009，第592页。

③ 本书编写组：《〈中共中央关于党的百年奋斗重大成就和历史经验的决议〉辅导读本》，人民出版社，2021，第72-73页。

④ 习近平：《习近平谈治国理政》，第三卷，外文出版社，2020，第217页。

⑤ 《邓小平文选》，第三卷，人民出版社，1993，第127页。

邓小平根据时代新变化准确把握“时代问题”，认为：“现在世界上真正大的问题，带全球性的战略问题，一个是和平问题，一个是经济问题或者说发展问题。”①问题是矛盾的表现形式，无论被认识到与否，都是一种客观的存在。主题既有对主要矛盾所决定和反映的根本性问题的认识，也有主观情感和意愿的表达，包含价值判断。和平和发展是两大具有战略性的现实问题，同时“世界和平与发展这两大问题，至今一个也没有解决”②。“世界要和平，国家要发展，社会要进步，经济要繁荣，生活要提高，已成为各国人民的普遍要求”③，求和平、谋发展是时代发展的大潮流、大趋势，是尚未完全展开和实现的时代主题。改革开放四十多年，我们迎来了国家富强、民族振兴的光明前景，最重要的一条启示就是“在历史前进的逻辑中前进、在时代发展的潮流中发展”。

“我们依然处在马克思主义所指明的历史时代”的这一重大论断坚持了马克思主义的立场、观点与方法，指明了人类所处大的时代方位、时代性质和时代趋势，反映出习近平新时代观的唯物史观前提与马克思主义理论基础。

---

① 《邓小平文选》，第三卷，人民出版社，1993，第105页。
② 《邓小平文选》，第三卷，人民出版社，1993，第383页。
③ 《江泽民文选》，第一卷，人民出版社，2006，第242页。

第四章　国际形势:世界正处于百年未有之大变局

认清世界大势,把握时代脉搏,透过林林总总的表象发现本质,认清长远趋势,才能形成科学的时代观。当今世界,全球格局剧烈动荡,国际力量对比深度调整,大国博弈暗潮涌动,保护主义有所抬头,“我们面对的是百年未有之大变局”①。在大变局中把方向、谋大局就要透过现象观大势。习近平新时代观正是在把握世界多极化背景下大国关系深入调整的大势、把握经济全球化和世界经济格局深刻演变的现实、把握国际环境错综复杂的局势、把握中国与世界关系正在发生深刻变化的趋势中形成的。

一、世界多极化加速推进,大国关系深入调整

近代以来,在发轫于欧洲两希文明的西方文化作用下,西方国家在生产技术、社会经济、政治制度与思想文化等领域突飞猛进。特别是在18世纪以后,工业革命使资本主义生产方式、政治制度与文化意识形态在世界范围内确立。大工业替代了手工场,资本到处落户、到处开发、到处建立联系,形成了资本主义世界体系。资本主义世界市场“使一切国家的生产和消费都成为世界性的了”②,不同地方、不同民族的人们通过市场联系在一起。人们不仅在物质上从自给自足的封闭状态走向相互往来和相互需要,而且在精神文化上不断克服时空片面性与局限性,追求一种公共性的精神产品。资本主义炸毁了封建的所有制关系,“使未开化和半开化的国家从属于文明

① 习近平:《习近平谈治国理政》,第三卷,外文出版社,2020,第421页。

② 《马克思恩格斯文集》,第2卷,人民出版社,2009,第35页。

的国家,使农民的民族从属于资产阶级的民族,使东方从属于西方”①。经过两次世界大战,民族国家纷纷独立,世界建立了具有普遍性、代表性和权威性的国际组织,形成了“以联合国宪章宗旨和原则为核心的国际秩序和国际体系”②。“东欧剧变”、苏联解体,冷战均衡格局被打破,形成了单极主导或者说“一超多强”的世界格局。

进入21世纪,随着新兴市场国家和发展中国家群体性崛起,世界政治秩序与政治格局正在发生深刻调整,世界格局从“一超多强”向“多极化”加速推进,大国关系调整呈现新趋势。在新一轮科技革命和产业变革的推动下,发达国家经济社会发展陷入低迷,而新兴市场国家和发展中国家整体性崛起,国际力量“东升西降”。特别是,新冠疫情全球大流行催化并加速了大变局的演进。一方面是,世界力量中心向亚太和新兴发展中国家与经济体转移,21世纪的中国高高举起了社会主义的旗帜;另一方面是,社会主导力量从暴力、资本向文化和价值观转移,国家间文化软实力的较量更加频繁,意识形态领域的斗争首当其冲。国际力量对比的深刻调整,推动国际经济、科技、文化、安全、政治格局出现重大变化,发达国家社会内部严重分裂甚至走向对立,垄断国际事务的局面难以为继,部分国家和地区强化内顾倾向,民粹主义和民族主义思潮汹涌激荡,不同发展道路、制度、文化和意识形态领域的斗争更趋激烈。中美安克雷奇交锋、中俄外长发布关于全球治理问题的联合声明、欧美国家编造中国新疆所谓“强制劳动”问题以及中国外交反击和民间的自发回应表明价值观上的攻防日益白热化。

在世界向多极化转变的过程中,维护与破坏国际秩序的双重因素并存。一方面,一些国家凭借自身优势奉行霸权主义和强权政治,“棚架”联合国宪章宗旨和原则,鼓吹新干涉主义,向外输出民主与革命,滥用“保护责任”,扶植分裂势力以隐蔽甚至公开方式强行干涉他国内政,导致局部地区冲突和战争不断,世界并不安宁。另一方面,世界多极化进一步发展使国际力量对比更加均衡,新兴市场国家和发展中国家强势崛起,推动国际秩序朝着更加公平合理方向发展,和平发展依然是时代潮流。世界多极化发展的

① 《马克思恩格斯文集》,第2卷,人民出版社,2009,第36页。
② 习近平:《习近平谈治国理政》,第二卷,外文出版社,2017,第526页。

更大意义在于,世界权力向新兴市场国家和发展中国家转移,以西方发达国家为主导的世界政治格局有望发生改变。

世界政治格局剧烈动荡,国际秩序重塑复杂博弈,大国关系因大国实力兴衰而变化。以中国、印度等为代表的发展中国家力量日益强大,而美国和欧洲等老牌大国的力量在相对衰落,大国关系调整呈现出许多新特点。世界正处于百年未有之大变局,这是国际整体局势,从总体上影响着中华民族伟大复兴的战略全局及其进程,中国不可能置身事外不受影响。与此同时,中国特色社会主义进入新时代,中华民族伟大复兴成为时代强音,是世界大变局的重要组成部分和关键变量,必将深刻影响世界大变局的形态和走向。坚持和发展中国特色社会主义,实现中华民族伟大复兴中国梦,要密切关注国际形势发展变化,把握世界大势,顺应世界大势,坚持正确的国际观。置身百年未有之大变局,无论国际形势如何变化,都要始终坚持和平发展道路,“无论中国发展到哪一步,中国永不称霸、永不扩张、永不谋求势力范围”①。要坚持把办好自己的事情放在首位,“以正在做的事情为核心”集中力量办好自己的事情要求我们进一步增强自身社会主义核心价值观建设,更好凝魂聚气、增强向心力。

二、经济全球化出现波折,世界经济走到关键当口

18世纪以来,工业革命使资本主义生产方式、政治制度与文化意识形态在世界范围内确立。社会化生产和世界贸易的需要,“一切国家的生产和消费都成为世界性的了”,地区间的封闭和孤立状态被打破,开启了世界历史和经济全球化进程。在先进的科技、丰富的物质经济与强大军事实力的助推下,以自由主义价值观与利己主义思想为核心迎合并服务于资本增殖逻辑的近现代西方文化逐步走到世界的前列。生产技术的革新、交通与通信的便利,西方资本主义国家向外殖民侵略,资本主义工商业文化席卷世界。

资本逻辑主导的经济全球化增进了民族之间的交往和联系,但也带来整个世界的分裂和被奴役状态。一方面,资本主义经全球化带来世界日益

① 习近平:《习近平谈治国理政》,第二卷,外文出版社,2017,第545页。

二元化。世界日益划分为两大对立阵营，“在一极是财富的积累，同时在另一极，即在把自己的产品作为资本来生产的阶级方面，是贫困、劳动折磨、受奴役、无知、粗野和道德堕落的积累”①。结果是，资产阶级与无产阶级的对立、城市与乡村的对立、文明与野蛮的二元化、传统与现代的撕裂、东方与西方的分化。另一方面，世界日益齐一化。由于资本主义生产方式的掠夺性和扩张性本质，“它迫使一切民族——如果它们不想灭亡的话——采用资产阶级的生产方式；它迫使它们在自己那里推行所谓的文明，即变成资产者”②。世界二元化的同时，又形成了一种齐一化、单向度的“支配—从属”关系：资产阶级奴役无产阶级，乡村从属于城市，传统国家从属于现代化国家，东方世界从属于西方世界，北半球支配南半球。这种从属结构使自然形成的民族之间的分工被粉碎，全部都被整合进入了资本主义现代化体系之中，民族的、地方的日益成为不可能。资本主义经济全球化带来的世界一体化、齐一化实质上就是已经现代化起来的资本主义国家和地区对人类现代化道路的垄断，对未实现现代化的民族和地区的支配、统治与灭亡。

2008年金融危机之后，世界经济增长动力不足、需求不振、金融市场反复动荡，贸易和投资持续低迷，面临多重风险和挑战。在此关口，经济全球化出现波折，主要是贸易保护主义、内顾倾向抬头，多边贸易体制受到冲击。20年前，世界经济全球化的主要推手是美欧国家，今天西方国家贸易保护主义抬头，中国被认为是经济全球化的最大旗手。中国经济的增长为全球经济稳定和增长提供了强大动力，中国是经济全球化的获益者，更是贡献者。习近平总书记指出，经济全球化是社会发展的客观要求和必然结果，“是我们谋划发展所要面对的时代潮流”③。经济全球化是历史大势，但逆全球化和贸易保护主义甚嚣尘上，世界经济发展到了关键当口，世界各经济体面临着重大抉择。

三、国际环境总体态势稳定，但不确定性因素上升

进入21世纪，世界格局朝着多极化方向加速发展，在经济全球化浪潮

---

① 《马克思恩格斯文集》，第5卷，人民出版社，2009，第743-744页。

② 《马克思恩格斯文集》，第2卷，人民出版社，2009，第35-36页。

③ 习近平：《习近平谈治国理政》，第二卷，外文出版社，2017，第210页。

之下,和平、发展、合作、共赢日益成为时代的潮流。特别是,广大新兴市场国家和发展中国家、地区的群体性崛起,使国际力量对比在总体上继续朝着有利于世界和平与发展的方向演进。习近平总书记指出,当前国际形势保持总体和平、缓和、稳定的基本态势。和平、发展、合作、共赢成为时代潮流,总体相对稳定的国际形势为中国和平发展提供了根本性前提条件和现实可能性。

但是,总体相对稳定的国际环境中,人类依然面临诸多难题和挑战。西方资本主义世界体系主导下的全球化促进了各民族文化之间的交流与学习,但同时也导致了不同意识形态、政治价值观念上的冲突。威斯特伐利亚体系扩大到全世界,权力政治、丛林法则、力量均衡、零和博弈、霸权稳定等西方主客二分思维下的理念盛行。西方资本主义势力所到之处,野蛮推广西方生产方式、文化与价值观,许多固有的、封闭的、地方性的文化被连根拔起。长期惨无人道的殖民扩张转嫁和掩盖了资本主义经济、制度、文化内在的矛盾。进入20世纪,西方资本主义社会文化危机愈加凸显。周期性的经济危机,特别是两次世界大战凸显了资本主义制度与文化上的深层问题。进入后工业时代,“全球资本通过所有权机制完成对经济的控制,通过国家权力分立制衡和军队国家化完成对政治的控制,通过媒体私有化完成对意识形态的控制,从而形成由资本集权的新资本主义模式”①。进入21世纪,西方资本主义文明备受挑战。经济全球化让世界联系越来越紧密,彼此形成连带效应,战争危机、民主乱象、贫富差距、资源枯竭、环境恶化等已经上升为全球性问题。面对全球性问题,西方国家长期以来使用的资源掠夺、矛盾转移、污染转嫁等以邻为壑的手段难以为继。这些问题归结起来就是发展动力不足,全球经济疲软;地区发展不平衡,影响世界和平稳定;全球治理滞后,难以适应世界发展新形势。当代资本主义世界体系深层结构出了问题,社会发展的动力、平衡与治理机制出了问题,面临“治理赤字”“信任赤字”“和平赤字”“发展赤字”四大挑战。

地区热点和冲突此起彼伏,恐怖主义、难民潮、网络安全等传统安全威胁和非传统安全威胁相互交织,贫困、失业、收入差距拉大,发展不平衡加

---

① 韩庆祥、张健:《中国特色社会主义建设实践的内在逻辑与发展趋向》,《中国社会科学》2012年第3期。

剧,世界面临的不确定性上升。从根本上来说,当前世界困局在于不同国家、民族和文化单元中的人们已然处身于相互联系、相互依存的"地球村"中,但仍缺乏一种"命运与共"的共同体意识。一些国家、民族认不清彼此之间的连带效应,过分追求自我利益优先性,无视甚至损害他国利益,造成世界范围内利益与资源单向流动,发展严重不均衡,进而危及共同体的良性运转。从文化的角度来看,这根源于西方文化中"主客二分"的固有思维,根源于西方中心论的狭隘理念,根源于自由主义的人性神话,根源于维护资本逻辑的社会制度架构。要解决人类面临的一系列突出问题,需要一种新的共同体观念,构建一种新的真正意义的命运共同体,引领文明新发展。

四、中国正处在大有可为的历史机遇期

党的十六大报告曾指出:"纵观全局,二十一世纪头二十年,对我国来说,是一个必须紧紧抓住并且可以大有作为的重要战略机遇期。"①党的十九大报告进一步强调:"当前,国内外形势正在发生深刻复杂变化,我国发展仍处于重要战略机遇期,前景十分光明,挑战也十分严峻。"②2018 年 1 月 5 日,习近平总书记在学习贯彻党的十九大精神研讨班开班式上强调指出"我国正处于一个大有可为的历史机遇期"③。

我们可以从下几个方面理解"大有可为的历史机遇期"这一判断。

从时间节点上来理解"历史机遇期"。"战略机遇期"的"期"特指"二十一世纪头二十年"。"历史机遇期"的"期"是十八大以来的五年开创的,其起点标志应为党的十九大,时间跨度到 2050 年,可细化为从十九大到二十大"两个一百年奋斗目标的历史交汇期"和 2020 年至 2035 年、2035 年至 2050 年这"两个十五年"。

从目标任务上理解"历史机遇期"。"战略机遇期",任务是国内生产总值到 2020 年比 2000 年翻两番,战略目标是"全面建成小康社会",基本实现工业化。"历史机遇期"中,第一个十五年着眼于基本实现社会主义现代

---

① 江泽民:《全面建设小康社会 开创中国特色社会主义事业新局面》,人民出版社,2002,第 35 页。

② 习近平:《习近平谈治国理政》,第三卷,外文出版社,2020,第 2 页。

③ 习近平:《习近平谈治国理政》,第三卷,外文出版社,2020,第 73 页。

化,第二个十五年着眼于全面建成社会主义现代化强国,进而实现中华民族伟大复兴的中国梦。可以说,在"历史机遇期"是要实现现代化、国家统一、维护世界和平与共同发展的"三大"历史任务。

从发展空间上来理解"历史机遇期"。"战略机遇期"判断基于当时中国与世界的实际,侧重从地区或特定国际格局的既有空间中战略谋划、寻求发展。在"战略机遇期"内我们能力有限,还不能从深层结构上影响外部环境,甚至还要顺应外部环境变化,主要是运用既有的世界体系、国际资源来追赶国际,可施展拳脚的空间有限,只能"大有作为"。而在"历史机遇期"内,我们要实现"站起来""富起来"向"强起来"、"跟跑""并跑"国际向"领跑"国际的转变。"历史机遇期"判断则基于中国特色社会主义进入新时代这一新历史方位和强劲发展势头。"历史机遇期"中,我们的发展不断突破自我(主体)的瓶颈,同时也必将打破束缚和制约我们发展的外部环境。所以,发展空间从"大有作为"转为"大有可为",这是中华民族刷新历史、创造历史并必然载入人类历史的"大有可为的历史机遇期"。

从现实依据上理解"历史机遇期"。"历史机遇期"判断基于国内国际现实状况,也准确把握了中国与世界的关系。近代以来300多年,西方文明主导世界历史进程。进入21世纪,一系列全球性难题困扰人类生存与发展,西方文明开始备受挑战。"民主乱象"丛生,西方文明主导的世界在动力、平衡、治理三大根本机制上出了问题。其深层根源,是西方文明的逻辑出了问题。对比之下,中国实力增长,国际影响力空前提升,中国特色社会主义焕发出强大的生命力。从国际环境来讲,"我们前所未有地靠近世界舞台中心,前所未有地接近实现中华民族伟大复兴的目标,前所未有地具有实现这个目标的能力和信心"。从国内形势来讲,有超大规模的经济体做支撑,有强大的政党做引领,有习近平新时代中国特色社会主义思想指导实践,有全体中华儿女的众志成城,"走中国特色社会主义道路,具有无比广阔的时代舞台,具有无比深厚的历史底蕴,具有无比强大的前进定力"。从中国与世界的关系角度讲,世界大发展、大变革、大调整,全球权力大转移,力量此消彼长,我们的发展势头正旺。风云际会蕴含无限可能,顺势而为、乘机而上,前途无限光明。

从具体内涵上理解"历史机遇期"。这一"历史机遇期",是世界格局剧烈变动的“重塑期”,是中国由大国走向强国的“飞跃期”,是中国式现代化由“跟跑”向“领跑”的“角色转换期”,是中国特色社会主义制度“成熟定型期”,是中华民族迎来伟大复兴的“关键期”,也是中国共产党带领人民而今迈步从头越的又一个“创业期”。

从概念转化的意义上理解“历史机遇期”。习近平总书记在“战略机遇期”基础上提出“历史机遇期”这一重大判断,体现了中国共产党人高度的理论自觉与使命自觉。高度的理论自觉是指“历史机遇期”判断从历史、现实和未来的大逻辑上进一步揭示了中国特色社会主义进入的新时代“究竟是什么样的新时代”,深化了对国情和发展情势的认知;高度的使命自觉是指“历史机遇期”判断指明了我们党要为国家和民族负责,要在“战略机遇期”绘就的蓝图上接续奋斗,快道超车、书写新历史,奋力实现党在新时期的“三大历史任务”。

总体来看,“国际力量对比持续朝着于我有利的方向发展”①,当前中国处于近代以来最好的发展时期。同时,国际社会对中国的期待和要求在持续升高,我们迎来了贡献中国智慧和方案的最佳出场机会,正处于一个大有可为的历史机遇期。中国有意愿也有能力为人类文明进步担负起更多的责任,作出更大的贡献。实现中华民族伟大复兴的中国梦,要“冷静分析各种国际现象,而且要把自己摆进去,在我国同世界的关系中看问题,弄清楚在世界格局演变中我国的地位和作用,科学制定我国对外方针政策”②,统筹国内国际两个大局、两个市场、两种资源、两类规则。

世界处于百年未有之大变局,中国处在近代以来最好的发展时期;世界经济发展走到关键当口,中国成为经济全球化的最大推动者;全球治理面临“四大赤字”,中国智慧和方案迎来了最佳出场时机。把握“历史机遇期”,首先要认识到我国发展形势总体有利,应团结一致、坚定信心,一张蓝图绘到底。同时,要居安思危,既有防范风险的先手,也要有应对和化解风险挑战的高招,绝不能犯战略性、颠覆性错误。既要打好防范和抵

① 中共中央文献研究室:《习近平关于社会主义社会建设论述摘编》,中央文献出版社,2017,第146页。

② 中共中央宣传部、中华人民共和国外交部:《习近平外交思想学习纲要》,人民出版社、学习出版社,2021,第200页。

御风险的有准备之战，也要打好化险为夷、转危为机的战略主动战。可以说，习近平新时代观是在统筹国内国际两个大局、把握中国与世界深刻变化、对国际局势和世界大势清醒判断基础上形成的对时代发展的总体性认识和总体性判断。

第五章　中国方位：中国特色社会主义进入新时代

列宁曾经指出："首先考虑到各个'时代'的不同的基本特征（而不是个别国家的个别历史事件），我们才能够正确地制定自己的策略；只有了解了某一时代的基本特征，才能在这一基础上去考虑这个国家或那个国家的更具体的特点。"[①]习近平总书记洞悉人类所处大的历史时代和当今世界发展大势，深刻把握中国特色社会主义发展的历史逻辑、理论逻辑和现实逻辑，在党的十九大向全世界宣告："经过长期努力，中国特色社会主义进入了新时代。"这个新时代究竟是一个什么样的时代呢？新时代因何而是？新时代走向何方？进入新时代的意义是什么？对这些重大问题的回答构成习近平新时代观的核心内容。

一、时代本质：这是中国特色社会主义的新时代[②]

党的十九大报告指出："这个新时代，是承前启后、继往开来、在新的历史条件下继续夺取中国特色社会主义伟大胜利的时代，是决胜全面建成小康社会、进而全面建设社会主义现代化强国的时代，是全国各族人民团结奋斗、不断创造美好生活、逐步实现全体人民共同富裕的时代，是全体中华儿女勠力同心、奋力实现中华民族伟大复兴中国梦的时代，是我国日益走近世

① 《列宁全集》，第26卷，人民出版社，2017，第143页。

② 详细内容参见方兰欣：《中国特色社会主义新时代的内涵、基础与意义——中国特色社会主义进入新时代》，《宁夏党校学报》2018年第2期。

界舞台中央、不断为人类作出更大贡献的时代。”①中国特色社会主义在建立新中国、进入改革开放新时期的基础上开创一个新的时代。中国特色社会主义进入新时代这一重大政治判断贯穿十九大报告全篇，是一大亮点。中国特色社会主义新时代不是通常所讲的“历史时代”，不是别的什么新时代，而是中国特色社会主义的新时代。党的十九大报告中的“五个是”，为科学理解和准确把握新时代内涵指明了方向。

新时代是承前启后、继往开来、在新的历史条件下继续夺取中国特色社会主义伟大胜利的时代。这一阐释回答了新时代的中国要继续举什么旗、定什么向、走什么路的关键问题。新时代“承前”“继往”，是说进入新时代我们绝不改旗易帜，而是要继续高举起中国特色社会主义伟大旗帜，继续坚持中国特色社会主义道路。新时代“启后”“开来”，是说进入新时代我们不封闭僵化、故步自封，而是要引领和开创新未来。“在新的历史条件下继续夺取中国特色社会主义伟大胜利的时代”是说要在已有奋斗基础上把改革开放以来开辟的中国特色社会主义继续向前推进，不断取得新的更伟大的胜利。

新时代是全面建成小康社会、进而全面建成社会主义现代化强国的时代。对新时代的这一阐释，指明了新时代的历史任务以及实现这一历史任务的战略安排、战略部署问题。建成小康社会是改革开放之后确定的“三步走”战略目标中承上启下的一环。改革开放进程中，温饱问题逐步解决，人民生活总体上达到小康水平目标已实现。进入新时代，我们要在总体小康基础上决胜全面建成小康社会，进而开启全面建成社会主义现代化强国的新征程，实现“三步走”战略目标的中间目标并且向更高目标迈进。

新时代是全国各族人民团结奋斗、不断创造美好生活、逐步实现全体人民共同富裕的时代。这一阐释点明了新时代坚持什么样的发展思想、实现什么样的发展目的的问题。旧中国，经济落后、民生凋敝，缺乏强有力的主心骨。中国共产党一经成立，就团结带领全国各族人民，建立了新中国，开辟了中国特色社会主义道路，使中国人民站起来、富起来。站起来、富起来之后，人民的美好生活需要在增长，而发展还存在不平衡不充分的问题。进

① 本书编写组：《党的十九大报告辅导读本》，人民出版社，2017，第11页。

入新时代,需继续带领全国各族人民团结奋斗、不断创造美好生活,要坚持以人民为中心的发展思想,追求并逐步实现共同富裕的发展目的。

新时代是全体中华儿女勠力同心、奋力实现中华民族伟大复兴中国梦的时代。这一阐释从中华民族的角度点明了新时代要以什么样的精神状态、实现什么样的奋斗目标的问题。近代以来,中国陷入内忧外患的黑暗境地,山河破碎,民族不断衰落。中华儿女在中国共产党的团结带领下凝聚成中华民族伟大复兴的磅礴力量,实现了中华民族由近代不断衰落到根本扭转命运、持续走向繁荣富强的伟大飞跃。进入新时代,全体中华儿女更应勠力同心,以永不懈怠的精神状态、一往无前的奋斗姿态,继续朝着实现中华民族伟大复兴的宏伟目标奋勇前进。

新时代是我国日益走近世界舞台中央、不断为人类作出更大贡献的时代。这一阐释从世界、人类的角度,指明了新时代的中国特色社会主义的世界影响以及对全人类发展的意义。改革开放进程中,中国特色社会主义道路、理论、制度和文化不断发展,中国的世界影响力与国际地位不断提升。中国的高速、持续、全面、和平的发展,拓展了发展中国家走向现代化的途径。进入新时代,我国日益走近世界舞台中央,中国特色社会主义的优越性越来越突出,越来越有能力为解决人类问题贡献更多新的智慧与方案。

新时代的“五个是”内涵回答新的历史阶段中国要继续举什么旗、定什么向、走什么路的关键问题;指明了新时代的历史任务,以及实现这一历史任务的战略安排、战略部署问题;点明了新时代坚持什么样的发展思想、实现什么样的发展目的的问题;强调新时代要以什么样的精神状态,实现什么样的奋斗目标的问题;从世界、人类的角度,指明了新时代的中国特色社会主义的世界影响以及对全人类发展的意义。

二、时代依据:中国特色社会主义进入新时代的总依据

每个时代都有其独特的历史基础与现实依据,新成就、新基础、新起点奠定新时代。实践、理论和组织上的历史性新成就、历史性新变革是推动中国特色社会主义进入新时代的现实依据。新民主主义革命和社会主义改造的完成奠定了新中国的政权和制度基础,改革开放开启了中国特色社会主义建设的新时期。党的十八大以来,我们继往开来,新的领导集体在已有成

就基础上取得新的“历史性成就”，发生“历史性变革”，产生“历史性影响”，开创时代新思想，这是开启新时代、进入新时代进而引领新时代的总依据。

历史性成就是中国特色社会主义进入新时代的首要根据。改革开放开创了中国特色社会主义道路，我国经济实力、科技实力、国防实力、综合国力逐步进入世界前列。这是中国特色社会主义进入新时代的历史基础。这里讲的历史性成就，主要从1978年改革开放以来谈起。具体体现在两个层面：一是从1978年我国改革开放以来，在大的历史长河中所取得的历史性成就。这可概括为党的面貌、国家的面貌、人民的面貌、军队的面貌、中华民族的面貌发生了前所未有的变化。二是党的十八大以来所取得的历史性成就。这些成就是全方位的、开创性的，可集中概括为“解决了许多长期想解决而没有解决的难题，办成了许多过去想办而没有办成的大事”①。

历史性变革是中国特色社会主义进入新时代的基本根据。正是党的十八大以来取得的“历史性成就”，才推动了党和国家事业发生“历史性变革”。前者是因，后者是果。这样，历史性变革首先是历史性成就使然，同时也是改革开放以来中国共产党人带领全国各族人民努力奋斗的结果，尤其是党的十八大以来，以习近平同志为核心的党中央积极推动的结果。“历史性变革”是深层次的、根本性的，它从生产力到生产关系、从经济基础到上层建筑、从国内到国际等全方位地展开。这种深层次、根本性的历史性变革，可以看作当代中国的“整体转型升级”，推动了中国特色社会主义进入了新时代，促进中国发展进入新的历史方位。

历史性影响是中国特色社会主义进入新时代的根本依据。“新时代之所以成为新的历史阶段，最关键的理论基础和实践要件就是我国社会主要矛盾的转化。”②“历史性成就”“历史性变革”必然会产生历史性影响，这种历史性影响最聚焦、最鲜明、最根本，主要体现在促进了社会主要矛盾的历史性转化，即由过去人民日益增长的物质文化需要同落后的社会生产之间的矛盾，转化为人民日益增长的美好生活需要和不平衡不充分的发展之间的矛盾。当今，无论是社会主要矛盾的需求方还是供给方，都发生了历史性转化，从人民需要的总体状况和社会供给的总体状况两个根本方面，体现并

① 本书编写组：《党的十九大报告辅导读本》，人民出版社，2017，第8页。

② 闫坤：《新时代：以新的主要矛盾标识新的历史方位》，《学习与探索》2017年第12期。

反映着中国社会发展的整体状况,并揭示中国发展的历史方位。正是由于当今人民的需要状况和社会的供给状况都发生了历史性转化,所以便直接促进中国特色社会主义进入了新时代,使我国发展进入新的历史方位。这是中国特色社会主义进入新时代或者我国发展步入新的历史方位的最直接、最根本的依据。

新思想引领中国特色社会主义进入新时代。理念是实践的先导,思想是时代的先声,伟大的思想引领伟大的时代。党的十八大以来,国际国内形势变化提出了新的时代课题。以习近平同志为核心的中央领导集体带领全党从理论和实践结合上系统回答了新时代"怎样坚持和发展什么样的中国特色社会主义、怎样坚持和发展中国特色社会主义,建设什么样的社会主义现代化强国、怎样建设社会主义现代化强国,建设什么样的长期执政的马克思主义政党、怎样建设长期执政的马克思主义政党"的重大时代新课题。新时代十年来,我们党"任凭风浪起,稳坐钓鱼台",始终坚持以马克思列宁主义、毛泽东思想、邓小平理论、"三个代表"重要思想、科学发展观为指导,围绕时代课题、直面现实问题、破解发展难题,坚持摸着石头过河与顶层设计相结合,在实践创新中推动理论创新,形成了习近平新时代中国特色社会主义思想。习近平新时代中国特色社会主义思想继承、发展前人实践经验和理论成果,凝聚新的集体智慧与新时期实践经验,引领中国特色社会主义进入新发展阶段,指引中国特色社会主义扬帆远航、行稳致远,是实现中华民族伟大复兴中国梦的行动指南。

新领导集体助推中国特色社会主义进入新时代。时代是实践之基、理论之母,大成就、大思想往往依托大人物,大人物往往助推大时代。党的十八大后,在以习近平同志为核心的党中央的坚强领导下,把方向、谋大局、定政策、促改革,取得了全方位的、开创性的成就。突破了一些过去认为不可能突破的关口,解决了许多长期想解决而没有解决的难题,办成了许多过去想办而没有办成的大事。党的十八大以来,正是在以习近平同志为核心的党中央坚强领导下,在习近平总书记系列治国理政新理念新思想新战略的指引下,才取得一系列历史性新成就、历史性新突破,党和国家事业才发生历史性变革,中华民族的面貌发生了前所未有的变化。中国特色社会主义进入新的发展阶段,中国特色社会主义进入新时代。这是全国各族人民团结奋斗、开拓进取的结果，也是党中央坚强领导的结果。

社会主要矛盾的变化是进入新时代的深层依据。社会主要矛盾是社会运动、变化、发展的主动力，也是把握基本国情、正确制定路线方针政策和确定中心工作的根本依据。1981年，党的十一届六中全会将社会主义初级阶段我国社会的主要矛盾概括为"人民日益增长的物质文化需要同落后的社会生产之间的矛盾"。时隔36年，党的十九大报告明确指出，经过长期努力，中国特色社会主义进入了新时代，"我国社会主要矛盾已经转化为人民日益增长的美好生活需要和不平衡不充分的发展之间的矛盾"①。我国社会主要矛盾的变化是中国特色社会主义进入了新时代的深层依据。

三、时代方位：新时代标定我国发展新的历史方位

党的十九大报告指出："中国特色社会主义进入了新时代。"这一重大判断标定了我国发展新的历史方位。历史方位是指一个国家、一个民族在历史发展进程中所处的坐标方位。只有对自身所处历史方位的清醒认识，才能够更加准确把握发展的方向与节奏，科学研判奋斗的目标与战略。新时代标定我国发展的历史新方位，至少可以从以下几个方面理解。

（一）奠定发展新起点

发展新层次奠定发展新起点。新时代之"新"，在于中国特色社会主义进入了一个新的发展阶段，发展环境、发展条件、目标任务都发生了新的变化，已经从"不发展"时期进入"发展起来以后"时期。邓小平曾提出中国"不发展时"和"发展起来以后"的两个层次、两个阶段的问题。在"不发展时"，社会动荡、经济凋敝、科技落后、人民贫困，"有被开除球籍的危险"。改革开放40年的跨越式发展，中国特色社会主义进入新时代，发展水平跃升到了"发展起来以后"的层次，站在了"发展起来以后"的新起点上。新起点奠定了我们决胜全面建成小康社会，夺取新时代中国特色社会主义伟大胜利，进而全面建成社会主义现代化强国的新基础、新条件、新能力和新的更强的底气与信心。

① 本书编写组：《党的十九大报告辅导读本》，人民出版社，2017，第11页。

从发展进程来说，社会主义初级阶段实践完成“前半程”转向进入“后半程”的新起点。1949年，新中国的成立结束了旧中国任人宰割的命运。1956年，三大改造的完成标志着社会主义制度在中国的确立，中国进入了社会主义社会的初级阶段。经过改革开放的持续丰富和完善，中国特色社会主义道路、理论、制度和文化不断发展，中国特色社会主义大厦的“四梁八柱”已经立了起来。党的十八大以来，以习近平同志为核心的党中央带领中国特色社会主义进入新时代。从新中国到新时期，再到新时代，中国尽管仍然处在社会主义初级阶段这一发展历程中，但是，社会主义初级阶段的国情和实践已经在发生变化。中国特色社会主义即将迈向新的奋斗目标，中华民族迎来了从站起来、富起来到强起来的伟大飞跃，在全面建成小康社会基础上开启全面建成社会主义现代化国家的新征程，我们比历史上任何时期都更接近、更有信心和能力实现中华民族伟大复兴的目标。习近平总书记指出，从形成更加成熟更加定型的制度看，我国社会主义实践的前半程主要是建立社会主义基本制度，并在这个基础上进行改革。我们从“摸着石头过河”到改革“顶层设计”，社会主义实践的前半程已经走过了。前半程的实践成果开启后半程并为后半程奠定了很好的基础。进入后半程，社会主义实践的主要历史任务是完善和发展中国特色社会主义制度，为党和国家事业发展、为人民幸福安康、为社会和谐稳定、为国家长治久安提供一整套更完备、更稳定、更管用的制度体系。

（二）改革开放进入深水区和攻坚期

改革开放是决定当代中国命运、实现中国梦的关键一招。实事求是地讲，我国改革开放没有现成经验可以照搬，“摸着石头过河”的渐进性改革特征显著，采取的是“权威政治下的低政治参与和高资本投入相结合的发展模式”①。改革开放取得的巨大成绩为进一步发展积累了经验、奠定了基础，但也积压了不少问题。与此同时，随着国内与国际形势的新变化，国家发展进入新阶段，中国特色社会主义进入新时代，面临一系列突出的新问题。国际形势复杂多变，国内老问题、新问题交织，“我们党面对的改革发展

---

① 萧功秦：《中国的大转型：从发展政治学看中国变革》，新星出版社，2008，第115页。

稳定任务之重前所未有、矛盾风险挑战之多前所未有”,改革开放进入攻坚期和深水区。①

改革开放动力不足。十一届三中全会后,改革开放从经济层面开始,尽管存在利益分化与不公,但大家能够普遍获益,改革动力强劲。改革开放取得了骄人成绩,但也带来了严重的利益分化,利益结构失衡比较严重。“随着社会结构的定型,随着结构变迁与体制变革关系的变化,一种影响、左右甚至扭曲改革的机制已经在开始形成。”②对于既得利益集团来说,如果改革和开放触及其实际利益,肯定会抵制相关垄断行业与领域的开放,千方百计干扰、扭曲改革的方向。对于国企、政府机构与事业单位来说,会消极拖延改革与开放措施的出台,维持其垄断优势。“对改革采取拖延的态度,使制度变迁错过了改革成本最低的最佳时期。改革成本将逐步递增,于是旧体制不得不继续运行。”③当改革开放被既得利益集团和体制内群体所扭曲,“人们就会发现,无论这些措施和政策的取向是什么,在利益结果上几乎都没有太大的差别,该对谁有利还是对谁有利,该对谁不利还是对谁不利”④。当改革无关大众利益,甚至越改革越损害大众利益时,普通大众就会对改革产生冷淡,甚至敌视的态度。值得注意的是,在改革开放过程中,人们的精神世界发生了变化,影响改革开放动力。一些人物质世界丰裕了,精神世界滑落了,出现了精神懈怠、精神萎靡问题,缺乏改革开放的胆气与锐气;一些人票子多了、位置高了,但学习荒废了,产生了本领恐慌,缺乏改革开放的知识与能力。改革开放在一些领域进展缓慢,就主观条件来说,很重要的一点是本领恐慌,一些官员缺乏政治远见,缺乏改革进取的战略眼光与责任担当。正如张维迎所说:“为什么说现在的改革动力不足呢?因为现在我们的政治家很少,官僚很多。”⑤

改革开放环境复杂化,难度增加,要啃硬骨头。改革开放初期,中国处于国际产业链底端,能够顺利承接发达国家产业转移的需求。当前,世界力量发生了大转移,国际竞争日趋激烈,中国经济实力的提升引起了许多国家

---

① 《中共中央关于全面推进依法治国若干重大问题的决定》,人民出版社,2014,第2页。
② 孙立平:《重建社会——转型社会的秩序再造》,社会科学文献出版社,2009,第251页。
③ 锁利铭:《政府改革困境的制度结构性视角分析》,《公共管理学报》2007年第3期。
④ 孙立平:《重建社会——转型社会的秩序再造》,社会科学文献出版社,2009,第251页。
⑤ 吴敬琏、张维迎等:《改革是最大政策》,东方出版社,2014,第71页。

的恐慌与不安、羡慕与嫉妒。许多发达国家还不能适应和接受中国崛起的事实，带有不同层次的抵触情绪，甚至是围堵、封杀、唱衰、捧杀中国。同时，中国国内生产力水平还不高，但是劳动力、土地、房产等成本要素价格却持续上升，降低了中国对外开放的优势。中国虚拟经济、泡沫化的房地产经济在一定程度上挤压了实体经济与制造业的发展，限制了中国的对外开放能力与水平。国内各群体利益分化、思想泛化，协调改革、发展与稳定的难度加大。习近平总书记强调："我们现在所处的，是一个船到中流浪更急、人到半山路更陡的时候，是一个愈进愈难、愈进愈险而又不进则退、非进不可的时候。"①站在新的历史关头，夺取中国特色社会主义新胜利，要实现经济社会健康持续发展，维护社会公平正义，实现社会主义共同富裕的承诺，就必须壮士断腕、敢于碰硬、敢于啃难啃的硬骨头，打破利益固化的藩篱，突破体制机制弊端，剜除影响国家发展的"痼疾"。通过深化改革，扩大人民民主参与，平衡利益关系，完善社会保障体系，促进社会关系和谐；进一步扩大开放，深化互利合作，搞好新型大国关系与周边国家关系，维护和拓展国家利益。

（三）进入整体转型升级阶段

中国特色社会主义进入新时代，中国发展起来以后，改革开放进入深水区和攻坚期，传统的局部领域突破型发展模式难以有效支撑更高质量发展的要求，也难以更好实现人民群众的新需求。要解决人民日益增长的美好生活需要和不平衡不充分的发展之间的矛盾，就必须立足新时代特征，在已有奋斗基础上推进中国特色社会主义整体转型升级。

整体转型升级以改革开放以来局部领域转型为基础，同时，又是对早期转型的延伸、发展和超越。整体转型升级是社会实践形态、社会组织形态、权力运作方式、社会运行机制以及人之存在方式的整体性变革，是社会主义制度的自我完善与超越。

近代以来中国社会转型主要有三个阶段，分别对应三种方向，即资本主义现代化模式、苏联模式社会主义和中国特色社会主义。晚清以降，传统皇

---

① 习近平：《在庆祝改革开放40周年大会上的讲话》，《人民日报》2018年12月19日第2版。

权大一统秩序逐步解体，中国开始了从传统向近代的转型，转型的基本方向是从皇权帝制走向资本主义。新中国成立后，现代性的政体与国体逐步形成，社会秩序得以再造。改革开放前期的社会转型主要是在政治权力主导下，通过自上而下调节生产关系的方式进行，“这就决定了转型往往只是停留在分配领域，难以触及社会的深层结构，特别是社会的生产结构。而生产结构不调整，生产关系也就难以发生根本性的变革，社会转型也就不会深入”①。改革开放以后，我们党带领全国各族人民成功开辟了中国特色社会主义道路，形成了中国特色社会主义理论体系，确立了中国特色社会主义制度，从“一穷二白”的落后面目跃升为世界第二大经济体，实现了从站起来到富起来的历史性转变。党的十八大以来，“整体转型升级，从生产力、生产关系、国家权力运作方式、人的生存方式、外交方略等全方位展开了”。今天，我们正在接近世界舞台的中心，实现由大国向强国的历史性转变，实现从站起来到富起来再到强起来的伟大历史性飞跃。中国特色社会主义新时代是调结构、转方式的整体转型升级的时代，在进一步消化吸收前期转型成果与经验的基础上中国特色社会主义的优势也越来越突出。

整体转型升级，夺取中国特色社会主义新的伟大胜利。整体转型升级的发展方向决定着举什么旗、走什么路、唱什么歌的重大根本原则性问题。确保整体转型升级沿着正确的方向发展，需要做到不忘本来、吸收外来、面向未来。不忘本来，就是说不能割裂自身民族文化与历史传统以防止变色，不能放弃社会主义制度与体制以防止变质。吸收外来，就是说要正视资本主义文明，大胆借鉴一切人类文明有益成果，增强中国特色社会主义的发展动力与活力。面向未来，是说要与时俱进地推进民族文化的创造性转化与创新性发展，要根据时代的发展推动社会主义理论与实践的革新，引领文明发展新道路。只有不忘本来、吸收外来、面向未来，才能在整体转型升级过程中使中国特色社会主义沿着正确的方向奋勇前进。我们将在诸多领域刷新世界水平从而改变过去“小学生”的形象与地位，意味着中国的国际方位将实现从跟跑、并跑阶段向领跑阶段迈进。

---

① 方兰欣：《力量转移、结构转型、文明更新：中国总问题的哲学分析》，《求实》2016年第4期。

(四)中华民族伟大复兴进入关键期

中国特色社会主义新时代标定中华民族进入伟大复兴关键期。中国特色社会主义进入新时代,中华民族伟大复兴迎来了光明前景,挑战也是十分严峻。

新时代开启中华民族伟大复兴新征程。“在全面建成小康社会、实现第一个百年奋斗目标之后,我们要乘势而上开启全面建设社会主义现代化国家新征程、向第二个百年奋斗目标进军,这标志着我国进入了一个新发展阶段。”①实现第二个百年奋斗目标分两个阶段来达成,第一阶段,从 2020 年到 2035 年基本实现社会主义现代化;第二阶段,从 2035 年到 21 世纪中叶把我国建成富强、民主、文明、和谐、美丽的社会主义现代化强国。到那时,国家会更加强大,人民生活将更加幸福安康,中华民族将以更加自信昂扬的姿态屹立于世界民族之林。

新时代迎来中华民族伟大复兴光明前景。光明前景是指,中华民族经过近代以来的不懈抗争和巨大牺牲,建立了新中国、社会主义新制度,经过改革开放新时期的发展,特别是党的十八大以来的持续推进,彻底改变了被奴役的悲惨命运。“今天,我们比历史上任何时期都更接近、更有信心和能力实现中华民族伟大复兴的目标。”今天“三步走”战略目标已提前实现前两个,实现了从站起来到富起来的飞跃。在此基础上,中国特色社会主义进入新时代,步入新发展阶段,正在实现向强起来的新阶段飞跃。新时代,意味着近代以来久经磨难的中华民族迎来了从站起来、富起来到强起来的伟大飞跃,迎来了实现中华民族伟大复兴的光明前景。

新时代实现中华民族伟大复兴需要进行新的伟大斗争。经过改革开放的快速发展,我国已经成为世界上超大规模体量的大国。但是,我们只是初步发展起来,还处在社会主义初级阶段,基础还不够坚实,还存在许多不足,新问题、新挑战层出不穷。“主要存在国家被侵略、被颠覆、被分裂的危险,改革发展稳定大局被破坏的危险,中国特色社会主义发展进程被打断的危险。”进入新时代,处在“两个一百年”奋斗目标的交汇、转换期,“中华民族

---

① 习近平:《把握新发展阶段,贯彻新发展理念,构建新发展格局》,《求是》2021 年第 9 期。

伟大复兴，绝不是轻轻松松、敲锣打鼓就能实现的"①，必须为之付出更为艰巨、更为艰苦的努力。

新时代，是中国特色社会主义顺应历史大势且主动作为的时代；是中国共产党人领导中国人民，以"坚持和发展什么样的中国特色社会主义，怎样坚持和发展中国特色社会主义"为时代课题，"不忘初心、继续前进"，不忘本来、开辟未来，开创新时代中国特色社会主义事业新局面，实现中华民族伟大复兴的时代。因此，中国特色社会主义新时代是我国发展进入新的历史方位，进一步坚持和发展中国特色社会主义，奋力实现中华民族伟大复兴，从而使大国成为强国的时代。

四、时代方向：走向强起来和文明兴起来

新时代是从中国特色社会主义、建成社会主义现代化强国、实现中华民族伟大复兴、不断创造人民美好生活、使中国日益走近世界舞台中央等方面强起来的时代。"'强起来'，是当前我国的阶段性特征，是最大的刚需，是谋划未来发展的基础和支撑。"②而作为一种历史悠久的文明体，中华民族的现代化追求不只是独立和富强，实乃是民族的复兴、文明的复兴。

（一）国家"强起来"的时代

革命建设时期，我们的历史使命和阶段性奋斗目标是推翻旧政权建立新中国，推翻旧制度确立社会主义新制度，进而探索和建设社会主义，实现中华民族从"东亚病夫"到站起来的飞跃；改革开放以后，我们的历史使命和发展目标是如何使中国快速融入世界，快速发展起来赶上时代，快速解决温饱进而奔小康，实现中华民族从站起来到富起来的飞跃；进入新时代，我们的历史使命和奋斗追求是坚持和发展中国特色社会主义，统揽"四个伟大"，协调推进"四个全面"战略布局和统筹推进"五位一体"总体布局，构筑社会主义核心价值观，着力解决中国大而不强、富而不强、大国小民的突出问题，实现由大变强、由富变强的转变，真正实现"强起来"。因此，可以说，

---

① 习近平：《习近平谈治国理政》，第三卷，外文出版社，2020，第225页。

② 央视新闻网：《习近平指明我国社会发展的阶段性特征》，访问地址 http://news.cctv.com/2017/08/09/ARTICHJk4HYrONpPeXslUTJ3170809.shtml。

中国特色社会主义进入新时代是进入发展起来以后的阶段进一步坚持和发展中国特色社会主义，全面建设社会主义现代化强国，各方面逐步实现强起来，从而使大国成为强国的时代。

（二）中华民族“强起来”的时代

民族复兴是几代中国人的夙愿，也是中国在发展起来使大国成为强国，即中国特色社会主义进入新时代要实现的奋斗目标，与“坚持和发展中国特色社会主义”根本主题高度契合。自清末鸦片战争之后，中华民族开启了自我救亡的伟大征程，最终目标是实现中华民族伟大复兴。中国共产党成立之后，主动肩负起实现中华民族伟大复兴的历史重任，带领人民建立了中华人民共和国，实现了中华民族站起来。新中国成立后，中国共产党带领人民完成社会主义革命，确立社会主义基本制度，为中华民族富起来、强起来奠定了根本政治前提和制度基础。党的十八大以后，中华民族站在了实现强起来的新的历史起点上。“强起来”，从外延来讲，是全方位强起来，包括经济、政治、文化、社会、生态、党建等各方面“强起来”；“强起来”，从内涵来讲，是实现更高质量、更有效率、更加公平、更可持续发展，是五大新发展理念所讲的发展；“强起来”，其本质内涵是国家富强、民族振兴、人民幸福。新中国的成立宣告中国人民从此站起来，改革开放新时期中国人民逐步解决温饱富起来，进入新时代在决胜全面建成小康社会的基础上向现代化强国迈进，意味着中华民族开始“强起来”。新时代，中华民族正以崭新姿态屹立于世界的东方。

（三）中国特色社会主义“立起来”的时代

中国特色社会主义“立起来”，具体指中国特色社会主义的道路、理论、制度、文化等全方位都要“立起来”，使中国特色社会主义具有内在性、独立性、自主性和主体性。“东欧剧变”后，世界社会主义运动陷入低潮，社会主义国家处于最艰难的发展时期，只有中国等少数几个国家顶住压力，依然坚守着社会主义制度，积极探索适合本国的发展道路。中国特色社会主义长期遭受方方面面的怀疑、质疑、抹黑，有时候我们自己也缺乏自信。经过长期不懈努力，中国特色社会主义进入了新时代。我们在道路、制度、理论和文化方面的优势和优越性不断呈现，我们对自己的事业更有底气和自信。进入新时代，意味着我们的独立性、自主性和主体性进一步成长和丰富，我们站得起来并且能够站稳脚跟。中国特色社会主义历经风雨"立起来"，"意味着科学社会主义在二十一世纪的中国焕发出强大生机活力，在世界高高举起了中国特色社会主义伟大旗帜"①，社会主义旗帜就能够在当今世界高高飘扬。

（四）中国式现代化"领起来"的时代

实现现代化是近代以来中国人民梦寐以求的夙愿。中国共产党一经成立，就义无反顾肩负起实现现代化的历史使命。新中国成立后，虽然强调"独立自主、自力更生"，但在一定程度上且在某些方面受着"苏联模式"的影响，在某种意义上具有"跟跑"的特点。1978 年改革开放以后，我国开创了社会主义现代化建设新局面，强调走自己的路。然而，在一定程度上且在某些方面也受西式现代化的影响，在经济、政治、思想文化等某些方面也具有"跟跑"的特点。之后，中国特色社会主义取得了巨大成就，成为世界第二大经济体，中国式现代化由"跟跑"转向"并跑"。中国式现代化道路的核心是党的领导、市场配置、人民主体。人民主体，体现中国式现代化的社会主义本质，党的领导、市场配置分别从政治和经济两个方面体现中国式现代化的中国特色。中国式现代化道路既能加快中国发展，又能保持中国自身的独立性，具有无比的优势。中国共产党的领导是中国式现代化之本质特征和最大优势。中国共产党强大的政治领导、思想领导、组织领导、社会领导推动着中国式现代化取得了举世瞩目的成就，彰显出中国特色社会主义的魅力，值得其他国家借鉴。党的十八大以来，中国在参与全球治理、建设"一带一路"、积极推进构建新型国际关系和人类命运共同体等方面开始"领跑"。这意味着中国式现代化已经站在了与西式现代化"并跑"这一新的历史起点上，并且在某些方面开始引领世界现代化进程。

（五）中华文明"兴起来"的时代

中华民族在漫长的发展史中，创造了博大精深的传统文化，孕育了光辉

---

① 本书编写组：《党的十九大报告辅导读本》，人民出版社，2017，第 10 页。

灿烂的中华文明。近代以来,由于西方列强入侵,再加上政治上层建筑腐败和社会经济基础衰败,中华传统文化受到冲击、质疑和否定,中华文明蒙尘,面临赓续危机。马克思主义传入中国并为中国共产党所掌握,中国人在精神上开始由被动转为主动。“在带领中国人民进行革命、建设和改革的长期历史实践中,中国共产党人始终是中国优秀传统文化的忠实继承者和弘扬者,从孔夫子到孙中山,我们都注意汲取其中积极的养分。”①中国共产党是坚定的历史唯物主义者,坚持马克思主义的立场、观点和方法,科学理性对待民族传统文化、文化传统。中国共产党领导中国社会主义现代化建设的过程中坚守中华文化立场,积极吸收优秀传统文化中的有益养分,着力克服传统文化中的局限性,坚决摒弃和改造传统文化中的糟粕部分,使现代化建设植根中华文化沃土的同时绵延了中华文脉。中国特色社会主义进入新时代,为中华文化繁荣兴盛提供了坚实的社会经济基础和政治上层建筑保障,实现了民族文化由被动到主动、自卑到自信、衰弱到繁荣的历史性转折。进入新时代,中国式现代化实现中华优秀传统文化创造性转化和创新性发展,在推动中华文化时代化中激活了中华文化,极大地增强了中华民族的“文化自我”意识。中华优秀传统文化的传承与弘扬、“文化自我”意识的增强为马克思主义基本原理同中华优秀传统文化相结合提供了文化和心理基础。习近平总书记在文化传承发展座谈会上的讲话指出:“在新的起点上继续推动文化繁荣、建设文化强国、建设中华民族现代文明,是我们在新时代新的文化使命。”②因此,这个新时代是深化文化自觉、坚定文化自信、走向文化自强的时代,是中华文明“兴起来”的时代。

① 习近平:《论党的宣传思想工作》,中央文献出版社,2020,第 83 页。

② 习近平:《担负起新的文化使命 努力建设中华民族现代文明》,《人民日报》2023 年 6 月 3 日第 1 版。

第六章　辩证认识:新时代我国发展的阶段性新特征

时代并非一个抽象的名词,而是社会特定的发展阶段。因此,一个时代有一个时代的问题和特征。正确认识和把握新时代我国社会发展的阶段性特征是认识与把握新时代,在新的历史条件下坚持和发展中国特色社会主义、做好新时代各项工作的重要基础。习近平总书记强调:“认识和把握我国社会发展的阶段性特征,要坚持辩证唯物主义和历史唯物主义的方法论,从历史和现实、理论和实践、国内和国际等的结合上进行思考,从我国社会发展的历史方位上来思考,从党和国家事业发展大局出发进行思考,得出正确结论。”①。进入新时代,我国经济发展进入新常态,社会主要矛盾发生部分质变,人民需要呈现新特征,发展不平衡不充分的问题更加突出,这对党和国家工作提出了许多新要求。

一、经济发展进入新常态

中国特色社会主义进入新时代,我国经济发展也进入了新阶段,呈现新的阶段性特征。“新常态”是以习近平同志为核心的党中央综合世界经济长周期和我国发展阶段性特征及其相互关系对新时代我国经济发展情势与特点的总体判断,是新时代我国经济发展最为基本的阶段性特征。习近平总书记强调:“分析和看待这个问题,必须历史地、辩证地认识我国经济发展

① 习近平:《高举中国特色社会主义伟大旗帜 为决胜全面小康社会实现中国梦而奋斗》,《人民日报》2017年7月28日第1版。

的阶段性特征。”①只有深入认识经济发展新常态，主动适应经济发展新常态，推动供给侧结构性改革，才能把握和引领经济发展新常态。

2014 年 5 月，习近平总书记在河南考察时首次提出“新常态”这一概念。同年 12 月，中央政治局会议强调“我国进入经济发展新常态”，要求在工作中“主动适应经济发展新常态”。经济发展进入新常态，即我国经济规模和总量大起来以后正处于增长速度换挡期、结构调整阵痛期和前期刺激政策消化期“三期叠加”的特殊阶段。“新常态是一种客观状态，是一种内在必然性”。“新常态主要表现在经济领域”。“新常态”概念的提出表明中国共产党人对于人类社会发展规律和经济发展规律的新认识。

习近平总书记指出：“‘十三五’时期，我国经济发展的显著特征就是进入新常态。新常态下，我国经济发展的主要特点是：增长速度要从高速转向中高速，发展方式要从规模速度型转向质量效益型，经济结构调整要从增量扩能为主转向调整存量、做优增量并举，发展动力要从主要依靠资源和低成本劳动力等要素投入转向创新驱动。”②中国经济从 1978 年到 2011 年，在长达 33 年的时间里保持了年均 9.78%的高速增长。2012 年至 2018 年国内生产总值分别增长 7.9%、7.8%、7.3%、6.9%、6.7%、6.8%、6.6%，2019 年第一季度增长 6.4%。经济由高速增长向中高速增长转换的新常态是一个客观事实和必然状态，经济结构优化升级。随着我国经济规模的持续做大，经济结构性问题日益突出，要想持续健康稳定运行，迫切需要进行结构优化升级。但是，经济结构优化升级不可避免地会带来各方面的“阵痛”；经济发展动力从要素驱动、投资驱动转向创新驱动。改革开放进程中为了实现快速发展，长期依靠生产要素投入驱动经济发展有其历史合理性和必然性。随着我国经济发展进入新阶段，国内外经济环境都发生了重大改变，原来主要依靠资源和低成本劳动力等要素投入驱动的发展方式弊端不断凸显，必须走创新型发展之路。

新时代，全球经济形势疲软，国内经济下行压力变大，各方面都要开始过紧日子，面临多种风险和挑战。但是，我们也要看到，我国经济是“大

① 习近平：《习近平谈治国理政》，第二卷，外文出版社，2017，第 229 页。
② 习近平：《习近平谈治国理政》，第二卷，外文出版社，2017，第 245 页。

海”,不是“小池塘”。我国经济形势的基本面是向好发展,而且我们的经济规模大、产业齐全、自成体系,具有强大的韧劲和回旋空间。在经济形势“变”与“不变”之中需要“把适应新常态、把握新常态、引领新常态作为贯穿发展全局和全过程的大逻辑”①。

二、社会主要矛盾发生关系全局的历史性变化

党的十八大以来,我们取得一系列历史性成就、历史性变革、历史性影响,最突出、最具标志性的就是社会主要矛盾的变化。中国特色社会主义进入新时代,我国社会主要矛盾转化为“人民日益增长的美好生活需要和不平衡不充分的发展之间的矛盾”②。社会主要矛盾反映社会阶段性特征,阶段性特征与问题不同,人们的诉求和追求就不同,社会发展的根本任务与工作重心就不同。社会主要矛盾的变化是中国特色社会主义进入新时代的深层依据,也是新时代我国发展的重要阶段性特征。

(一)完整理解新时代我国社会主要矛盾转化的丰富内涵

“人民日益增长的美好生活需要和不平衡不充分的发展之间的矛盾”包含着丰富的内涵。“党的十九大的新判断是建立在对当前我国社会主要矛盾供求和需要两个方面科学认识和分析的基础上的。”③“需求”和“供给”是社会生产生活的两个基本面,我们可以从供—需结构来理解社会主要矛盾转化的内涵。

第一,从需求角度来看:由“物质文化需要”转向“美好生活需要”,需要的质和量都发生了变化,重心出现了转移。在原来的矛盾结构中,“人民日益增长的物质文化需要”主要是物质层面的需要、低水平的需要、基本生活的需要。尽管人们的需要在增长,但是,社会消费总量和消费质量还很有限。经过长期不懈努力,我们持续稳定解决了温饱问题,人们的“需要”在内容、层次、总量上也发生了很大的改观。我们的“需要”得到了极大的激发和提升,消费品质和消费总量都发生惊人的变化。奢侈品、品牌产品消费

① 习近平:《习近平谈治国理政》,第二卷,外文出版社,2017,第245页。

② 本书编写组:《党的十九大报告辅导读本》,人民出版社,2017,第11页。

③ 黄一兵:《党探索我国社会主要矛盾的实践和启示》,《中共党史研究》2018年第1期。

快速攀升,2018年"双十一"当天中国一家电商的销售额就高达1500亿元人民币。人民"期盼有更好的教育、更稳定的工作、更满意的收入、更可靠的社会保障、更高水平的医疗卫生服务、更舒适的居住条件、更优美的环境"①。从吃饱转向吃好,从穿暖转向穿好,从有学上转向上好学,从物质满足转向政治参与和精神享受,需要的内容、结构与重心发生了转移。

第二,从供给角度看:由"落后的社会生产"转向"不平衡不充分的发展",生产供给的总体速度与规模都发生了变化。在原来的社会主要矛盾中,绝对落后的"社会生产"长期难以满足群众基本物质文化生活需要。经过改革开放的长期不懈努力,中国成为世界第二大经济体,成为全球制造业和贸易大国,"落后的社会生产"面貌发生了根本性的改观,许多领域出现了产能过剩的问题。从绝对落后到有了一定程度的发展,存在的主要问题不再是生产的规模与速度,而是质量和效益。

第三,从新时代社会主要矛盾的主次方面来看:"发展不平衡不充分"是主要矛盾的主要方面,"人民日益增长的美好生活需要"是主要矛盾的次要方面。"发展不平衡不充分"作为主要矛盾的主要方面从根本上决定了我国仍然处在社会主义初级阶段,仍然要坚持以经济建设为中心,大力解放和发展生产力,更加注重发展的质量和效益,做好"蛋糕"。

(二)科学把握新时代我国社会主要矛盾转化的独特性质

党的十九大报告指出,我国社会主要矛盾的变化没有改变我国仍处于并将长期处于社会主义初级阶段的基本国情,也没有改变我国最大发展中国家的国际地位。要理解"一变两不变",就需要准确把握新时代我国社会主要矛盾转化的性质。

社会历史发展是过程性量变与阶段性质变的统一,社会主要矛盾转化分为根本质变性转化和量变加部分质变的阶段性转化两种类型。两种类型代表了社会主要矛盾转化的两种性质。第一种类型的转化是社会主要矛盾"两个对立面由性质完全不同的两个矛盾对立面所取代",实质是社会形态更替,是根本性的改变。第二种类型的转化是"原有的主要矛盾的两个方面

① 中共中央文献研究室:《十八大以来重要文献选编》(上),中央文献出版社,2014,第70页。

发生了变化，使这一主要矛盾出现了不同于原有状态的新形态”，实质是特定形态的社会在量的积累基础上形成的部分质变，从而进入新的发展阶段。①

改革开放四十多年不懈努力，中国特色社会主义各方面建设取得了长足进步，社会主要矛盾从“人民日益增长的物质文化需要同落后的社会生产之间的矛盾”转化为“人民日益增长的美好生活需要和不平衡不充分的发展之间的矛盾”，社会整体供需面及其结构都发生了显著变化。但是，从社会主义初级阶段的矛盾整体结构来看，“我国社会的主要矛盾仍然是人民日益增长的发展需要与发展不能在短期内满足人民需要之间的矛盾”②。这意味着，尽管我们初步发展起来了，但发展仍然是解决我国一切问题的基础和关键，发展的不平衡和不充分仍然是困扰民生保障和改善的矛盾的主要方面。要解决新的社会主要矛盾就必须遵循“创新、协调、绿色、开放、共享”的新发展理念，不断实现高质量发展。

从社会主义初级阶段的矛盾总体性质来看，新时代我国社会主要矛盾的变化在性质上属于量变基础上部分质变，“是一种阶段性的转化而非根本性的转化”③。进入新时代，社会主要矛盾变化是关乎全局的历史性变化，但并没有改变我国的基本国情，我们只不过是从“欠发展”的初级阶段跃升为“初步发展起来以后”的初级阶段。习近平总书记指出：“我国社会主要矛盾的变化，没有改变我们对我国社会主义所处历史阶段的判断，我国仍处于并将长期处于社会主义初级阶段的基本国情没有变，我国是世界最大发展中国家的国际地位没有变。”④只有准确理解“一变两不变”，才能全面准确把握新时代、新方位。

（三）深入领会新时代我国社会主要矛盾转化的影响

社会主要矛盾是把握基本国情的重要依据，也是正确制定路线方针政

---

① 庞元正：《新时代我国社会主要矛盾转化需要深入研究的若干问题》，《哲学研究》2018 年第 2 期。

② 庞元正：《新时代我国社会主要矛盾转化需要深入研究的若干问题》，《哲学研究》2018 年第 2 期。

③ 庞元正：《新时代我国社会主要矛盾转化需要深入研究的若干问题》，《哲学研究》2018 年第 2 期。

④ 本书编写组：《党的十九大报告辅导读本》，人民出版社，2017，第 12 页。

策和确定中心工作的根本依据。新时代,我国社会主要矛盾内涵与性质上的阶段性变化证明了改革开放实践的正确性,标志着中国特色社会主义进入了新的历史方位,对中国特色社会主义建设提出了新要求。

第一,社会主要矛盾转化证明了改革开放的正确性,要在新时代继续全面深化改革,持续扩大对外开放。新中国成立和社会主义基本制度的确立,推翻了近代以来压在中国人民头上的“三座大山”。随后,我们在社会主义初步探索上取得了巨大的成就,但也犯了一些严重的失误。以邓小平同志为核心的第二代领导集体拨乱反正、解放思想、审时度势,转移工作重心,实施改革开放战略。经过改革开放四十多年的不懈努力与接续奋斗,我国经济社会各要素活力迸发,科教文卫与国防、外交事业全方位发展,大踏步融入国际,赶上了时代。正是在改革开放实践的推动下,我们彻底改变了旧中国贫穷落后的面貌,持续稳定地解决了温饱问题,在全面建成小康社会基础上向现代化强国迈进。改革开放统筹国内国外两个大局,调动了一切积极因素为社会主义现代化建设服务,我国社会生产供应能力与人民群众的需要结构发生了全方位的提升,推动社会主要矛盾发生了转化。社会矛盾的转化从根本上证明了改革开放实践的正确性。改革开放取得的历史性成就推动我国社会主要矛盾发生转化,同时,社会主要矛盾的转化也对新时代继续推进改革开放提出了许多新的要求,需要再出发。因为,随着社会主要矛盾的转化,“容易的、皆大欢喜的改革已经完成了,好吃的肉都吃掉了,剩下的都是难啃的硬骨头”①,高水平对外开放也面临新环境、新挑战。也就是说,社会主要矛盾转化,意味着改革开放进入了深水区。这要求我们基于新时代社会矛盾转化提出的新要求、新环境、新形势,努力实现从“重点性改革”转向“全面性改革”、由“低层次对外开放”转向“高水平对外开放”的转型升级。

第二,社会主要矛盾转化促使中国特色社会主义站在了新的历史方位,形成了许多新的阶段性特征,继续夺取中国特色社会主义新胜利需要进行新的“伟大斗争”。改革开放进程中,我们党把科学社会主义基本原则同中国发展实际相结合,把握社会主要矛盾,成功开创并发展了中国特色社会主

① 习近平:《习近平谈治国理政》,第一卷,外文出版社,2018,第101页。

义。经过长期不懈努力,社会主要矛盾在前期量的积累上产生了部分质的变化,社会主义初级阶段从“欠发展”时期过渡到了“初步发展起来以后”的时期。今天的中国社会生产力不可谓不高,科学技术水平大踏步赶上了时代,社会主义具体制度不断成熟定型,日益走近世界舞台的中央。中国特色社会主义道路越走越宽广,制度越来越完善,理论体系越来越丰富,文化日益自信和繁荣,站在了“发展起来以后”的历史新方位。在这一历史方位,中华民族伟大复兴以更为光明的前景同我们照面,中国特色社会主义伟大旗帜在中国场域高高飘扬。不仅如此,中国的成功极大增强了广大发展中国家独立自主谋发展的信心,拓展了发展中国家走向现代化的途径。与此同时,在新的历史方位,我们还面临许多新的情况,进入了矛盾突发期。邓小平同志曾经讲过:“发展起来以后的问题不比不发展时少。”①初步发展起来以后,需求被激发,但“不充分不平衡的发展”决定了社会总供给还很有限;利益分化,贫富差距拉大;不同利益群体激烈博弈,形成了利益固化的藩篱;思想泛化,社会共识越来越难以达成;社会进入诉求表达与矛盾突显期,但诉求表达渠道与矛盾化解机制还很欠缺。中国特色社会主义进入了“发展起来以后”的历史阶段,为进一步发展奠定了基础和信心,但是,“事业越前进越发展,新情况新问题就会越多,面临的风险和挑战就会越多,面对的不可预料的事情就会越多”②,在已有奋斗成就的基础上继续夺取中国特色社会主义新胜利需要进行许多具有新的历史特点的“伟大斗争”。

第三,社会主要矛盾变化对党和国家工作提出了许多新要求。社会主要矛盾是社会总体状况的反映,是判断基本国情和正确确定工作重心与路线方针政策的内在依据。进入新时代,随着社会主要矛盾的需求侧从“物质文化需要”转为“美好生活需要”,供给侧从“落后的社会生产”转为“不平衡不充分的发展”,矛盾诉求的方向与重点、矛盾化解的途径和机制等都有了新的内涵,对党和国家工作提出了新要求。从党和国家中心工作来看,要在坚持以经济建设为中心的基础上,更加注重发展的质量和效益。社会主义初级阶段,发展是解决所有问题的关键,经济建设是党和国家的中心工作。

---

① 中共中央文献研究室:《邓小平年谱(1975-1997)》(下卷),中央文献出版社,2004,第1364页。

② 习近平:《习近平谈治国理政》,第一卷,外文出版社,2018,第23页。

社会主要矛盾变化没有改变初级阶段的基本国情,也不会改变经济建设这一中心工作。但是,主要矛盾变化反映了国情的内涵发生了深刻调整,供给和需要的结构发生了变化,对党和国家工作中心的侧重点和具体要求发生了重大变化。要在以经济建设为中心并保持一定发展规模和速度的基础上更加注重发展的质量与效益,在保障效率的同时更加注重公平正义问题,在继续鼓励一部分人、地区、行业先发展起来的同时更要着力解决好发展不平衡不充分问题,在满足人民群众小康生活需要的基础上更好满足人民对美好生活的需要。从党和国家工作方式来看,注重文化与意识形态的引领,推动国家治理体系与治理能力现代化。随着社会主要矛盾转化,人民群众对精神文化生活、民主政治表达和参与的需求日益强烈,治国理政需要积极运用民主的力量、法治的力量、思想的力量、文化的力量,善于灵活运用"软权力"与"硬权力"形成"巧实力",实现治理体系与治理能力的现代化。①

三、进入了发展起来以后的阶段

经过改革开放四十多年的发展,中国成为世界第二大经济体,成为全球制造业和贸易大国。中国特色社会主义道路、制度、理论与文化"使得中国成为迄今为止体量最大、历史最悠久、以非西方化的方式、最成功地推进社会主义现代化的国家"②。特别是新时代十年来成就斐然,中国建成了世界最大规模的高铁网,拥有超大规模的工程与科研人才队伍,人均国内生产总值进入中等收入国家行列,历史性摆脱了贫困。中国总体蛋糕做大了,进入了一个新的发展阶段,用邓小平同志的话说,就是"发展起来以后"的阶段。但是,由于我们的基础还比较薄弱,总量还有待扩大,人均水平还有待提升,许多方面与国际上还存在不小差距,一些关键技术仍受制于人,我国仍处于并将长期处于社会主义初级阶段。因此,我们的发展整体上还只是初步性的,现阶段还只是进入了"初步发展起来以后"的阶段。

初步发展起来以后需求变化。人的需要具有客观性,同时随社会的发展而发展。原有需要满足之后会产生新的需要,需要得不到满足就会产生

① 方兰欣:《力量转移、结构转型、文明更新:中国总问题的哲学分析》,《求实》2016 年第 4 期。

② 韩庆祥、黄相怀:《为人类对更好社会制度的探索提供中国方案——学习习近平总书记"七一"重要讲话》,《求是》2017 年第 1 期。

苦恼。改革开放以前,在匮乏经济条件下,人们主要关注的是“肚子”问题,吃饱穿暖是主要的需要。1978 年以后,工作重心转移到经济建设上来,上上下下都以经济建设为中心,主要解决“做大蛋糕”的问题。做大蛋糕是政府、社会和民众的共同愿望和期待,具有广泛的共识。随着改革开放中国经济的快速发展,蛋糕越做越大,基本温饱问题得到解决,其他方面的问题开始增多。“发展起来以后的问题不比不发展时少。”初步发展起来以后,不同主体利益差异凸显,人们更加关注如何分蛋糕,形成利益博弈的格局。同时,初步发展起来以后,人们的需求呈现差异化和层次化,“脑袋”上的问题增多了,无穷无尽的苦恼涌来。需要,特别是人们物质需要的释放给社会带来了活力与动力,但是,在供给有限的客观条件下,需要的胃口被持续吊高,供需之间不平衡也对社会稳定和社会治理提出了新的挑战。

初步发展起来以后进入矛盾突发期。初步发展起来以后,人们的需要被激发,期待更高水平的社会保障,呼唤优质、公平的教育资源,要求更好的收入与居住环境,渴望更广泛、更深入的政治参与,追求更高层次的自我实现,等等。但是,由于我们仍处于社会主义初级阶段,还是发展中国家,资源总量有限、人均相对不足,资源配置也不够合理。再加上大部分人刚刚脱离贫困不久,家底不实,国民整体上法治意识、责任观念、奉献精神、文明素养等方面还有待提高。人们“多关注利害而不关注是非,注重表达诉求而不大注重表达诉求是否合理、合法”,进入了表达诉求、矛盾突发的阶段。①

初步发展起来以后要求国家治理、国际治理与时俱进。改革开放没有现成的经验,许多方面我们是摸着石头过河。客观地说,我们在许多方面还不够完善、成熟,国际地位与国际形象还需进一步塑造。就国内来看:初步发展起来以后,利益分化,贫富差距拉大;不同利益群体激烈博弈,形成了利益固化的藩篱;思想泛化,社会共识越来越难以达成;普遍性的社会焦虑,严重影响社会稳定与健康发展。从国际上看,中国的发展带动全球增长,为世界各国带来普遍利好。但是,这也会招致别国的指责和攻击,也需要承担更多的国际责任。这就需要优化国内权力与国际权力结构,提高国家治理与国际治理的水平。能用经济方式解决的问题就不要运用暴力强制手段升级

① 韩庆祥:《如何破解“分蛋糕”阶段性难题》,《人民论坛》2014 年 S1 期。

处理,市场能够自我调节的,政府就不要过多干预。进入文化时代,思想就是力量,要着重注意运用知识、思想与创新的力量。用现代化的知识进行社会管理,加强思想引导,创新管理方法。特别是要注重开挖思想的力量,通过思维方式、价值观念来整合行政力量与市场资本力量,善于灵活运用“软权力”与“硬权力”形成“巧实力”,实现国家治理与全球治理的现代化。

四、中国与世界的关系正在发生深刻变化

当今时代,世界大变化,中国大发展,中国同世界关系正在发生历史性变化。这是新时代我国发展面临的新阶段性特征。

第一,中国同世界的互联互动空前紧密。随着经济全球化深入推进和中国改革开放的深入发展,中国与世界深度交融,互联互动也已变得空前紧密。我国对世界的依靠、对国际事务的参与在不断加深,世界对我国的依靠、对我国的影响也在不断加深。国际社会从“丛林世界”走向“地球村”,中国与世界各国越来越成为你中有我、我中有你的命运共同体。

第二,世界面临复杂问题。近代以来,在发轫于欧洲两希文明的西方文化作用下,西方国家在生产技术、社会经济、政治制度与思想文化等领域突飞猛进。特别是在18世纪以后,工业革命使资本主义生产方式、政治制度与文化意识形态在世界范围内确立。大工业替代了手工场,资本到处落户、到处开发、到处建立联系,形成了资本主义世界体系。资本主义世界市场“使一切国家的生产和消费都成为世界性的了”①,不同地方、不同民族的人们通过市场联系在一起。西方资本主义世界体系主导下的全球化促进了各民族文化之间的交流与学习,但同时也激发了不同意识形态、政治价值观念上的冲突。威斯特伐利亚体系扩大到全世界,权力政治、丛林法则、力量均衡、零和博弈、霸权稳定等西方主客二分思维下的理念盛行。西方资本主义势力所到之处,野蛮推广西方生产方式、文化与价值观,许多固有的、封闭的、地方性的文化被连根拔起。长期惨无人道的殖民扩张转嫁和掩盖了资本主义经济、制度、文化内在的矛盾。进入20世纪,西方资本主义社会文化危机愈加凸显。周期性的经济危机,特别是两次世界大战凸显了资本主义

① 《马克思恩格斯文集》,第2卷,人民出版社,2009,第35页。

制度与文化上的深层问题。进入后工业时代，“全球资本通过所有权机制完成对经济的控制，通过国家权力分立制衡和军队国家化完成对政治的控制，通过媒体私有化完成对意识形态的控制，从而形成由资本集权的新资本主义模式”①。进入 21 世纪，西方资本主义文明备受挑战。经济全球化让世界联系越来越紧密，彼此形成连带效应，战争危机、民主乱象、贫富差距、资源枯竭、环境恶化等已经上升为全球性问题。面对全球性问题，西方国家长期以来使用的资源掠夺、矛盾转移、污染转嫁等以邻为壑的手段难以为继。这些问题归结起来就是发展动力不足，全球经济疲软；地区发展不平衡，影响世界和平稳定；全球治理滞后，难以适应世界发展新形势。当代资本主义世界体系深层结构出了问题，社会发展的动力、平衡与治理机制出了问题，出现了“治理赤字、信任赤字、和平赤字、发展赤字”问题。②

第三，我国日益走近世界舞台中央。在中国融入世界并且与世界密切互联互动的进程中，中国的实力、地位和国际影响在发生着巨大的变化。我国从游离于经济全球化之外到成为世界经济全球化的重要推动者，成为国际社会公认的世界和平的建设者、全球发展的贡献者、国际秩序的维护者、全球治理的重要参与者。中国从融入世界“紧跟”国际，到大踏步赶上时代“并跑”国际，再到局部领域“领先”国际，我们实现了从“跟跑”到“并跑”再到“领跑”世界的飞跃，日益走近世界舞台中央，前所未有地成为世界关注的中心。随着我国的快速崛起和国际影响力的扩大，世界力量此消彼长，世界格局正在发生变化，“美国等西方国家越来越感到如鲠在喉、如芒在背，加紧对我国实施西化、分化战略，两种社会制度、两种意识形态的较量更加激烈”③。

持有“中国威胁论”偏见者认为，中国在经济上的迅速崛起必然导致军事力量的强化与政治野心的膨胀，从而威胁其他国家。一些西方学者习惯于从“西方中心主义”立场和“霸权主义”思维定式出发，对中国发展心有疑虑，炮制出所谓的“中国威胁论”，以此恶化中国发展的国际环境、制约和遏

---

① 韩庆祥、张健：《中国特色社会主义建设实践的内在逻辑与发展趋向》，《中国社会科学》2012 年第 3 期。

② 郑永扣、方兰欣：《人类命运共同体理念与中华文化》，《河南社会科学》2018 第 1 期。

③ 中共中央文献研究室：《习近平关于社会主义社会建设论述摘编》，中央文献出版社，2017，第 146 页。

制中国的崛起。从“经济威胁论”和“文明威胁论”到“粮食威胁论”和“军事威胁论”最后到“秩序威胁论”，一些西方学者戴着意识形态的“有色眼镜”看待中国发展，这是冷战思维的延续，其实，选择性批判本身就是有问题的。企图唱衰中国的“中国崩溃论”宣扬，中国特色社会主义不能自外于世界潮流，中国政治的瓦解必然导致经济的崩溃。美国学者托马斯·罗斯基质疑中国经济增长的真实性，认为“中国的经济增长是虚假的”，因此“中国的经济即将崩溃”。美国学者斯塔德维尔在其出版的《中国梦》一书中把中国经济比喻为“一座建立在沙滩上的大厦”。他预言中国将出现大规模的政治和经济危机。持有“中国特殊论”的观点强调，中国特色社会主义具有自身独特的优势，认为中国经济发展将是可持续的。英国学者马丁·雅克从文化和现代性的视角理解中国崛起及其对西方世界的影响。雅克指出，现代性模式绝非只有一种，事实上有很多种。理解现代性，不能囿于欧洲和北美的经验。随着全球化的发展，人们对现代性的理解也应与时俱进。这样就把中国发展的独特性放到了全球现代性发展的多维谱系上，从而证明中国模式也是“一种现代化的发展模式”，与欧洲和北美模式并存，具有自身的独特价值。中国发展之路是建立在自身的历史和文化基础之上，与西方经历的道路“完全不一样”。① 中国不是“复制”或者“模仿”西方，而是独一无二的，因而需要从独特的“中国模式”入手来理解中国。实际上，过分强调和突出中国的“特殊”在思维的深层次透露出一种“西方中心主义”的前提性思维偏见。我国短短几十年走过的路和取得的成绩相当于西方近两百年走过的路，正处在实现两个“百年目标”的历史交汇期，必然面临外部世界的质疑、抹黑和攻击，面临的国家环境压力会越来越大。我们相信，中国实现现代化与成功解决深刻的国内及国际矛盾的经验，不仅为发展中国家树立了榜样，提供了切实可行的现代化模式，而且在于，中国特色社会主义理论和实践避免了社会主义危机，为破解中国发展和国际和平提供了新模式，具世界历史意义。“中国现代性”可能孕育着“一种现代文明的新类型”。

新时代，对中国是挑战和考验，同时也是舞台和机遇。中国的快速发展

① 参见谭扬芳、贾江华：《中国特色道路昭示光明未来——国外学者论“中国发展模式”》，《红旗文稿》2012 年第 14 期。

表明,许多短期内存在的问题伴随中国社会的发展被化解掉了,许多困扰发展的难题在发展中被攻克了。千百年来,中华民族是在面对和因应各种困难、挑战和考验中创造历史的。把挑战和考验视为进一步发展的契机,科学分析时代、精准研判时代,那么新时代就是中国发展的舞台和机遇。

第七章　强国时代:全面建成社会主义现代化强国

党的十九大战略前瞻新时代中国特色社会主义发展目标与任务,提出要在全面建成小康社会基础上分“两步走”,在21世纪中叶“建成富强民主文明和谐美丽的社会主义现代化强国”①。党的十九届五中全会提出“乘势而上开启全面建设社会主义现代化国家新征程、向第二个百年奋斗目标进军”②。党的十九届六中全会审议通过了《中共中央关于党的百年奋斗重大成就和历史经验的决议》,明确了“建设什么样的社会主义现代化强国、怎样建设社会主义现代化强国”这一重大时代课题。这就在理论和实践上提出一系列需要深思的问题:强国目标从何而来?强国具体强在哪里?强国的时代逻辑是什么?强国的理论指引是什么?强国的战略举措是什么?走好新时代的长征路,要深入研究新时代中国特色社会主义发展的“强国逻辑”。

一、新时代中国特色社会主义的强国目标

把握新时代中国特色社会主义的强国逻辑首先要弄懂近代以来奋斗目标的转换逻辑。

国家富强的前提是民族解放、国家独立,而解放和独立的思想前提是意识到自身的不自由与被奴役状态。中华民族“超百万年的文化根系,上万年

---

① 习近平:《习近平谈治国理政》,第三卷,人民出版社,2020,第22-23页。

② 本书编写组:《党的十九届五中全会〈建议〉学习辅导百问》,党建读物出版社、学习出版社,2020,第12页。

的文明启步,五千年的古国,两千年的中华一统实体”①,自成体系、雄踞东方。然承平日久,逐渐高歌大梦,在近代以任人宰割的身份被强行拖入“世界历史”。古老帝国“被暴力所打破的时候,接踵而来的必然是解体的过程”②。国家破败,陷入内忧外患的黑暗境地;民族蒙难,受尽凌辱几近亡国灭种;人民受苦,长期处在水深火热之中。民族开始觉醒并深切体认到,只有强国才能救种,只有强国才能救民,只有强国才能救亡。

为救亡图存,中华民族进行了艰辛探索。太平天国的农民起义失败了,“中体西用”的洋务运动失败了,资产阶级改良派的“百日维新”失败了,辛亥革命的成果被窃取了。器物救国、制度救国和文化救国接连失败,中国社会陷入了迷茫和彷徨。随着马列主义传入,中国共产党应运而生,革命面貌焕然一新,精神上由被动转为主动。经新民主主义革命建立了新中国,经社会主义改造确立了新制度,建立起独立自主的现代民族国家,中国人民从此站起来了。

革命建国、夺取政权的政治先导性任务完成了,但是,不改变落后的农业国面貌,就不能摆脱落后挨打的命运。只有快速实现工业化,才能改变贫穷落后的农业国现状。新中国成立伊始,“社会主义工业化”被写入了党在过渡时期的总路线,并提出“在一个不太长的历史时期内,把我国建设成为一个社会主义的现代化的强国”③的奋斗目标。经过曲折探索,基本建立起了独立自主、门类齐全、比较完整的工业体系和国民经济体系,经受住了各种风险考验,社会主义政权和制度得到巩固、发展。

改革开放新时期,推进现代化、建设小康社会、实现“富起来”是一个总的奋斗目标和要求。邓小平基于当时发展的情势提出:“到本世纪末在中国建立一个小康社会。这个小康社会,叫做中国式的现代化。”④第一步解决“温饱”,第二步实现“小康社会”,第三步达到“中等发达国家水平”。以江泽民同志为核心的党的第三代中央领导集体把邓小平“三步走”战略的“第三步”具体化,并提出要在建国百年时达到中等发达国家水平的现代化。党

---

① 苏秉琦:《华人·龙的传人·中国人——考古寻根记》,辽宁大学出版社,1994,第245页。

② 《马克思恩格斯文集》,第2卷,人民出版社,2009,第609页。

③ 《毛泽东文集》,第八卷,人民出版社,1999,第341页。

④ 《邓小平文选》,第三卷,人民出版社,1993,第54页。

的十六大向世界宣告:“我们胜利实现了现代化建设的‘三步走’战略的第一步、第二步目标,人民生活总体上达到小康水平”①,要集中力量“全面建设小康社会”,加快推进社会主义现代化建设。党的十七大根据国内外形势变化,提出了实现全面建设小康社会奋斗目标的新要求。党的十八大报告明确把“全面建设小康社会”改为“全面建成小康社会”,提出要建设富强民主、文明和谐的社会主义现代化强国。

党的十九大战略前瞻和擘画2020年到2050年中国特色社会主义现代化建设,提出在全面建成小康社会基础上奋斗15年“基本实现社会主义现代化”,再奋斗15年“把我国建成富强民主文明和谐美丽的社会主义现代化强国”的新奋斗目标。新的奋斗目标着力解决我国“大而不强”的突出问题,着眼点是实现中华民族从站起来、富起来到强起来的转变。这一目标的确立“更加丰富完善和集中体现了我们党对中国特色社会主义本质特征的新认识,是积历史之经验,在党长期进行实践创新和理论创新基础上对社会主义本质特征和建设规律认识的创新发展”②。从改革开放新时期的“社会主义现代化国家”到新时代的“社会主义现代化强国”,奋斗目标的提升意味着我们要建成的不是一般意义上的社会主义现代化国家。从改革开放后提出的社会主义现代化建设“三步走”战略安排,到新时代中国特色社会主义发展的“两个阶段”战略安排,实现现代化的时间提前了、目标提升了、要求提高了。

新时代强国目标的转换、细化、拔高,有着清晰的历史演进逻辑和深厚的实践基础,体现了近代以来中华民族走向复兴的历史趋势和中国特色社会主义现代化发展的必然逻辑,反映了中国共产党对实现国家富强的使命自觉和责任担当。

二、新时代中国特色社会主义的强国内涵

“富强民主文明和谐美丽的社会主义现代化强国”不是一个抽象的概念,而是有着特殊的规定和具体的内涵。把握新时代中国特色社会主义的强国逻辑,自然要明白这究竟是个什么样的强国,也就是说要研究强国的

① 中共中央文献研究室:《十六大以来重要文献选编》(上),中央文献出版社,2005,第14页。
② 石云霞:《论社会主义现代化强国思想的创新和发展》,《思想理论教育导刊》2019年第5期。

“内涵逻辑”。

(一) 社会主义强国

现代化最早发端于西方资本主义国家,他们通过发展资本主义走上了现代化道路,开启了现代化进程,但事实证明通往现代化的道路并不是只有资本主义这一条。俄国十月革命的胜利给中国送来了马克思列宁主义,中国先进知识分子由此找到了一条不同于资本主义的新的革命道路,中国要实现民族自救,就必须进行新民主主义革命,并最终走向社会主义。毛泽东指出:“关于中国的前途,就是搞社会主义。”①中国的现代化是具有社会主义属性的现代化,我们所要建成的强国是社会主义性质的强国。1982 年党的十二大召开,邓小平提出了“建设有中国特色的社会主义”这一重大命题,从中国实际出发,开展中国特色社会主义现代化建设。

什么是社会主义?邓小平在“南方谈话”中指出:“社会主义的本质,是解放生产力,发展生产力,消灭剥削,消除两极分化,最终达到共同富裕。”②与西方资本主义实质上是为资本家利益服务不同,共同富裕是社会主义的本质要求,是中国式现代化的重要特征,是区分中国式现代化道路与西方现代化道路的重要标志。虽然资本主义在某种程度上也解放和发展了生产力,但它实际上服务于资本家的利益,其结果导致贫富差距拉大,两极分化严重。而社会主义主张共同富裕,坚持人民利益至上。正是基于这样的社会主义本质,我们在中国共产党的正确领导下,开创、坚持、捍卫、发展中国特色社会主义,逐渐摆脱贫困,从“东亚病夫”走向民族复兴,实现了国家的崛起与富强。因此,实践证明,我们坚持的社会主义方向是符合中国国情发展的,是正确的。

坚持和发展中国特色社会主义,就必须走中国特色社会主义道路,这是一条不同于资本主义的发展道路。“道路决定命运。没有正确的道路,再美好的愿景、再伟大的梦想,都不能实现。”③改革开放以来,我们不走老路,不

---

① 《毛泽东文集》,第七卷,人民出版社,1999,第 193 页。

② 《邓小平文选》,第三卷,人民出版社,1993,第 373 页。

③ 中共中央宣传部:《习近平总书记系列重要讲话读本》,人民出版社、学习出版社,2014,第 44 页。

走邪路,坚持走中国特色社会主义道路,经过不断努力,国家现代化建设取得了一系列发展成就,国内生产总值不断增长,人民生活水平不断提高,创造了一个又一个的“中国奇迹”,国家综合实力和国际地位得到显著提升。而且在中国特色社会主义道路的指引下,我们不仅实现了国家繁荣与发展,同时也用事实证明通往现代化的道路不止一条,为其他发展中国家走向现代化拓宽了发展路径,为人类发展进步贡献了中国智慧、中国方案、中国力量,具有了世界意义。总体而言,中国特色社会主义事业之所以取得如此发展成就,最根本的原因之一就是我们立足本国国情开辟了中国特色社会主义道路。

党的十一届三中全会开创了中国特色社会主义道路,在这条道路的指引下,我们党带领人民群众奋勇前进,社会主义现代化建设取得了显著成就,也取得了许多历史经验,其中最根本的就是建设社会主义必须坚持中国共产党领导。社会主义是中国共产党始终如一坚持的奋斗方向,是我们党的崇高事业。在党的带领下,我们完成了新民主主义革命,走上了社会主义道路,确立了社会主义制度。建党一百年来,我们在中国共产党的坚强领导下,在广大人民群众的共同努力下,我们的社会主义制度一步步地不断走向完善、巩固,与此同时,我们也用事实向世界证明了科学社会主义的真理性,迈向了全面建成社会主义现代化强国的新征程。

因此,“社会主义”规定了“强国”的性质和方向。我国是中国共产党领导的社会主义国家,社会主义是我们的底色,是我们的立国之本。我们要建成的强国应该是而且必须是社会主义性质的强国,这个强国自然要体现和彰显社会主义的因素,如坚持“全体人民共同富裕”的价值取向,坚持“永不称霸,永不搞扩张”的国际关系理念等。“社会主义”这一限定语还指明了实现“强国”的方向。历史已经证明,资本主义道路在中国走不通,只有社会主义才能拯救中国,只有中国特色社会主义才能发展中国,中国特色社会主义的命运已经和民族的命运、国家的命运深度交融。在新时代,要建成“强国”,只能走社会主义道路,坚持和发展中国特色社会主义。

(二) 现代化强国

“现代化”指明了“强国”的实现路径。现代化是近代以来世界历史发展的大趋势,是强国之路,不能回避,也没法绕开。现代化强国是器物、制度层面的现代化,更重要的是人的现代化,是人之精神的强大。“许多致力于实现现代化的发展中国家,正是在经历了长久的现代化阵痛和难产后,才逐渐意识到:国民的心理和精神还被牢固地锁在传统意识之中,构成了对经济和社会发展的严重障碍。”①现代化肇始于西方,发达资本主义国家也确实走出了一条比较典型的现代化强国道路和模式,对后发国家自然具有一种垂范效应。但是,现代化不等于西方化。“如何实现现代化?实现什么样的现代化?中国一开始就有自己的独立判断,从未简单地复制西方的发展模式,从未进入西方设定的历史轨迹,也从未简单地套用西方的发展逻辑。”②中国从自身实际出发,搞的是中国式现代化,是中国特色社会主义现代化。中国式现代化不仅使中国持续稳定解决了温饱问题,建成小康富了起来,而且助力中国实现“强起来”,同时也“拓展了发展中国家走向现代化的途径,给世界上那些既希望加快发展又希望保持自身独立性的国家和民族提供了全新选择”③。因此,我们要建成的“强国”包含着现代化的内涵,只有持续推进和基本实现现代化才能进一步建成现代化强国。

我们所要建立的现代化强国实质上是被现代化武装起来的强国,主要体现在“物质现代化、制度现代化、人的现代化”三个方面。

第一,物质现代化。新中国成立初期,基于国内一穷二白的国情,在党的带领下,我们主要强调物质方面的发展,着重追求物质现代化。1964 年 12 月 21 日,周恩来在政府工作报告中正式提出“四个现代化”的战略目标,即实现工业、农业、科学技术和国防的现代化。新中国成立至今,“四个现代化”有了长足进展。工业方面,我们从新中国成立之初“一辆汽车、一架飞机、一辆坦克、一辆拖拉机都不能造”的落后国发展到现在的“世界第一制造大国”,工业化发展取得巨大成就,工业体系完备,生产力水平极大提高,在中国共产党坚强领导下,我国仅仅用几十年时间就走完了发达国家几百年走过的工业化历程,如今正由工业大国向工业强国迈进。农业方面,改革开放以来,我国农林牧渔业总产值呈现出稳步增长的发展趋势,1978 年为

① 阿历克斯·英格尔斯:《人的现代化》,殷陆君译,四川人民出版社,1985,第 3-4 页。
② 陈曙光:《为发展中国家走向现代化提供全新选择》,《经济日报》2018 年 1 月 18 日第 13 版。
③ 本书编写组:《党的十九大报告辅导读本》,人民出版社,2017,第 10-11 页。

1398亿元,2019年高达123967.9亿元,增长了近88倍,农业生产总体上呈现上升趋势。随着工业化的发展,我国农业生产条件明显改善,农业生产方式从传统的手工劳作向机械化发展,农民收入持续增长,实现了农业的高质量发展。科学技术方面,新中国成立以来,我国在科技创新方面不断发展,取得诸多成果,中国空间站、5G技术、“九章”量子计算原型机、载人潜水器、高速磁浮列车等无不彰示着我国科技力量的强大。在新冠疫情肆虐之下,中国生产的新冠疫苗被多个国家采用且成效显著,书写着中国的科技创新奇迹。国防方面,随着我国经济实力的不断增强,中国军事力量发展突飞猛进。从“小米加步枪”到如今拥有自己的尖端武器,歼20、航母、“东风快递”、核武器等都是我国国防实力不断增强的标志。人民军队方面,海军、陆军、空军、火箭军和战略支援部队等军事力量在机械化、信息化、网络化、集成化、智能化等现代化方面实现跨越式发展,构建了中国特色现代化作战体系。总的来说,物质现代化实质上是以经济现代化为核心的现代化。新中国成立以来,在中国共产党的正确领导下,国家经济实力不断增强,综合国力和国际地位显著提高,脱贫攻坚事业取得极大成就,绝对贫困问题已经解决,如今已完成全面建成小康社会的第一个百年目标,正朝着全面建成社会主义现代化强国第二个百年目标进军,物质现代化发展取得显著进展。

第二,制度现代化。制度现代化与物质现代化是相辅相成的关系,没有制度现代化,物质现代化也很难取得重大进展。中共十八届三中全会公报指出:“全面深化改革的总目标是完善和发展中国特色社会主义制度,推进国家治理体系和治理能力现代化。”①也正是在这一目标的指引下,我国国家治理体系和治理能力取得了显著成绩。我们党和国家着眼于中国发展实际,针对前进道路上所面临的问题,提出了一系列治国理政新理念新思想新战略,有效促进社会治理实践创新取得重大进展。例如,在教育、医疗、社会保障等方面推动制度改革创新,并根据实践发展需要,不断建立健全党内法规和制度体系,国家治理能力现代化水平不断提高,国家治理体系日益完善。新中国成立以来所取得的历史性成就也充分证明,中国特色社会主义制度是当代中国发展进步的根本保证。我国的“两大奇迹”都离不开我们

① 《中国共产党第十八届中央委员会第三次全体会议文件汇编》,人民出版社,2013,第4页。

的制度优势，是我国制度现代化发展成就的重要标志。疫情防控期间，党中央通过加强对疫情防控的顶层部署，发挥集中力量办大事的制度优势，带领全国人民众志成城抗击疫情，成效显著，中国成为最早有效控制疫情的国家，在此基础上，我们秉持着"人类命运共同体理念"积极向其他国家和地区伸以援手，这都充分彰显了中国国家治理体系和治理能力现代化所取得的成就。当今世界正处于百年未有之大变局，国际国内局势变化更加复杂，这就对国家治理体系和治理能力提出更高要求，因此党的十九届五中全会对国家治理体系现代化做出重大战略部署，指出："推进国家治理体系和治理能力现代化，实现经济行稳致远、社会安定和谐，为全面建设社会主义现代化国家开好局、起好步。在二〇三五年基本实现社会主义现代化远景目标，基本实现国家治理体系和治理能力现代化。"①

第三，人的现代化。物质现代化、制度现代化归根到底是为了人的现代化，也依赖于人的现代化。人是社会实践活动的主体，在全面建设社会主义现代化国家新征程中，其思想观念、行为方式、生存发展需要等都深刻影响着国家现代化进程。"现代化的本质是人的现代化。"②中国式现代化道路始终坚持人民利益至上，把人的现代化发展作为现代化建设的重中之重。在纪念马克思诞辰200周年大会上，习近平总书记强调："坚持全心全意为人民服务的根本宗旨，贯彻群众路线，尊重人民主体地位和首创精神，始终保持同人民群众的血肉联系，凝聚起众志成城的磅礴力量，团结带领人民共同创造历史伟业。"③所谓人的现代化就是要推进实现"传统人"向"现代人"的转化，实现"人自由而全面地发展"。物质现代化、制度现代化的不断发展为实现人的现代化提供了有利的外部环境，促进了人的现代化发展，其发展成就主要体现在思想观念、素质能力、生活质量三个方面。其一，思想观念的现代化是人的现代化的核心内容。改革开放以来我们大力加强对教育的投入，不断提高人民群众的综合素质，解放思想，与时俱进，更新观念，形成了与社会主义市场经济相适应的开放意识、创新意识、主体意识等，促

---

① 《中共中央关于制定国民经济和社会发展第十四个五年规划和二〇三五年远景目标的建议》，人民出版社，2020，第6页。

② 中共中央文献研究室：《十八大以来重要文献选编》（上），中央文献出版社，2014，第594页。

③ 习近平：《习近平谈治国理政》，第三卷，外文出版社，2020，第136页。

进人的观念意识现代化。其二,人口素质显著提升。人口素质可划分为身心素质、科学文化素质、思想道德素质三个主要方面。在身心素质方面,2020 年中国人均预期寿命为 77.93 岁,较 1981 年相比提高了 10.16 岁,超过全球平均水平(72.0 岁),国人不仅"活得更久",而且"活得更健康";在科学文化素质方面,第七次全国人口普查公报显示,我国受教育人数呈上升趋势,15 岁及以上人口平均受教育年限提高至 9.91 年;在思想道德素质方面,我国公民思想道德素养不断提升,尊老爱幼者、遵守公共秩序者等占总人口比重不断提高。其三,生活质量是衡量人的现代化发展成就最直接的因素。改革开放 40 多年来,在中国共产党的正确领导下,城乡居民收入稳步上升,消费方式也由满足基本生活消费转向多元化消费,追求更高的生活品质。现阶段,我们已经解决了绝对贫困问题,实现了全面建成小康社会的奋斗目标,人民生活水平不断迈上新台阶。

(三)全方位强起来的强国

富强、民主、文明、和谐、美丽标定了"强国"的具体内涵。党的十一大就已经提出动员全党把我国建设成为社会主义现代化强国。但是,对强国具体强在哪里、有哪些具体内涵的认识有一个逐步丰富和完善的过程。改革开放进程中,邓小平提出物质文明和精神文明两手抓,物质和精神上的"硬起来"就构成强国的"一体两翼"内涵。随着认识和实践的发展,中国特色社会主义呈现经济、政治和文化的"三位一体",后又提升为政治、经济、文化和社会的"四位一体",强国的内涵进一步丰富。党的十八大以来,中国特色社会主义呈现出经济、政治、文化、社会、生态的"五位一体"协调推进的总体布局,这赋予了现代化强国更加丰富的内涵。党的十九大报告中关于"社会主义现代化强国"的修饰词"富强""民主""文明""和谐""美丽"实际上就是从经济、政治、文化、社会和生态五大领域对"强国"确立了基本指标和要求。建成现代化强国,也就是"我国物质文明、政治文明、精神文明、社会文明、生态文明将全面提升,实现国家治理体系和治理能力的现代化,成为综合国力和国际影响力领先的国家"①。由此看来,我们所要建

① 本书编写组:《党的十九大报告辅导读本》,人民出版社,2017,第 28 页。

成的“社会主义现代化强国”是硬实力和软实力都强起来,是“经济、政治、文化、社会、生态”全面强起来的强国,是“富强民主文明和谐美丽”的强国。

富强,就是既富又强。“富”主要指的是物质方面,强调国家经济实力的强大。1978 年党的十一届三中全会召开,基于当时的国内发展状况和社会主要矛盾,会议强调把国家工作重心转移到社会主义现代化建设上来,确立了以经济建设为中心的工作路线。改革开放四十多年来,在党的政策的正确指引下,在党和人民的共同努力下,我国经济快速发展,经济总量不断增长,经济实力不断增强,如今已成为世界第二大经济体,对世界经济的贡献率常年保持在 30%左右,是促进世界经济增长的重要力量,中国富起来了。我国人民生活也实现了从温饱不足到全面小康的历史性跨越,人民生活水平不断迈向新台阶,中国人民也富起来了。而“强”指的是国家综合国力的强大,是各个领域各个方面强起来。如今中国特色社会主义进入新时代,中华民族迎来了从站起来、富起来到强起来的伟大飞跃。党的十九大报告提出十三个强国目标,即制造强国、科技强国、质量强国、航天强国、网络强国、交通强国、海洋强国、贸易强国、社会主义文化强国、教育强国、人才强国、体育强国、强军战略,构成了中国特色强国目标体系,是社会主义现代化强国在各个领域的体现,也进一步宣告强国时代已经到来。

民主,实质上是人民当家作主。党的十九大报告指出:“发展社会主义民主政治就是要体现人民意志、保障人民权益、激发人民创造活力,用制度体系保障人民当家作主。”①《中华人民共和国宪法》规定了我国的政体和国体,其核心就是人民当家作主。新中国成立以来,党的历届领导人都重视民主政治建设,在带领人民进行革命、建设、改革的伟大实践中把马克思主义民主思想与我国实际国情相结合,形成了一整套切实保障人民根本利益的政治制度体系,立足国情、根据现实发展需要不断提出具有中国特色的民主理论,不断总结历史经验,深化政治体制改革,密切联系广大人民群众,不断推进民主建设新决策,将“坚持人民当家作主”落实到国家的政策体系中,促进社会公平正义,切实保障人民群众根本利益。党的十八大以来,以习近平同志为核心的党中央不断完善和发展社会主义民主政治,坚持民主与法

① 习近平:《决胜全面建成小康社会 夺取新时代中国特色社会主义伟大胜利》,《人民日报》2017 年 10 月 28 日第 1 版。

治的结合,全面推进依法治国,经过不断努力,社会主义政治文明建设取得一系列丰硕成果。发展“全过程人民民主”是习近平总书记对中国式民主实践最新的理论概括,同时也是对建党百年以来中国共产党和中国人民探索中国式民主模式的继承与创新,主要包括民主选举、民主决策、民主管理、民主监督等过程,充分践行以人民为中心的发展思想,始终坚持人民当家作主,不断推进“中国式民主”向前发展。

文明,是一个国家和民族进步的标志。“文明特别是思想文化是一个国家、一个民族的灵魂。”①全面建成社会主义现代化强国就要推动物质文明和精神文明协调发展。新中国成立以来,我国文化建设取得一系列发展成就。第一,我们在中国共产党的正确领导下,坚持以人民为中心,不断满足人民群众的精神文化需求,大力发展文化事业和文化产业,促进社会主义文艺不断繁荣发展,同时坚持“走出去”和“引进来”相结合,一方面秉持着“以我为主,为我所用”的原则不断吸收世界各国优秀文化,另一方面不断推动中华文化走出国门、走向世界,增强中华文化的国际影响力;第二,我们党始终坚持巩固马克思主义在意识形态领域的指导地位,牢牢掌握对意识形态工作的领导权,增强了主流意识形态的凝聚力和民众的认同感;第三,党中央高度重视公民的思想道德素质和文化素养的提高,积极培育和践行社会主义核心价值观,营造良好的社会风气,落实立德树人的根本任务,努力培养各方面全面发展的社会主义建设者和接班人。党的十九届六中全会也指出,党的十八大以来,在文化建设上,我国意识形态领域形势发生全局性、根本性转变,全党全国各族人民文化自信明显增强,全社会凝聚力和向心力极大提升,为新时代开创党和国家事业新局面提供了坚强思想保证和强大精神力量。

和谐,即社会和谐,这是广大人民群众的心愿,体现的是人民对美好生活的不懈追求和向往。党的十九大报告指出:“带领人民创造美好生活,是我们党始终不渝的奋斗目标。”民生是人民最大的福祉,改善和发展民生是实现人民对美好生活向往的最有效途径。新中国成立以来,我们党始终坚守为人民谋幸福的初心,下大气力保障和改善民生,出台许多惠民政策并落

---

① 习近平:《在纪念孔子诞辰2565周年国际学术研讨会暨国际儒学联合会第五届会员大会开幕式上的讲话》,《人民日报》2014年9月25日第2版。

地实施,切实保障人民利益,提高人民生活质量。总的来说,成效显著,我国社会主要矛盾的变化就切实体现了人民生活质量的提升。在社会保障方面,建立了与社会主义市场经济和社会发展相适应的新型社会保障体系,全民医保目标基本实现,基本养老保险已实现全覆盖,人民福祉得到极大提升,人民幸福指数不断提高。《2020 中国民生发展报告》总结了 2020 年中国民生发展取得的成就:第一,我们打赢了疫情防控阻击战;第二,我们防范化解了重大风险,精准扶贫、脱贫攻坚、污染防治取得了重大成就;第三,脱贫攻坚,全国有 830 个贫困县、12.8 万个贫困村、14 个集中连片贫困地区成功实现了脱贫摘帽,实现了小康。① “六保”“六稳”取得重大进展,人民获得感、幸福感、满足感得到了大大提升。总体而言,我国民生建设取得极大成就,人民生活水平不断提高,中国特色社会主义社会朝着更加和谐稳定的方向发展。

美丽,即建设生态文明,打造“美丽中国”。建设“美丽中国”是关系人民福祉、关乎民族未来的长远大计。习近平总书记做出了将“美丽”一起纳入社会主义现代化强国的目标之一的战略决策,在党的十九大报告中提出了“富强、民主、文明、和谐、美丽”的现代化目标。在五位一体总体布局中,生态建设被放在重要突出地位;在新发展理念中,绿色二字更是贯穿发展全局始终;在新时代坚持和发展中国特色社会主义的十四个基本方略中,坚持人与自然和谐共生也位于其中,由此可见我国对生态文明建设的高度重视。而新时代加强生态文明建设也是实现国家可持续发展、满足人民日益增长美好环境的内在需要,具有重要的战略意义和现实意义。事实证明,在习近平生态文明思想的指引下,在党和人民的共同努力下,我国生态文明建设取得了一系列显著成就,生态文明水平不断提升。国内方面,我们坚持绿水青山就是金山银山的发展理念,生态环境质量不断改善,生态经济效益不断增加,生态体制改革不断深化,习近平生态文明思想愈加深入人心。国际方面,中国积极参与全球环境治理,已提前完成 2020 年应对气候变化和设立自然保护区相关计划。国际社会高度认可这一成就,并纷纷点赞。在疫情冲击世界经济发展期间,中国积极推动各方共建“绿色丝绸”之路,共同推

① 参见唐任伍:《三大攻坚战 民生大成就》,《民生周刊》2021 年 1 月 4 日第 1 期。

动绿色发展,为全球生态文明建设做出巨大贡献。

三、中国特色社会主义的强国时代

党的十九大报告明确指出:“中国特色社会主义新时代是决胜全面建成小康社会、进而全面建设社会主义现代化强国的时代。”新时代为什么提出了“建设社会主义现代化强国”的目标?新时代为什么能够“建成社会主义现代化强国”?新时代何以成为“强国的时代”?弄懂这些问题就需要我们来思考新时代建设社会主义现代化强国的“时代逻辑”。

(一)国家发展进入新的历史方位

“中国特色社会主义进入了新时代,这是我国发展新的历史方位。”①历史方位标志国家发展的阶段与坐标系,明确历史方位有助于把握历史、现实与未来趋势,进而走好脚下的路。

第一,发展新层次奠定发展新起点。邓小平曾提出中国“不发展时”和“发展起来以后”的两个层次、两个阶段的问题。在“不发展时”,社会动荡、经济凋敝、科技落后、人民贫困,“有被开除球籍的危险”。改革开放40多年的跨越式发展,中国特色社会主义进入新时代,发展水平跃升到了“发展起来以后”的层次,站在了“发展起来以后”新的历史起点上。新的历史起点奠定了我们决胜全面建成小康社会,夺取新时代中国特色社会主义伟大胜利,进而全面建成社会主义现代化强国的新基础、新条件与更强的底气、信心。

第二,社会主义实践完成“前半程”转向进入“后半程”的新阶段。习近平总书记曾指出,从形成更加成熟更加定型的制度看,我国社会主义实践分为前后两个半程。经过改革开放的持续丰富和完善,中国特色社会主义道路、理论、制度和文化不断发展,中国特色社会主义大厦的“四梁八柱”已经立了起来。我们从“摸着石头过河”到改革“顶层设计”,社会主义实践的前半程基本走过了。前半程的实践成果开启后半程并为后半程奠定了很好的基础。进入后半程,社会主义实践的主要历史任务是完善和发展中国特色

---

① 本书编写组:《党的十九大报告辅导读本》,人民出版社,2017,第10页。

社会主义制度，为党和国家事业发展、为人民幸福安康、为社会和谐稳定、为国家长治久安提供一整套更完备、更稳定、更管用的制度体系。这是全面建成社会主义现代化强国的关键。

第三，这是从站起来、富起来转向实现强起来的时代。革命建设时期，我们的历史使命和阶段性奋斗目标是国家独立和民族解放，解决“挨打”的问题，通过推翻旧政权建立新中国，推翻旧制度确立社会主义新制度，实现了中华民族从“东亚病夫”到站起来的伟大飞跃；改革开放以后，我们的历史使命和发展目标是如何“做大蛋糕”，快速发展起来赶上时代，快速解决温饱进而奔小康解决“挨饿”的问题，通过改革开放我们实现了中华民族从站起来到富起来的伟大飞跃；进入新时代，我们坚持和发展中国特色社会主义，统揽“四个伟大”，统筹推进“五位一体”总体布局，协调推进“四个全面”战略布局，推进国家治理体系和治理能力现代化，构筑社会主义核心价值观，着力解决中国大而不强、富而不强以及“挨骂”的问题，实现由大变强、由富变强的转变，真正实现“强起来”。可以说，中国特色社会主义进入新时代，是我国各方面逐步实现强起来的“强国时代”。

（二）大有可为的历史机遇期

国家发展的关键节点、关键阶段往往因利好环境与条件的际会而蕴藏着稍纵即逝又弥足珍贵的发展机遇。“当前，我国正处于一个大有可为的历史机遇期”①，这是中国走向富强的“强国契机”。

建成强国、走向复兴是中国历史演进的必然。就中国历史演进来说，中华民族具有无比强大的韧劲、生机与力量，虽历经挫折总能浴火重生。近代以来，中国人民陷入了内忧外患的悲惨境地，国家命运跌入谷底，民族危亡悬于一线。不屈不挠的中华民族在艰苦卓绝的斗争中最终扭转命运，迎来了实现中华民族伟大复兴的光明前景；从社会主义在中国的发展来说，中国共产党人把科学社会主义基本原则同中国革命、建设、改革的历史实践相结合，推动中国特色社会主义进入了新时代。这不但让中国走出了历史的低谷，还高高举起了中国特色社会主义的伟大旗帜，创造了强起来、复兴起来

① 宣言：《紧紧抓住大有可为的历史机遇期》，《人民日报》2018年1月15日第1版。

的历史机遇，同时，也使科学社会主义在21世纪焕发出强大的生机与活力。

百年大变局为中国“强起来”提供利好环境。进入21世纪，“民主乱象”丛生，西方文明主导的世界“四大赤字”严重。对比之下，中国的实力在增长，国际影响力也在空前提升，中国特色社会主义焕发出强大的生命力。世界处于百年未有之大变局，国际秩序面临大变革大调整，国家和地区间力量大转移，但总体条件于我有利。我们的发展势头正旺，顺势而为、乘机而上，前途无限光明。

四、新时代中国特色社会主义的强国思想

在21世纪中叶“建成富强民主文明和谐美丽的社会主义现代化强国”，需要把握新时代中国特色社会主义的“强国逻辑”。醒过来、站起来、富起来到强起来的目标转换逻辑反映了近代以来中国历史趋势与必然，体现中共高度的使命自觉；富强、民主、文明、和谐、美丽标定了社会主义现代化强国的具体内涵；历史新方位和历史机遇期为中国由大变强提供了基础和条件；习近平新时代中国特色社会主义思想是指引中国实现“强起来”的“强国思想”；战略方向、战略安排、战略要求、战略布局等举措是新时代的强国战略，有助于深入理解和把握新时代中国特色社会主义的强国逻辑。

从形成背景看，强国时代呼唤强国理论。时代是思想之母，思想是时代的反映。时代提出问题，时代孕育思想，时代潮流滚滚向前。每一个时代都需要有自己的思想来言说，如果没有这样的思想，它就要孕育和创造出这样的思想来。鸦片战争后，中国陷入了内忧外患的黑暗境地，救亡图存成为时代大背景。以毛泽东为主要代表的中国共产党人创立新中国、确立社会主义新制度，形成并发展了毛泽东思想。毛泽东思想实质上就是中国人民站起来、中华民族站起来、中国站起来、中国特色社会主义立起来的“救国理论”。1978年后，在改革开放背景中，我们党直面时代提出的新课题，先后形成了邓小平理论、“三个代表”重要思想和科学发展观。邓小平理论、“三个代表”重要思想和科学发展观推动中国大踏步赶上了时代，快速发展，使中国人民富了起来，其实质是“富国理论”。党的十八大以后，我国日益走近世界舞台中央，我们比历史上任何时期都更接近、更有信心和能力实现中华民族伟大复兴的目标，中国特色社会主义进入了强国时代。习近平新时

代中国特色社会主义思想是强国时代的思想表达，是强国时代呼唤下形成的“强国理论”。

从实践根基讲，强国实践催生强国理论。实践是理论之源。一切正确认识都来自于实践，实践是理论发展的根本动力，也是检验理论真理性与否的最终标准。实践上的突破必然提出理论上的创新需求，当这种需求不能满足时，实践就会催生和创立这一理论本身。党的十八大以来，以习近平同志为核心的党中央以巨大的政治勇气和强烈的责任担当洞察世情、国情、党情新变化，把握强国时代方位与时代新课题，高举旗帜、战略布局、攻坚克难，在治国理政实践中出台了一系列重大方针政策，推出一系列重大举措，推进一系列重大工作，解决了许多长期想解决而没有解决的难题，办成了许多过去想办而没有办成的大事。正是在强国、强党、强军的实践中，在培育社会主义核心价值观、落实意识形态工作责任制、弘扬中华优秀传统文化、提升国家形象与文化软实力的文化强国实践中，在建设经济强国、网络强国、科技强国、航天强国、海洋强国、体育强国等方方面面的“强国实践”中，创立了习近平新时代中国特色社会主义思想。从这个意义上来说，是新时代的强国实践催生了强国理论。

从理论主旨说，强国理论着眼强国梦想。民族独立与国家富强是近代以来中国社会的两大主题。新中国的成立，完成了民族独立的历史任务，中国人民从此站起来了。改革开放成功开创和发展了中国特色社会主义，中国赶上时代发展起来了，也在一定程度上富了起来。党的十八大以来，习近平总书记紧紧围绕国家富强、民族振兴、人民幸福的中国梦，提出一系列新理念、新思想、新战略，创立了习近平新时代中国特色社会主义思想。习近平新时代中国特色社会主义思想明确了新时代的总任务是“实现社会主义现代化和中华民族伟大复兴，在全面建成小康社会的基础上，分两步走，在本世纪中叶建成富强民主文明和谐美丽的社会主义现代化强国，以中国式现代化推进中华民族伟大复兴”①。坚持和发展中国特色社会主义、坚定“四个自信”、全面深化改革、强军强党等等，都是服务于强国梦想。可以说，实现强国梦想是习近平新时代中国特色社会主义思想的理论主旨。

① 《中国共产党第十九届中央委员会第六次全体会议文件汇编》，人民出版社，2021，第46页。

从战略安排上讲，强国思想战略擘画强国征程。党的十九大对2020年全面建成小康社会后如何实现全面建成社会主义现代化强国的目标做了“两步走”的战略安排。第一步，从2020年到2035年，基本实现社会主义现代化；第二步，从2035年到2050年，全面建成“富强民主文明和谐美丽的社会主义现代化强国”。党的二十大报告再次强调了全面建成社会主义现代化强国总的战略安排是分两步走。“两步走”战略安排规划了实现社会主义现代化强国的路线图、任务单、时间表。强国蓝图绘就了，接下来的关键就是如何贯彻、落实的问题。习近平总书记强调：“建成社会主义现代化强国，实现中华民族伟大复兴，是一场接力跑，我们要一棒接着一棒跑下去，每一代人都要为下一代人跑出一个好成绩。”①“两步走”建成现代化强国，中间还有许多小阶段、小目标、分任务，也会遇到各种各样的困难、风险与挑战。这就要求我们，一方面遵循科学工作方法，另一方面保持良好的精神状态。前进路上，必须牢牢把握“坚持和加强党的全面领导”“坚持中国特色社会主义道路”“坚持以人民为中心的发展思想”“坚持深化改革开放”“坚持发扬斗争精神”等重大原则②。坚持循序渐进、稳扎稳打，一步一个脚印，一张蓝图绘到底。要有“功成不必在我”的精神境界和“功成必定有我”的历史担当，保持永不懈怠的精神状态，朝着强国目标一往无前、奋勇前进。

党的十九大将习近平新时代中国特色社会主义思想写入党章，确立为全党必须长期坚持的指导思想、行动指南。从新时代大国成为强国的历史方位和时代主题角度，能更加精准理解和把握习近平新时代中国特色社会主义思想的主旨与精髓。强国时代呼唤强国理论，强国理论引领强国时代。习近平新时代中国特色社会主义思想形成于强国时代，着眼于强国梦想，植根于强国实践，引领强国征程，其本质上就是指引中国实现“强起来”的“强国理论”。

① 习近平：《在庆祝改革开放40周年大会上的讲话》，《人民日报》2018年12月18日第2版。

② 本书编写组：《党的二十大报告辅导读本》，人民出版社，2022，第24-25页。

第八章　强大政党：建设更加坚强有力的马克思主义政党

从大国时代走向强国时代，强大政党的领导和推动是关键。党的十八大以来，以习近平同志为核心的党中央站在党和国家事业发展的全局高度就强党、兴党等一系列问题在理论和实践上创新突破，“纠正了一个时期以来的模糊和错误认识，扭转了一些地方和部门存在的党的领导弱化、党的建设缺失现象，使党的领导得到全面加强”①。党的十九届六中全会审议通过了《中共中央关于党的百年奋斗重大成就和历史经验的决议》，总结百年大党奋斗经验，明确了“建设什么样的长期执政的马克思主义政党、怎样建设长期执政的马克思主义政党”这一重大时代课题。党的二十大报告指出：“走过百年奋斗历程的中国共产党在革命性锻造中更加坚强有力，在坚持和发展中国特色社会主义的历史进程中始终成为坚强领导核心。”②中国特色社会主义新时代是中国共产党刮骨疗毒、经受革命性锻造、由大变强进而奠定千秋伟业的时代，“对建设什么样的长期执政的马克思主义政党、怎样建设长期执政的马克思主义政党的规律性认识达到新的高度”③。

一、办好中国的事情，关键在党

中国共产党的特殊性质和宗旨、光辉历史和贡献、现实能力和作用共同

① 习近平：《论坚持党对一切工作的领导》，中央文献出版社，2019，第 223 页。

② 习近平：《高举中国特色社会主义伟大旗帜 为全面建设社会主义现代化国家而团结奋斗——在中国共产党第二十次全国代表大会上的报告》，《求是》2022 年第 21 期。

③ 习近平：《习近平著作选读》，第二卷，人民出版社，2023，第 592 页。

决定了中国共产党在近代中国革命史中的地位和意义,决定了中国共产党在当今中国特色社会主义事业中的地位和意义。在当今中国,没有大于中国共产党的政治力量或其他什么力量。中国共产党作为中国工人阶级的先锋队,作为中国人民和中华民族的先锋队,作为中国特色社会主义事业的领导核心,"处在纵览全局、协调各方的地位"①。"党政军民学、东西南北中,党是领导一切的",办好中国的事情,关键在党。

近代中国积贫积弱,各阶层和政治力量轮番登场尝试挽救时局,抵御外敌,救民族于水火,无奈接连失败。迷茫彷徨之际,马列主义进入中国,为中国人提供了认识世界和改变世界的科学世界观与方法论。这一革命思想与蓬勃兴起的中国工人革命运动相结合诞生了中国共产党。在中国共产党的领导下,中国人民经过二十八年浴血奋战推翻了"三座大山",建立了新中国。在中国共产党的领导下,社会主义基本制度在中国确立起来。在中国共产党的领导下,社会主义探索时期虽有失误,但也取得了"两弹一星"等巨大成就,建立起了门类比较齐全的工业体系和国民经济体系。在中国共产党的领导下,经过改革开放新时期的创新发展,创新发展了中国特色社会主义事业,形成了充满活力的体制机制。进入新时代,全党聚焦坚持和发展中国特色社会主义这一主题,成功推进和拓展了中国式现代化,经受住了来自政治、经济、意识形态、自然界等方面的风险挑战考验。

今天的中国已经成为全球发展的重要引擎,是全球最大的现代化试验场,是科学社会主义运动的重镇,也是国际社会中具有重要影响力的一极。中国特色社会主义道路、理论、制度和文化全方位拓展,在世界上产生了深远影响。特别是中国式现代化的成功推进和拓展,改写了世界现代化的版图。这些历史性成就、历史性变革和历史性影响为什么能够发生,中国长期稳定与快速发展的奇迹何以能够创造?党的十九届六中全会深刻总结党的百年奋斗史,总结了党领导人民在进取中突破、于挫折中奋起的宝贵历史经验,指出"中国人民和中华民族之所以能够扭转近代以后的历史命运、取得今天的伟大成就,最根本的是有中国共产党的坚强领导"②。回顾历史,我

---

① 习近平:《习近平著作选读》,第一卷,人民出版社,2023,第 192 页。

② 《中国共产党第十九届中央委员会第六次全体会议文件汇编》,人民出版社,2021,第 94-95 页。

们能够清晰看到一条线索，可以概括为“政党逻辑”。中国所取得的一系列变革、发展和成就都是在中国共产党领导下发生的。要理解中国共产党、理解中国共产党的领导，才能更好理解中国，更好理解中国特色社会主义事业，更好理解中国式现代化。

长期以来，国内外学者都在尝试解释：中国过去取得成功的原因是什么？中国在快速发展的同时又保持自身独立性的“诀窍”是什么？中国共产党在中国社会历史发展中究竟起到了什么样的作用？中国共产党为什么“能”？……党的十八大之后，国内外对这些问题的关注和思考越来越强烈，当然随着观察和思考的深入，认识也越来越清晰。中央党校韩庆祥教授指出：“在认真审视中国之后，学者们不仅越来越清醒地认识到，中国共产党领导是中国特色社会主义最本质特征，中国共产党领导是中国特色社会主义制度的最大优势，而且也深刻认识到，中国发展奇迹的密码主要在政治领域，而政治领域的关键在于坚持党的领导，在于加强和改善党的领导。”①中国共产党的光辉历史和当代中国所取得的历史性变革已经向世界作出了最好的诠释。可以说，国内外凡是不怀偏见和成见的学者，大都越来越认为中国共产党是一个具有特殊禀赋的政党，中国共产党确实是中国特色社会主义事业的领导核心，中国共产党的全面领导确实是当今中国最基本的国情、最基本的现实。

党的全面领导直接决定了中国特色社会主义事业的性质、方向和前途命运，办好中国的事情关键在党。在新的起点上承担新的历史使命，从大国走向强国，从富起来走向强起来、文明起来，需要继续坚持和加强党的全面领导。办好中国的事情，关键在党。继续坚持和加强党的领导既是常识，也是共识，具有广泛的群众基础。在新的历史起点上，坚持和发展中国特色社会主义，推进中国式现代化，建设中华民族现代文明，建设一个具有天下情怀、走在时代前列、具有强大能力和威望的政党，是中国共产党对国家富强、民族振兴、人民幸福、中华文明复兴的责任，也是中国共产党对当今世界和平发展和人类文明进步的一份责任。

① 韩庆祥：《强国时代》，红旗出版社，2018，第288页。

二、党要管党，全面从严治党

党员领导干部是治国理政的骨干，其能力和素养关乎党的治国理政状况和事业发展的前途命运。毛泽东同志深刻指出："治国就是治吏。"邓小平同志强调："办好中国的事情，关键在党，关键在人。"习近平总书记反复强调："办好中国的事情，关键在党，关键在党要管党、从严治党。"这是百年党史成功经验所昭示的，也是新时代坚持和发展中国特色社会主义的现实所要求的。

中国共产党因其地位特殊，因而干系重大，管党治党至关重要。习近平总书记在党的十八届六中全会第二次全体会议上的讲话指出："全党必须认识到，如果管党不力、治党不严，人民群众反映强烈的突出矛盾和问题得不到及时解决，我们党执政的基础就会动摇和瓦解。"①新时代的中国共产党正处在一个关键的历史节点上，中国共产党的队伍发生重大变化，党群干群关系出现新情况新问题，更好进行具有许多新的历史特点的伟大斗争、推进新时代党的建设新的伟大工程、推进中国特色社会主义伟大事业，实现"两个一百年"奋斗目标、实现中华民族伟大复兴的中国梦，经受"四大考验"、克服"四种危险"，必须把我们党建设好、建设强，必须坚持党要管党、全面从严治党。

在"四个伟大"系统之中，起决定作用的是党的建设伟大工程。中国共产党和中国人民怀揣民族复兴的伟大梦想。这一"伟大梦想"的实现需要中国特色社会主义伟大事业做支撑。坚持和发展中国特色社会主义，继续推进伟大事业向前发展，必然会面对方方面面的困难和阻力。这就需要进行方方面面的有效应对，特别是要进行许多具有新的历史特点的"伟大斗争"。"伟大斗争"是涉及根本的、具有风险挑战的斗争，关乎"伟大事业"存续、"伟大梦想"实现，需要超强的斗争精神、斗争能力。其中，中国共产党作为领导核心就非常关键。确保"伟大斗争"新胜利，中国共产党自身必须过硬。确保新时代党的纯洁性和战斗力，需要加强党建。党的建设是一项系统性、全局性、长远性的"伟大工程"。只有坚持党要管党、全面从严治

① 习近平：《在党的十八届六中全会第二次全体会议上的讲话（节选）》，《求是》2017年第1期。

党，把党的建设“伟大工程”持续向前推进，使全党始终保持纯洁性、战斗力，才能不断夺取伟大斗争新胜利，推动伟大事业新发展，托举伟大梦想早日实现。习近平总书记指出：“在统揽伟大斗争、伟大工程、伟大事业、伟大梦想中，起决定性作用的是新时代党的建设新的伟大工程。”①党的十八大以来，以习近平同志为核心的党中央锚定“四个全面”战略布局，一以贯之地推进党的建设新的伟大工程，为坚持和发展中国特色社会主义提供了根本保证。

在“四个全面”战略布局中，全面从严治党是带有基础性和根本性的。全面从严治党是协调推进“四个全面”战略布局的根本保证，是党的十八大以来党中央抓党的建设的鲜明主题。全面深化改革是在中国共产党全面领导下改革，全面依法治国是在中国共产党全面领导下依法治国，全面建成社会主义现代化强国是在中国共产党全面领导下建成社会主义强国，中国共产党是领导核心，党的领导在总体上决定了全面深化改革、全面依法治国、全面建成现代化国家的性质方向、蓝图目标、路线节奏和最终成效。进入新时代，全面从严治党是党的建设的鲜明主题。

党的十九大报告客观分析党在新时代的主体状况与外部客观环境，战略前瞻党在新时代的使命和任务，明确了新时代党的建设总要求是：坚持和加强党的全面领导，坚持党要管党、全面从严治党，以加强党的长期执政能力建设、先进性和纯洁性建设为主线，以党的政治建设为统领，以坚定理想信念宗旨为根基，以调动全党积极性、主动性、创造性为着力点，全面推进党的政治建设、思想建设、组织建设、作风建设、纪律建设，把制度建设贯穿其中，深入推进反腐败斗争，不断提高党的建设质量，把党建设成为始终走在时代前列、人民衷心拥护、勇于自我革命、经得起各种风浪考验、朝气蓬勃的马克思主义执政党。新时代党的建设总要求是立足新时代深入推进新时代党的建设新的伟大工程的总纲领，指明了新时代加强党建的根本目的、指导方针、主线、着力点、总体布局、总目标等。其中，“坚持和加强党的全面领导”是根本目的，党的建设要聚焦坚持和加强党的全面领导，而不是相反。“坚持党要管党、全面从严治党”这是新时代党建的根本原则和指导方针，

---

① 习近平：《习近平著作选读》，第二卷，人民出版社，2023，第100页。

讲的是党建的总方向、总原则。“以加强党的长期执政能力建设、先进性和纯洁性建设为主线”讲的是新时代党的建设伟大工程的“主轴”，是赋能、保先、纯洁，是党的主体性、积极性、主动性、创造性等着力点的编组，不能偏离。“全面推进党的政治建设、思想建设、组织建设、作风建设、纪律建设”讲的是新时代党的建设的主要内容。仅仅是推进这五个方面内容的建设还不够，还要注重制度管根本、管全局、管长远的作用，“把制度建设贯穿其中”。由此，就形成了新时代党的建设的六大方面内容。在这六大方面内容体系中，党的政治建设关系党的政治方向、政治路线、政治原则，直接关系党的性质、宗旨，直接影响党的先进性、纯洁性，直接决定党在政治上的成熟程度，因而是党的根本性建设。另外，中国共产党是马克思主义政党，理想信念是共产党人的精神之“钙”。所以，这六个方面的建设要“以党的政治建设为统领，以坚定理想信念宗旨为根基”。“深入推进反腐败斗争，不断提高党的建设质量”，这主要是针对党内存在的腐败问题，强调党的建设要坚持问题导向、精准发力，勇于刮骨疗毒，净化党的肌体。“把党建设成为始终走在时代前列、人民衷心拥护、勇于自我革命、经得起各种风浪考验、朝气蓬勃的马克思主义执政党”，这指明了新时代党的建设的总目标，“走在时代前列”实际上就是保持先进性，“人民衷心拥护”实际上是保持党的人民性，“勇于自我革命”是保持党的鲜明品格，“经得起各种风浪考验”讲的是党的能力和定力，“朝气蓬勃”讲的是保持马克思主义执政党的生机活力。可以说，新时代党的建设总要求体现了新时代的中国共产党对自身建设规律的深刻认识，体现了中国共产党对党要管党、全面从严治党的坚定决心和战略定力。

三、坚守政党初心使命

历史、现实和未来是内在关联的，一个政党走得再远都不能忘记来时的路。中国共产党作为马克思主义政党，作为中国工人阶级的先锋队、中国人民和中华民族的先锋队，是怀揣信仰、肩负特殊责任的使命型政党。习近平总书记指出：“中国共产党人的初心和使命，就是为中国人民谋幸福，为中华民族谋复兴。”[①]初心和使命是中国共产党对自身性质、宗旨、奋斗目标和最高理想的高度凝练性表达，是我们党全部理论和实践的起点与归宿。“不忘初心，方得始终。”走好新时代的长征路需要全党同志“不忘初心，牢记使命”。

（一）初心是党全部理论的起点

马克思曾指出，思想理论是物质关系的表达。理论的风筝飘得再高，始终不能脱离起飞的地点。任何一种思想理论都是基于特定立场、利益，以特定价值观为前提和基础的生发、言说和表达。“为中国人民谋幸福，为中华民族谋复兴”是我们党的初心，是我们党全部理论大厦的逻辑起点。

因为初心契合，马克思主义理论成为我们党的指导思想和理论基础。“理论在一个国家的实现程度，总是取决于理论满足这个国家的需要的程度。”[②]近代中国陷入悲惨的黑暗境地，不屈不挠的仁人志士向世界寻求救亡图存理论，中国成为各种理论、主义轮番上阵的试验场，进行了各式各样的尝试，但无一不以失败而告终。十月革命一声炮响，马克思主义理论传入中国，为先进的中国人所接受，成为中国共产党的建党思想、指导思想，从此我们在精神上由被动转为主动。一方面这是马克思主义理论的科学性使然，另一方面是这一科学理论的价值取向、价值追求与我们党的初心、使命高度契合。中国共产党人之所以选择了马克思主义，就是因为这一理论系统深刻地表达了我们党救国、为民的立党初心，并且指出了相应的实践遵循。

因为初心所向，马克思主义理论中国化取得丰硕成果。思想建党、理论强党是中国共产党的传统优势，高度的理论自觉源于强烈的责任感和使命意识。为人民谋幸福、为民族谋复兴的初心使命推动着我们党进行理论探索和创新，取得了马克思主义中国化时代化的丰硕成果。从理论发展的时代主题来看，中国化时代化的马克思主义理论在依次破解民族独立、人民富裕、国家强盛三大核心问题中引领中国特色社会主义事业发展前进。以毛泽东为主要代表的中国共产党人，把马克思列宁主义的基本原理同中国革

---

① 本书编写组：《党的十九大报告辅导读本》，人民出版社，2017，第1-2页。

② 《马克思恩格斯文集》，第1卷，人民出版社，2009，第12页。

命的具体实践结合起来,创立了毛泽东思想,主要致力于解决使中华民族、中国人民站起来的问题,即民族独立、人民解放。改革开放以来,中国共产党人围绕时代课题将马克思主义基本原理与中国实际相结合,创立了邓小平理论,形成了“三个代表”重要思想和科学发展观。从“发展才是硬道理”到“发展是党执政兴国的第一要务”,再到“第一要义是发展”,这一时期的思想理论致力于解决使中国人民富裕起来的问题。党的十八大以来,中国特色社会主义进入新时代,创立了习近平新时代中国特色社会主义思想,这是关于我国发展起来以后由大国发展成为强国的理论,是实现“强起来”的理论。其中,人类命运共同体思想、“一带一路”倡议等是中国在实现“强起来”的过程中为世界贡献中国智慧和方案的集中体现,也是对马克思世界历史理论的创新发展。我们党之所以能够不断推动理论创新,一个重要的原因就是我们是“使命型政党”,我们怀有“为人民谋幸福,为民族谋复兴,为世界谋大同”的强烈愿望和使命自觉。

(二)初心是党的光辉历史的起点

走得再远,都不能忘记从哪里出发、为什么而出发。中国共产党百余年的光辉历史是一部初心永续的奋斗史。只有铭记初心,以初心凝聚起民心,将初心淬炼成恒心,勇担使命才能蹄疾步稳,不断开创新的历史。

因为初心,星星之火成燎原之势。唯物史观认为,历史发展有其内在逻辑与规律。近代中国,各种团体、派别和力量轮番上阵试图重整中国山河、救亡图存,但一个个都被踢出了历史舞台。究其原因,关键就在没有真正代表人民群众的利益,没有真正表达人民群众的诉求,没有真正尊重人民群众的主体地位。而我们党把握历史大势,“以百姓心为心”,赢得了人民群众的认可和支持,从最初的50多名党员发展到今天9800多万党员,成为中国社会的“执牛耳者”,成为百年大党和世界第一大党。

因为初心,党战胜艰难险阻从胜利走向胜利。回望党的奋斗历程,党的组织多次陷入生死存亡境地,多少党员遭受无尽的痛苦与磨难。在困难面前,我们党始终没有放弃,把初心变成恒心,从建党、建国到建立社会主义基本制度,再到改革开放,我们成功开创和发展了中国特色社会主义伟大事业,取得了一个又一个胜利。党的奋斗历史表明,初心是中国共产党人的精神之“钙”，是我们团结奋进的强大动力。习近平总书记指出：“以百姓心为心，与人民同呼吸、共命运、心连心，是党的初心，也是党的恒心。”①只要我们铭记初心、牢记使命担当，在各种困难和挫折面前不动摇、不放弃，就一定能够应对前进途中的风风雨雨、惊涛骇浪，不断走向新的胜利。

因为初心，我们才能在已有的历史基础上开创新的未来。历史蕴含着未来，历史的展开指向未来。但历史不是每一个时代的自然更替，而是追求着自己目的的人的活动。中国共产党百余年艰苦卓绝的斗争，带领中华民族实现了由站起来、富起来向强起来的飞跃；改革开放40多年的努力，成功开创和发展了中国特色社会主义道路；十八大以来取得的全方位开创性成就，推动中国特色社会主义进入新时代。习近平总书记指出：“不忘初心，牢记使命，就不要忘记我们是共产党人，我们是革命者，不要丧失了革命精神。昨天的成功并不代表着今后能够永远成功，过去的辉煌并不意味着未来可以永远辉煌。”②历史只会眷顾坚定者、奋进者、搏击者，而不会等待犹豫者、懈怠者、畏难者。站在新的历史起点上，不能忘记过去走过的路，不能忘记为什么出发，要坚定信念，创造新的更加美好的未来。

（三）不忘初心是党在新时代的现实要求和实践归宿

中国共产党是中国特色社会主义事业的领导核心，走好新时代的长征路关键在党。新时代实现党的十九大确定的目标任务，迫切需要用习近平新时代中国特色社会主义思想武装全党；在干事创业的实践中回归初心、铭记初心、兑现初心，以党的自我革命推动伟大社会革命。

党的事业越发展越要坚守初心。党的终极目标是实现共产主义，党的事业发展是无止境的。经过改革开放40多年的发展，我们站在了发展起来以后的历史方位上，开始实现从站起来、富起来向强起来的伟大飞跃。面对新形势、新任务，我们要对党的自身和外部环境有清醒认识，永不懈怠，锐意进取。习近平总书记告诫全党：“我们的事业越前进、越发展，新情况新问题就会越多，面临的风险和挑战就会越多，面对的不可预料的事情就会越多。”当今世界处于百年未有之大变局，党面临的“四大考验”具有长期性和复杂

① 习近平：《习近平谈治国理政》，第三卷，外文出版社，2020，第138页。
② 习近平：《习近平谈治国理政》，第三卷，外文出版社，2020，第70页。

性,党自身还存在的"四种危险"尖锐且严峻,实现伟大梦想必须进行具有许多新的历史特点的伟大斗争。跳出历史周期律长期执政,驾驭越来越复杂的环境和局势执好政,把我们的事业持续推向前进,需要我们初心永驻,用不变的初心争取最广泛的民心。唯有初心永不变,始终保持先进性,始终走在时代前列,始终坚持以人民为中心,党的事业才有未来。

新时代践行初心的要求更高。我国社会发展进入新时代,发展环境和发展条件有了重大变化,发展水平和发展要求变得更高;进入新时代,我国社会主要矛盾发生关乎全局的历史性变化,人民群众对美好生活抱以更高的期待,对党和国家工作提出了许多新要求;进入新时代,中国全面、深刻、长远地影响世界,世界对中国的关注更加广泛、深切、聚焦;进入新时代,奋斗目标更高,使命任务更重也更加艰巨。习近平总书记指出:"今天,我们比历史上任何时期都更接近、更有信心和能力实现中华民族伟大复兴的目标。"①建功立业新时代,需要全党"拧成一股绳",安排好新时代"两步走",打好"三大攻坚战",统揽"四个伟大",协调推进"四个全面"战略布局,统筹推进"五位一体"总体布局,以更高的标准践行初心、兑现承诺,走好新时代的长征路。

四、在自我革命中淬炼过硬作风

历史车轮滚滚向前,时代潮流浩浩荡荡。"勇于自我革命是中国共产党区别于其他政党的显著标志。"②"自我革命"是中国共产党经过百年奋斗特别是党的十八大以来新的实践,对跳出历史周期律给出的第二个答案。进入新时代,承担时代赋予的新使命,追求新的更高奋斗目标,必须进行具有许多新的历史特点的伟大斗争,这要求我们要有新气象和新作为,勇于自我革命,把党建设得更加坚强有力。党员领导干部是各个单位的主心骨,也是中国特色社会主义伟大事业的关键少数。习近平总书记指出:"在百年奋斗历程中,党领导人民取得一个又一个伟大成就、战胜一个又一个艰难险阻,历经千锤百炼仍朝气蓬勃,得到人民群众支持和拥护,原因就在于党敢于直

① 本书编写组:《党的十九大报告辅导读本》,人民出版社,2017,第1-2页。

② 习近平:《在庆祝中国共产党成立100周年大会上的讲话》,《人民日报》2021年7月2日第2版。

面自身存在的问题,勇于自我革命,始终保持先进性和纯洁性,不断增强创造力、凝聚力、战斗力,永葆马克思主义政党本色。"①新的复杂国际形势下,我们党面临具有许多新的历史特点的伟大斗争,同时,干部队伍还存在着各种突出问题,全面建成小康社会基础上实现现代化和中华民族伟大复兴中国梦离不开一支素质过硬、作风优良的干部队伍。

(一) 实现"伟大梦想"呼唤优良作风

近代以来,中华民族无数仁人志士抛头颅洒热血以求民族之独立、国家之富强。革命胜利前夕,毛泽东同志指出,革命以后的路程会更加伟大与艰苦,"务必使同志们继续地保持谦虚、谨慎、不骄、不躁的作风,务必使同志们继续地保持艰苦奋斗的作风"②。在中国共产党领导下,新中国的成立标志着中国人民从此站起来了。经过改革开放三十多年的发展,我国已成为世界第二大经济体,国际影响力空前提高。在这些发展基础上我们党进一步明确了今后的发展目标:"这就是到中国共产党成立 100 年时全面建成小康社会,到新中国成立 100 年时建成富强民主文明和谐的社会主义现代化国家,努力实现中华民族伟大复兴的中国梦。"③全面建成小康社会、实现现代化和中华民族伟大复兴的"中国梦"是我们共同的"伟大梦想"。在实现国家富强、民族振兴、人民幸福的征程中,必然会遇到一系列的困难与挑战、矛盾与风险。打铁必须自身硬,党员领导干部作为"关键少数",是全面建成小康社会与实现中华民族伟大复兴中国梦的关键力量。九层之台起于累土,千里之行始于足下。理想的实现不是喊破嗓子喊出来的,而是真刀真枪干出来的。伟大梦想呼唤伟大精神,伟大精神产生伟大力量。广大党员特别是党员领导干部只有始终保持优良作风,牢固树立为人民服务的宗旨意识,坚定理想信念、组织纪律观念,切实解决好世界观、人生观、价值观这个"总开关"问题,才能堂堂正正不栽跟头,成为实现"伟大梦想"的中坚力量。

---

① 习近平:《论党的自我革命》,党建读物出版社、中央文献出版社,2023,第 328 页。

② 《毛泽东选集》,第四卷,人民出版社,1991,第 1438-1439 页。

③ 习近平:《习近平谈治国理政》,第一卷,外文出版社,2018,第 44 页。

(二)推进"伟大事业"需要作风优良

建设和发展中国特色社会主义是一项前无古人的"伟大事业",是中华民族对人类文明更广泛发展道路、制度的探索,承载着实现"伟大梦想"的历史使命。中国特色社会主义是近代以来中国人民艰难尝试、反复比较后的选择,实践证明中国特色社会主义是"伟大梦想"的实现途径、行动指南和根本保障。中国特色社会主义事业伟大而又光荣,同时也充满了荆棘和艰辛。就世界范围来看,社会主义事业仍处于低谷,建设和发展中国特色社会主义"伟大事业"没有现成经验,"摸着石头过河"也可能遭遇急流险滩,前进的道路不可能一帆风顺;就国际来看,大国与地区性力量发生重大转移,国际关系与国家间竞争更加复杂化,一些力量对我们的和平崛起进行围堵、打压、破坏和抹黑;在国内,阶层固化、贫富分化、思想泛化、公权失信、房产泡沫、食品安全、环境污染等矛盾与问题、困难与风险交织在一起,我国依然存在着被侵略、被颠覆、被分裂的危险,中国特色社会主义发展进程被打断的危险。推进中国特色社会主义建设与发展的"伟大事业",关键在于"开辟道路"、"创立理论"、"完善制度"和"文明更新",核心在于正确把握和处理好改革发展与稳定的关系,重点解决经济社会建设进程中的一系列突出矛盾与问题。在这种情势下,实现"伟大梦想",推进"伟大事业"既要应对敌对势力的封堵、打压和抹黑,又要处理改革发展过程中积累的老问题与形形色色的新问题,还要克服利益集团对改革的阻挠、误导以及腐败分子的反扑,需要一支作风优良的党员干部队伍来"打铁炼钢",来攻坚克难。

(三)进行"伟大斗争"依靠优良作风

发展和推进中国特色社会主义"伟大事业"需要进行许多新的"伟大斗争"。党的十八大报告指出:"当前,世情、国情、党情继续发生深刻变化,我们面临的发展机遇和风险挑战前所未有",进一步发展和推动中国特色社会主义伟大事业,"必须准备进行具有许多新的历史特点的伟大斗争"。[①] 我们要进行的"伟大斗争"既有国外的,也有国内的;既有党外的,也有党自身

---

① 胡锦涛:《坚定不移沿着中国特色社会主义道路前进 为全面建成小康社会而奋斗——在中国共产党第十八次全国代表大会上的报告》,人民出版社,2012,第1、13页。

的；既有经济领域，也有政治、文化、社会与生态领域。就斗争的主要内容来看，“伟大斗争”以争夺资源、货币战争、争夺市场、意识形态斗争、领土争端、反腐败斗争、网络斗争、反民族分裂主义的斗争为主要形式，呈现出斗争对象和内容的广泛性与多样性等新特点。① 当然，“伟大斗争”还体现在转变经济发展方式、破除利益固化的藩篱、全面脱贫、构建社会新秩序等方面。所有这些斗争从深层次来看最终都可以归结为是不同国家发展道路、制度、理论与文明的竞争。打铁必须自身硬，决定这些斗争取得胜利的一个关键性因素就是政党与政府治国理政的能力与素养。要想取得“伟大斗争”的胜利，关键在于团结和动员全国各族人民群众，核心在于提高党和政府治国理政水平，重点在于加强和改进党员领导干部作风，进一步密切党群、干群关系，增强抗风险与防腐拒变的能力。

（四）作风问题倒逼党的建设“伟大工程”

中国共产党以全心全意为人民服务为宗旨，党员领导干部是社会主义事业的勤务员，是人民的公仆。干部作风建设是党的建设的重要内容。不忘初心、加强党的建设是推进中国特色社会主义“伟大事业”、确保“伟大斗争”胜利和实现“伟大梦想”的“伟大工程”。严酷的革命斗争环境与坚定的理想信念教育确保了早期共产党员和党员领导干部的优良作风。改革开放的过程中，存在着治党管党失之于宽、失之于松、失之于软的问题，干部监督管理体制机制也未能及时跟进和落实。在外部客观环境与自身主观因素综合作用下，相当一部分党员领导干部身上存在着突出的问题。胡锦涛同志在庆祝中国共产党成立90周年大会上的讲话指出我们党存在“四大风险”，面临“四大考验”。党的十八大报告进一步强调：“新形势下，党面临的执政考验、改革开放考验、市场经济考验、外部环境考验是长期的、复杂的、严峻的，精神懈怠危险、能力不足危险、脱离群众危险、消极腐败危险更加尖锐地摆在全党面前。”②在一些地方和部门，正确的用人导向、顺畅的干部进出机制没有很好形成和贯彻。一部分领导干部精神懈怠，缺乏进取意识、改革魄

---

① 韩庆祥：《深刻理解和把握“新的伟大斗争”》，《人民日报》2014年7月23日第7版。

② 胡锦涛：《坚定不移沿着中国特色社会主义道路前进 为全面建成小康社会而奋斗——在中国共产党第十八次全国代表大会上的报告》，人民出版社，2012，第51页。

力和定力；一部分领导干部疏忽学习，能力不足、本领恐慌；一部分领导干部官僚习气严重，摆不正自己位置，脱离群众、鄙视群众；还有一部分领导干部思想消极、生活腐化、道德败坏。干部作风不正，一方面容易使自己违法乱纪以致身败名裂，另一方面，浪费了社会资源，辜负了党和国家的培养，甚至严重损害党和政府的形象，对社会风气造成极其恶劣的影响。2013 年 6 月 8 日，习近平总书记在党的群众路线教育实践活动工作会议上指出，不少领导机关、领导班子和领导干部存在着“形式主义、官僚主义、享乐主义、奢靡之风”的“四风”严重问题。2016 年 4 月 10 日，中央纪委监察部网站发文强调：“天涯无净土，各地区各部门只有问题多与少的区别，没有没问题的。”这些问题事关民心向背，关系党的执政基础与执政合法性，形势十分严峻，我们再也不能熟视无睹。确保“伟大斗争”的胜利，确保“伟大梦想”的实现，确保我们党长期执政、执好政，就必须以壮士断腕、刮骨疗毒的决心加强和改进党的建设这一“伟大工程”，通过全面从严治党推动干部队伍的自我净化、自我革命，实现干部作风根本好转。

作风问题本质上是党性问题。党员领导干部的作风直接关系党内风气和政治生态。进入新时代，环境与形势的复杂性决定了我们党和各级领导干部要进行许多复杂的具有新的历史特点的“伟大斗争”，作为中国特色社会主义事业的领导核心，党和党的各级领导干部的使命和责任就是要实现现代化与民族复兴的“伟大梦想”，而领导干部自身存在的“四种风险”与“四风”等问题与不足则进一步突出了干部作风建设的迫切性。广大党员领导干部应当从政治的高度来深刻认识加强和改进干部作风的迫切现实性，进而提高干部作风建设的自觉性与主动性。进入新时代的中国共产党勇于自我革命，敢于刀刃向内，敢于刮骨疗毒，敢于壮士断腕，坚持党要管党、全面从严治党，“刹住了一些长期没有刹住的歪风，纠治了一些多年未除的顽瘴痼疾”，“管党治党宽松软状况得到根本扭转，风清气正的党内政治生态不断形成和发展”，开辟了百年大党自我净化、自我完善、自我革新、自我提高的新境界。①

---

① 本书编写组：《党的二十大报告辅导读本》，人民出版社，2022，第 12-13 页。

五、把党建设得更加坚强有力

中国共产党的领导地位和执政地位不是与生俱来的,也不可能一劳永逸。在近代中国各种力量的反复较量中,中国共产党为什么能够脱颖而出?在领导中国革命、建设、改革百余年的奋斗历程中,中国共产党为什么能够始终走在时代前列、成为中国人民和中华民族的主心骨?习近平总书记在党的十九届一中全会上的讲话指出:“我们党团结带领人民进行革命、建设、改革的实践都证明,什么时候我们党自身坚强有力,什么时候党和人民事业就能无往而不胜。”①中国共产党是世界上最大的政党,要领导14亿多人的社会主义大国走向强国,要实现中华民族伟大复兴,要进行具有许多新的历史特点的伟大斗争,准备经受风高浪急甚至惊涛骇浪的重大考验,既要政治过硬,也要本领高强。

理论上清醒,行动上才有力量。人的实践活动是在一定的理论、观念指导下进行的。列宁说:“没有革命的理论,就不会有革命的运动。”②理论上清醒,政治上才能正确,信仰上才能坚定。马克思主义无产阶级革命家特别注重理论的力量。理论是指人们对自然、社会现象,按照已知的知识或者认知,经由一般化与演绎推理等方法,进行合乎逻辑的推论性总结。“理论如果不系统、不完善、不彻底,实践活动早晚会栽大跟头。因此,面向中国现实问题的马克思主义哲学不能仅仅停留在实践经验的层面,也不能仅仅停留在实证科学的层面,还应当尽可能提升马克思主义哲学自身的理论思辨性。”③从哲学、理论的高度来认识事物、处理工作是水平和能力的体现。对一个政党来说,能够在理论上阐明自身、能够在理论上推陈出新是一个政党创新能力和生命活力的重要体现。

加强党的长期执政能力建设。党的十九大把“党的执政能力建设”发展为“党的长期执政能力建设”。这一新要求深刻反映了中国共产党长期执政的鲜明特点,也对新时代执政党建设提出了更高要求。其一,加强党的长期执政能力建设是适应新时代党执政环境的客观要求。在总体布局上,

---

① 习近平:《在党的十九届一中全会上的讲话》,《求是》2018年第1期。

② 《列宁全集》,第6卷,人民出版社,1986,第23页。

③ 方兰欣:《哲学发展要直面中国问题》,《学习时报》2015年5月11日第3版。

突出党的政治建设。其二，加强党的长期执政能力建设是新时代建设伟大工程的根本要求。十九大报告明确提出要增强学习、政治领导、改革创新等八个方面的本领。其三，加强党的长期执政能力建设必须与党的建设总体布局结合起来，把党建设成为始终走在时代前列、人民衷心拥护、勇于自我革命、经得起各种风浪考验、朝气蓬勃的马克思主义执政党。这样的目标要求既体现了历史传承，又响应了时代要求，具有鲜明的引领性。其四，全面增强党的执政本领。进入新时代，新情况、新问题层出不穷，群众对党的要求也越来越高，“新办法不会用，老办法不管用，硬办法不敢用，软办法不顶用”①，党员干部一定程度上存在着“能力不足”“本领恐慌”的问题。“能力不足”“本领恐慌”是“要命”的问题，“全党同志特别是各级领导干部，都要有本领不够的危机感，都要努力增强本领，都要一刻不停地增强本领”②。要增强党的长期执政能力，必须全面增强党的执政本领。一是增强学习本领。学习使人进步，“中国共产党人依靠学习走到今天，也必然要依靠学习走向未来”③。新时代新使命，“同过去相比，我们今天学习的任务不是轻了，而是更重了”④。因此，全党要“大兴学习之风”，建设马克思主义学习型政党。二是增强政治领导本领。党是最高政治领导力量，旗帜鲜明讲政治是我们党作为马克思主义政党的根本要求。政治领导本领关乎“科学制定和坚决执行党的路线方针政策，把党总揽全局、协调各方落到实处”的大问题。增强党的政治领导本领，需要坚持战略思维、创新思维、辩证思维、法治思维、底线思维，提高政治定力、驾驭政治局面、防范政治风险的能力，科学制定和坚决执行党的路线方针政策，把党总揽全局、协调各方落到实处。三是增强改革创新本领。进入新时代，改革发展稳定任务之重前所未有，迫切需要全党增强改革创新本领。党的十九大报告指出：“增强改革创新本领，保持锐意进取的精神风貌，善于结合实际创造性推动工作，善于运用互联网

---

① 习近平：《在中央党校建校80周年庆祝大会暨2013年春季学期开学典礼上的讲话》，人民出版社，2013，第5页。

② 习近平：《在中央党校建校80周年庆祝大会暨2013年春季学期开学典礼上的讲话》，人民出版社，2013，第5页。

③ 习近平：《在中央党校建校80周年庆祝大会暨2013年春季学期开学典礼上的讲话》，人民出版社，2013，第12页。

④ 习近平：《在中央党校建校80周年庆祝大会暨2013年春季学期开学典礼上的讲话》，人民出版社，2013，第3页。

技术和信息化手段开展工作。”四是增强科学发展本领。推动经济社会发展和文明进步是党治国理政的重要职责，也是党执政合法性的重要来源。新发展理念体现了党对科学发展的认知。贯彻新发展理念，统筹推进“五位一体”总体布局，协调推进“四个全面”战略布局，以“两个大局”牵引构建新发展格局，实现高质量发展，才能不断开创发展新局面。五是增强依法执政本领。全面依法治国，内在地要求作为执政党的中国共产党要依法执政。增强依法执政本领要求党员干部认真学习党纪国法，自觉接受法律和纪律的约束，提高运用法治思维和法治方式的能力，靠法治来增强治理的权威性和公信力。六是增强群众工作本领。作为马克思主义执政党，群众路线是我们党的生命线和根本工作路线。群众工作能力是党员、干部最基础、最关键的工作能力。新时代，群众的权利意识、法治素养在提升，对党的群众工作提出了新的要求。要创新群众工作体制机制和方式方法，用党的先进理论武装群众，组织广大人民群众坚定不移跟党走，贯彻党的理论和路线方针政策，不断增强党长期执政的群众基础。七是增强狠抓落实本领。一分部署，九分落实。“落实，落实，再落实，因为这是做好一切工作的关键环节。”①走好新时代新征程，践行好以中国式现代化全面推进中华民族伟大复兴的历史使命，建设好中华民族现代化文明的新文化使命，关键就是出实招、抓落实。全党要发扬钉钉子精神，把雷厉风行和久久为功有机结合起来，做实做细做好各项工作。八是增强驾驭风险本领。进入新时代，初步发展起来以后，诸多问题叠加，矛盾风险挑战之多前所未有。习近平总书记反复告诫全党，必须居安思危，增强忧患意识。增强驾驭风险本领，健全各方面风险防控机制，善于处理各种复杂矛盾，勇于战胜前进道路上的各种艰难险阻，牢牢把握工作主动权。政党执政能力是政党执政地位和长期执政的内在支撑，新时代的中国共产党百年风华正茂、立志千秋伟业，必须全面增强长期执政的能力。

新时代新征程，党要有新气象新作为。百年来，我们党带领人民创造了一个又一个彪炳史册的人间奇迹，中国特色社会主义进入了新时代。新时代、新阶段提出新课题，赋予新使命，引领新征程。这要求我们以新的风貌、

① 习近平：《关键在于落实》，《求是》2011 年第 6 期。

精神、劲头，展现新的气象，取得新的作为。中国特色社会主义新时代，要担负起历史赋予的新使命，走好时代新征程，我们党必须团结带领人民群众撸起袖子加油干，坚决贯彻落实“新发展理念”、“五位一体”总体布局、“四个全面”战略布局。全党一定要戒骄戒躁，继续全面推进党的政治建设、思想建设、组织建设、作风建设、纪律建设，把党建设得更加坚强有力。要永葆共产党人政治本色，挺起共产党人的精神脊梁，保持党同人民群众的血肉联系，奋力走好新时代的长征路，以更新的形象和更大的作为给历史和人民交出新的更加满意的答卷。各级政府与领导干部是治国理政的主体，他们自身的知识结构、能力结构直接影响着政府应对复杂环境与形势的能力和效力。执政主体须坚持理想信念与远大追求，要心中有党，克服精神懈怠；要心中有责，强化问题意识与责任意识，加强学习以克服能力不足的本领恐慌；要心中有民、服务为民、作风亲民，密切党群、干群关系，消除脱离群众的危险；要心中有戒，懂规矩、有敬畏，讲法治、守纪律，积极勤政、远离腐败。只有不断增强执政主体自身素养，才能确保行政力量治国理政的合法性，提升社会整合与管理的有效性。在社会管理中能用经济方式解决的问题就不要运用暴力强制手段升级处理，市场能够自我调节的，政府就不要过多干预。进入信息时代，思想就是力量，要着重注意运用知识、思想与创新的力量，用现代化的知识进行社会管理，加强思想引导，创新管理方法。特别是要注重开挖思想的力量，通过思维方式、价值观念来整合行政力量与市场资本力量，善于灵活运用“软权力”与“硬权力”形成“巧实力”，实现国家治理能力与治理体系的现代化。把握力量转移的规律，提高治国理政水平，概括来讲就是“政治行政权力既能管控市场与社会同时又受到有效的监督和制约，三种力量形成制衡而又互助共进的结构关系”①。这实际上是制度、组织、人和观念的一次飞跃，需要一系列的文化文明的革新来实现和定型。要求我们基于自身历史文化与传统，贯彻落实新发展理念，协调推进“四个全面”战略布局，统筹推进“五位一体”总体布局，走内生型发展路线，通过整体转型升级来破解难题，理顺政党、政府、市场、社会与个体的关系与结构，实现政党治理、国家治理体系和治理能力现代化。

---

① 韩庆祥、方兰欣：《改革开放以来中国特色社会主义的发展逻辑》，《中国特色社会主义研究》2018 年第 3 期。

第九章　人民中心:新时代的核心价值理念

一个时代有一个时代的核心价值理念。新时代坚持什么样的价值理念、追求什么样的价值目标是一个决定中国特色社会主义发展方向的重大问题。习近平新时代观是立足新时代、富有实践伟力的科学理论,是中国精神的时代升华,具有鲜明而坚定的价值取向。新时代共产党人的价值取向与马克思主义价值观一脉相承,引领着党和人民扛着社会主义的伟大旗帜、朝着现代化强国和民族复兴的目标奋勇前进。我们认为,正确理解新时代中国特色社会主义的价值取向,可以从党的维度、人民的维度、国家的维度、世界的维度四个层面进行思考。

一、"人民至上"是新时代中国特色社会主义的根本价值取向

马克思、恩格斯指出:"无产阶级的运动是绝大多数人的、为绝大多数人谋利益的独立的运动。"①以人民为中心、为人民谋福利是马克思主义经典作家一以贯之的观点。中国特色社会主义进入新时代,作为马克思主义执政党的中国共产党"为中国人民谋幸福"的初心未变,为实现人民对美好生活的向往而砥砺前行,无论是建设社会主义现代化强国,还是实现中华民族伟大复兴,最终的价值目的都是为人民谋福利,让人民满意。

① 《马克思恩格斯选集》,第一卷,人民出版社,1995,第283页。

（一）始终坚持人民至上，为人民担当

“治国有常，而利民为本。”我国社会主义社会的性质决定了“人民”这一概念是个体与群体、个人与社会的统一，实际上正是被作为社会主义社会人的基本的群体形态使用着。① 习近平总书记系列重要讲话中，讲得最多的是人民。在十八届中央政治局常委同中外记者见面的1500字左右的讲话中，习近平总书记19次提“人民”、5次提“群众”；在1200多字的2017年新年贺词中，习近平总书记10次提“人民”、5次提“群众”。习近平治国理政思想体系中，“人民”“群众”是高频词汇，也是核心概念。习近平总书记强调“人民是具体的而不是抽象的”，不同群众有不同的需要，但共同渴望更好的生活。人民对美好生活的向往就是党的奋斗目标，治国理政要坚持以人民为中心、为人民担当的执政理念。

理念是思想的系统化，是行动的先导。执政理念是贯穿于习近平治国理政思想之中的灵魂。2012年11月15日，习近平同志当选为我们党的总书记伊始，就向全党、全国各族人民宣告“人民对美好生活的向往，就是我们的奋斗目标”，绝不躺在过去的功劳簿上睡大觉，要不辱使命、不负重托，“夙夜在公，勤勉工作”，努力向人民交一份满意的答卷。② 2013年3月17日，习近平同志当选中华人民共和国主席之后，表示不能有丝毫懈怠，必须再接再厉、一往无前，承诺将忠于人民，自觉接受人民监督，不辜负人民的信任和重托，并要求国家机关工作人员倾听人民呼声、保障人民权利、关心人民疾苦、为人民办实事，把人民放在心中最高的位置。2014年2月7日，习近平主席在索契接受俄罗斯电视台专访时说：“我的执政理念，概括起来说就是：为人民服务，担当起该担当的责任。”③对以上这些话加以概括提升，就是以人民为中心、为人民担当。

以人民为中心、为人民担当这一核心理念贯穿于习近平总书记治国理政系列重要论述的方方面面，是习近平新时代中国特色社会主义思想的核心和灵魂。针对改革，习近平总书记强调：“老百姓关心什么、期盼什么，改

---

① 薛德震：《人的哲学论纲》（增订版），人民出版社，2011，第150-152页。

② 习近平：《习近平谈治国理政》，第一卷，外文出版社，2018，第4-5页。

③ 习近平：《习近平谈治国理政》，第一卷，外文出版社，2018，第101页。

革就要抓住什么、推进什么，通过改革给人民群众带来更多获得感。”要强化改革责任担当，看准了的事情，就要拿出政治勇气来，坚定不移干。面临改革大潮，我们要做改革的弄潮儿，要有强烈的历史担当精神。这种担当精神在革命战争年代是冲锋陷阵、英勇献身，现在就是要勇于改革、善于改革。针对领导干部为官从政，习近平总书记强调：“党的各级领导干部都是人民的勤务员，中央领导是人民的大勤务员。”坚持原则、敢于担当、作风优良、扑下身子是党的干部必须具备的基本素质。为了党和人民事业，我们的干部要有肝胆，要敢想、敢做、敢担当。针对文艺事业发展，习近平总书记强调广大文艺工作者要认清自己所担负的历史使命和责任，坚持以人民为中心的创作导向，为人民抒写、为人民抒情、为人民抒怀；针对哲学社会科学发展，习近平总书记强调哲学社会科学工作者必须坚持以人民为中心的研究导向，树立为人民做学问的理想，尊重人民主体地位，聚焦人民实践创造，发思想之先声，积极为党和人民述学立论、建言献策，担负起历史赋予的光荣使命；针对经济建设，习近平总书记提出要“坚持以人民为中心的发展思想”，“要坚持把增进人民福祉、促进人的全面发展、朝着共同富裕方向稳步前进作为经济发展的出发点和落脚点，部署经济工作、制定经济政策、推动经济发展都要牢牢坚持这个根本立场”①；在全球治理方面，习近平总书记从人类整体的高度强调要构建人类命运共同体，中国是负责任的大国，中华民族有信心为人类对更好社会制度的探索提供中国方案，中国有意愿也有能力为世界和平与发展事业做出新的更大贡献与担当。

在习近平治国理政思想体系中，以人民为中心、为人民担当这一核心理念传承中华民本政治文化传统，紧密联系时代发展新需要，是对历史唯物主义人学的当代阐释与政治践行。以人民为中心、为人民担当这一理念与毛泽东同志提出的“为人民服务”一脉相承，同时也是对“立党为公、执政为民”这一一贯宗旨时代化的深化与发展。这就是：以人民为中心、为人民担当突出了人民的目的性与价值主体性，指明了执政主体的责任以及执政形势的紧迫性，并且强调从“要我服务”转向更为积极主动的“我要服务”，从“要我负责”转向更为积极主动的“我要负责”，从“要我担当”转向更为积极

---

①　习近平：《立足我国国情和我国发展实践 发展当代中国马克思主义政治经济学》，《人民日报》2015年11月25日第1版。

主动的"我要担当"。这其中蕴含着为人民请命、为民族担责、为国家经略、为世界开太平的激情和热情。正是出于对人民的责任与担当,始终把人民利益放在心中最高的位置,以习近平同志为核心的党中央高压反腐、锐意改革、整党治军,"解决难题","办成大事",推动中国特色社会主义伟大事业进入新的发展阶段,党的建设伟大工程开创新局面,开辟治国理政新境界。

(二) 与人民心连心、同呼吸、共命运

马克思曾深刻地指出,人作为感性的对象性存在物是一个有激情的存在物,因而会在激情、热情这一本质力量的作用下追求自己的对象化。① 情感作为激情、热情的基础和前提,是人之精神本质的重要组成部分。情感、态度与人的实际生活经历密切相关,共同的生活经历是情感形成的基础和前提。习近平治国理政思想包含的与群众心连心、同呼吸、共命运的深厚感情不是当了总书记之后突然形成的,而是一个逐渐积累的过程。习近平同志在陕西知青插队时,就和梁家河的人民群众打成一片,结下了深情厚谊。他抱着"我要为人民做事情,要同人民唱一曲悠扬的'农家乐'"的情怀,从中央部门"下沉"河北正定②,随后经福建、浙江、上海,再到中央,直至成为党政军的最高领导人。一路走来,丰富的基层生活经历、对人民的深厚情感、为人民做事的真心奠定了习近平治国理政思想与实践的情感基础。总之,习近平总书记系列重要讲话饱含着对人民群众的深厚感情,其治国理政思想的人学意蕴突出体现在这一情感之中。

人在现实性上是社会关系的总和,密切党群干群关系是治国理政的重要方面。党的历史表明,始终保持党同人民群众的鱼水关系,同人民群众心连心是中国共产党战胜困难、化险为夷、由弱到强、长期执政的根本。新中国成立后,特别是改革开放以来,一些党员和领导干部在主观上放松了对宗旨意识、理想信念、党性修养以及"三观"的学习提升,存在"精神懈怠"的危险。在传统"官本位"文化价值与心理的作用下,一部分领导干部把自己当作"官老爷",高高在上、唯我独尊,在思想上轻视、漠视、藐视、鄙视群众,

① 《马克思恩格斯文集》,第1卷,人民出版社,2009,第211页。

② 习近平:《知之深 爱之切》,河北人民出版社,2015,第244页。

“不愿帮助基层和群众解决实际问题，甚至不愿同基层和群众打交道”①，出现了“脱离群众”的危险。习近平总书记针对新的世情、党情和国情，告诫全党：“党内脱离群众的现象大量存在，一些问题还相当严重。”②“脱离群众的现象在某些方面比十年前、二十年前、三十年前更突出了……一些党员、干部宗旨意识淡薄了，对群众的感情变化了，作风问题突出了。”③任由这些问题蔓延，就会在党群干群之间形成一种心理隔阂，形成一道无形的墙，使党和政府失掉民心，上演“霸王别姬”。要密切党群干群关系，扎扎实实为民服务、为民请命就需要做群众的贴心人、贴身人，与群众同甘共苦。

做人民群众的贴心人，从内心深处牵挂人民。习近平新时代中国特色社会主义思想强调广大党员领导干部“要做群众的贴心人，坚持全心全意为人民服务的根本宗旨，自觉贯彻党的群众路线，心系群众、为民造福，心中始终装着老百姓，先天下之忧而忧，后天下之乐而乐，真正做到心系群众、热爱群众、服务群众”。党员领导干部要急人民群众之所急、想人民群众之所想，时刻与人民群众心连心，做人民群众的贴心人。做人民群众的贴心人，首先是要从思想上真正尊重人民、敬畏人民，心系群众，思想贴民心。习近平总书记在2014年两会期间参加贵州代表团审议时动情地感叹：“我现在看到贫困地区的老百姓，确实发自内心地牵挂他们。作为共产党人一定要把他们放在心上，真正为他们办实事，否则我们的良心在哪里啊？”④只有“一枝一叶总关情”，心里时刻装着群众，把群众安危冷暖放在心中最高的位置，才能在思想上真正贴近人民，进而赢得人民的支持和拥护。其次，要端正态度，服务贴民心。习近平总书记在兰考调研时指出，政府和服务人员要有一颗为人民服务的心，对待群众要有感情，“如果我们把群众看成我们的父母，看成我们的兄弟姐妹”，我们的工作态度就会大不一样，就不会说出一些“服务忌语”。

做人民群众的贴身人，深入群众，密切联系群众。对人民群众的思想、态度和情感等心理距离往往建立在同人民群众的身体距离上。能否深入群

① 习近平：《习近平谈治国理政》，第一卷，外文出版社，2018，第369页。

② 习近平：《习近平谈治国理政》，第一卷，外文出版社，2018，第368页。

③ 习近平：《做焦裕禄式的县委书记》，中央文献出版社，2015，第35页。

④ 李斌：《“改革的集结号已经吹响”》，《人民日报》2014年3月13日第1版。

众，与群众打成一片，是检验领导干部是否心系群众、热爱群众的重要指标。毛泽东曾经指出："没有满腔的热忱，没有眼睛向下的决心，没有求知的渴望，没有放下臭架子、甘当小学生的精神，是一定不能做，也一定做不好的。"①习近平同志担任中共中央党校校长时就曾强调，调查研究是我们党深入群众、密切联系群众的重要方法，是关系党和人民事业得失成败的大问题。但是长期以来，一些调查研究蜻蜓点水、走过场、搞形式，"下基层调研走马观花，下去就是为了出镜头、露露脸，坐在车上转，隔着玻璃看"。一些领导干部官僚主义盛行，脱离群众，高高在上，"不愿帮助基层和群众解决实际问题，甚至不愿同基层和普通群众打交道"②。脱离群众、回避群众、敷衍群众、躲避群众，对基层和普通群众的切身利益、切身感受不了解不关注。任此蔓延，必将伤寒民心，破坏党的群众基础。习近平同志在《摆脱贫困》一书中说："人民群众是最实在的，他们不但要听你说得如何，更要看你做得如何。不光要听'唱功'，而且要看'做功'。"③党的十八大以来，习近平总书记求真务实，不搞形式主义，身体力行地深入基层、深入群众，体验群众生活，做人民群众的贴身人。习近平总书记要求各级领导干部为人民服务要实实在在，避免假大空、走过场、花架子。党员领导干部要做人民群众的贴身人，就应当摆正位置、放低身段、扑下身子，走进基层、"身"入基层、"身"入群众。对人民群众的生活要有真实的体验，对群众的疾苦要有直观的感受。只有如此，才能对群众的安危冷暖感同身受，才能维护人民群众切身利益，解决涉及人民群众切身利益的问题。只有与人民群众密切联系、拉近距离，政策才会接地气，政府才能有威信，党的政治基础才能稳固。

与人民群众同甘共苦，发展惠民，实绩贴民心。做人民群众的贴心人，尊重人民，就必须让改革发展成果更多更公平地惠及广大人民群众。习近平同志当选党的总书记之后就表示，要"努力解决群众的生活生产困难，坚定不移走共同富裕的道路"④。党的十八大以来，习近平总书记始终心系群众，治国理政思想强调党员干部同志要与人民群众同甘甜共苦乐，要积极创

---

① 《毛泽东选集》，第三卷，人民出版社，1991，第 790 页。

② 习近平：《习近平谈治国理政》，第一卷，外文出版社，2018，第 369 页。

③ 习近平：《摆脱贫困》，福建人民出版社，1992，第 14 页。

④ 习近平：《习近平谈治国理政》，第一卷，外文出版社，2018，第 4 页。

造条件保障和改善民生工作,千方百计加快少数民族和民族地区经济社会发展,关心生活困难群众,让各族群众得到看得见、摸得着的实惠。只有把发展实绩多用于解民生之忧、谋民生之利,让人民群众得到实惠,有更多的获得感,才是真正的贴人心、暖人心,才是真正的尊重人民群众。党的十八大以来,我国总体上已经进入"整体转型升级"的历史发展新阶段,在生产力、生产关系、社会结构、国家治理、意识形态、国际关系等方面和领域存在着突出的问题与挑战。这是一个攻坚克难的时期,这是一个需要进行具有许多新的历史特点的伟大斗争的时代,需要应对"四大考验",即长期执政的考验、改革开放的考验、市场经济的考验和外部环境的考验;要破解"四种危险",即精神懈怠、能力不足、脱离群众和消极腐败;要集中整治"四风",即形式主义、官僚主义、享乐主义和奢靡之风。面对"整体转型升级"过程中的复杂问题与风险,习近平总书记坚持人民立场,站在党和国家事业发展的高度强调要增强改革的战略定力与魄力,敢于自我革命,敢于打破僵化的思想藩篱,突破固化的利益藩篱,进一步理顺和优化利益分配格局,分好蛋糕,让全体国民共享改革发展成果。

(三)坚持"以人民为中心"的思想

人民中心论和民族复兴论是习近平新时代中国特色社会主义思想的"两大基石"①。"坚持以人民为中心"反映了习近平新时代中国特色社会主义思想的价值关怀,体现了新时代的根本价值原则。人民群众是历史的创造者,是实践主体、权力主体,也是价值主体和评价主体。从应然的角度来看,人民赋予我们权力,把我们放在一定的位置上,我们就应该为民请命;从历史规律角度看,民心向背,凡是不为人民担当、负责的团体和力量,终究会被人民所抛弃;从中国共产党革命与建设的实际经验看,凡是坚持以人民为中心,让人民当家作主,事业就会顺利发展。反之,偏离或违背人民意愿与主体地位,事业就会遭受挫折。

坚持以人民为中心,保障人民当家作主地位。社会主义现代化建设的出发点和归宿也是服务人民,乃至新时代的一切工作都是为了实现、维护和

---

① 韩庆祥:《强国时代》,红旗出版社,2018,第116页。

增进最广大人民的根本利益。习近平总书记在十九大报告中强调:"坚持以人民为中心,人民是历史的创造者,是决定党和国家前途命运的根本力量。"这对于坚持人民中心论并将其转化为实实在在的行动具有重要的推动作用。落实以人民为中心的理念,需要增强党员干部的服务意识,使之能够听进群众的批评、采纳群众好的意见,因为党领导的队伍"是彻底地为人民的利益工作的","只要你说得对,我们就改正。你说的办法对人民有好处,我们就照你的办"①。

在中国特色社会主义伟大实践征程中,政党是主心骨,发挥领导与主导作用,人民是力量基础和实践主体。只有坚持人民主体地位,依靠人民共创发展成果,勇于为人民担当、负责,才能巩固党的领导与主导地位。落实以人民为中心的理念,还要切实做到"群众利益无小事",只有妥善解决好涉及群众利益的桩桩"小事",才能够赢得人民群众的认可与支持,为"集中力量办大事"筑牢民心之基。"坚持以人民为中心"是中国特色社会主义的题中应有之义,也是习近平新时代中国特色社会主义思想的核心价值取向。

改革开放以来的现代化转型过程中,人民群众生活水平普遍提高,但也形成了一些比较突出的问题:蛋糕做大了,蛋糕分配不够公平;速度提高了,一部分人掉队了;物质生活富裕了,精神境界下滑了;房子越盖越多,群众却越来越买不起……要真正做到以人民为中心、为人民服务,就必须不断满足人民群众日益增长的新期待新诉求,坚持人民共创共享、保障人民当家作主。也只有不忘初心,坚持以人民为中心,保障人民当家作主地位,才能真正化解转型升级过程中的各种矛盾、问题与难题。

(四)尊重人民主体地位

唯物史观认为,劳动者是生产力中最为活跃的因素,人民群众作为实践活动的主体是历史发展的动力基础,是一切物质财富和精神财富的创造者,理应成为社会发展的价值主体和评价主体。中国共产党人是坚定的历史唯物主义者,历来尊重人民群众的主体地位,并为维护、确证以及真正实现人民群众的主体地位而不懈奋斗、执着追求。习近平新时代中国特色社会主

① 《毛泽东选集》,第三卷,人民出版社,1991,第1004页。

义思想突出强调人民群众的实践主体、权力主体、价值主体与评价主体的地位，“这体现了在马克思主义指导下总结历史、契合现实、展望未来的高度历史自觉和道路自觉”①，是对历史唯物主义人学的理论拓展、价值继承、政治肯定与时代践行。

认清人民实践主体地位，尊重群众首创精神。群众史观是马克思主义的基本观点和基本原理，人民群众是社会历史的创造者。正如马克思所说：“人们自己创造自己的历史。”②人民群众以其能动的实践活动改变社会现实、创造历史，从而成为社会历史发展的推动者。人民群众的生产生活实践丰富而又生动，蕴含着解决问题和矛盾的思路与方法。邓小平在 1992 年的南方谈话中高度肯定和赞扬群众的首创精神，他说：“农村搞家庭联产承包，这个发明权是农民的。农村改革中的好多东西，都是基层创造出来，我们把它拿来加工提高作为全国的指导。”③习近平总书记强调实践的优先性，指出：“人世间的一切幸福都要靠辛勤的劳动来创造。”人民群众是实践活动的主体，“人民是历史的创造者，群众是真正的英雄”④。人民群众是改革开放的实践主体，是实现国家富强、民族振兴、人民幸福的中国梦的实践主体与力量源泉，实现中国梦必须充分调动人民群众积极性、主动性和创造性，紧紧依靠人民群众。正是习近平总书记对人民群众的实践主体与历史主体地位有深刻的认识与精准的把握，因而其治国理政思想特别强调群众路线这一党的生命线与根本工作路线。走好群众路线，就必须“坚持人民主体地位，发挥人民首创精神，着力解决好人民群众最关心最直接最现实的利益问题，不断让人民得到实实在在的利益，充分调动人民群众的积极性、主动性、创造性”⑤。广大党员和领导干部应当自觉认识到人民群众实践活动所蕴含的伟大力量，“要自觉拜师人民、尊重人民、依靠人民”。中国共产党作为执政党，要科学执政、执好政并且长期执政就应当“始终坚持问政于民、问计于民、问需于民”。

---

① 郭广银：《习近平关于人民主体地位的思想》，《中共中央党校学报》2014 年第 5 期。

② 《马克思恩格斯文集》，第 2 卷，人民出版社，2009，第 470 页。

③ 《邓小平文选》，第三卷，人民出版社，1993，第 382 页。

④ 习近平：《习近平谈治国理政》，第一卷，外文出版社，2018，第 4-5 页。

⑤ 《对照检查中央八项规定落实情况讨论研究深化改进作风举措》，《人民日报》2013 年 6 月 26 日第 1 版。

敬畏人民群众权力主体地位，树立正确的权力观。人民群众权力主体论是社会主义国家政权与马克思主义政党区别于其他剥削政权与政党的显著标志。人民群众是社会历史的创造者，人民群众选择了中国共产党，并赋予党领导人民治国理政的权力。因此，从权力来源上说，权为民所赋，权力源自于人民，权力归属于人民。2010 年 9 月，时任中央党校校长的习近平同志在中央党校秋季开学典礼上的讲话就曾提出“权为民所赋，权为民所用”的观点。这是习近平同志对马克思主义权力观精髓的高度概括和精准把握。习近平同志担任党和国家最高领导人后表示：“作为国家领导人，人民把我放在这样的工作岗位上，我就要始终把人民放在心中最高的位置……兢兢业业，夙夜在公。”①习近平总书记强调要坚持和完善制度，不断发扬民主，“切实防止出现人民形式上有权、实际上无权的现象”，确保一切权力掌握在人民手中。各级领导干部一定要认识到权力的本质，认识到权力来自于党和人民，“权力是人民赋予的，要为人民用好权，让权力在阳光下运行”。国家一切权力属于人民，领导干部要树立正确的权力观，“党的干部必须敬畏权力、管好权力、慎用权力，守住自己的政治生命”②。习近平治国理政思想秉持人民赋权、阳光下行权、为人民用权的理念，要求干部树立正确的权力观，体现了权力的人民性与政治的人本性，是对马克思主义以人为本权力观的理论发展与政治践行。

维护人民群众价值主体地位，始终把人民群众当作根本目的。人民群众是社会历史活动的实践主体，是政治权力的根本主体，理应成为治国理政的价值主体、价值目的。价值主体决定价值立场，无产阶级政党的人民性价值定位决定了人民群众的立场站位。人民群众立场是中国共产党的根本政治立场，是马克思主义政党的基本特征。我们党始终坚持全心全意为人民服务的根本宗旨，努力实现和维护最广大人民群众的根本利益。改革开放进程中，我国经济社会取得了举世瞩目的成就，但也产生和积累了不少问题。一个重要的方面就是，人民群众价值主体地位与目的性维度受到市场经济资本逻辑的冲击。与此同时，传统“官本位”思想与现实权力的非制度化运作也在一定程度上违背主流意识形态对人民群众价值主体与价值立场

---

① 习近平：《习近平谈治国理政》，第一卷，外文出版社，2018，第 102 页。

② 习近平：《习近平谈治国理政》，第一卷，外文出版社，2018，第 413 页。

的承诺。习近平同志当选总书记伊始就向世界庄严宣告:“人民对美好生活的向往,就是我们的奋斗目标。”①既然人民群众是价值主体,为群众创造更好生产生活环境是我们的目标,那么治国理政就必须要维护和实现人民群众利益。习近平总书记在庆祝中华人民共和国成立65周年招待会上的讲话指出:“我们要坚持‘以百姓心为心’,倾听人民心声,汲取人民智慧,始终把实现好、维护好、发展好最广大人民根本利益作为一切工作的出发点和落脚点,让发展成果更多更公平惠及全体人民。”②党的十九大报告更是提出了要不断满足人民群众美好生活的需要。习近平新时代中国特色社会主义思想直面现实问题,强调打铁必须自身硬,要求全体党员和各级领导干部硬在作风、硬在能力、硬在精神、硬在责任与担当上,其实质就是回归党的根本宗旨、回归权力本质、回归党性、回归创党建国的初心。

保障人民群众监督与评价主体地位,确保人民当家作主。人民群众是治国理政的价值主体与价值目的,也是监督权力和评价党和国家各项工作与事业利弊得失的根本主体。人民群众作为历史的见证者,人人心中有杆秤。任何人也堵不住群众的悠悠众口,封不住历史的褒贬毁誉,因而人民群众必然是历史的监督者和评价者。习近平新时代中国特色社会主义思想主张加强党内监督、民主监督、法律监督、舆论监督,让人民监督权力,让权力在阳光下运行。党内监督、民主监督、法律监督以及国家监察体制改革等归根结底是要保障人民群众的监督与评价主体地位,是为了保障人民当家作主。尊重人民主体地位,保障人民当家作主,是中国共产党的一贯主张。习近平新时代中国特色社会主义思想注重人民群众的监督与评价:“人民的眼睛是雪亮的,人民是无所不在的监督力量。”“要织密群众监督之网,开启全天候探照灯,各级党组织和党员、干部的表现都要交给群众评判。”人心是最大的政治,“领导干部的一言一行、一举一动,群众都看在眼里、记在心上。干部心系群众、埋头苦干,群众就会赞许你、拥护你、追随你;干部不务实事、骄奢淫逸,群众就会痛恨你、反对你、疏远你”③。治国理政要自觉“让人民

① 习近平:《习近平谈治国理政》,第一卷,外文出版社,2018,第4页。

② 习近平:《在建国65周年国庆招待会上的讲话》,《人民日报》2014年10月1日第2版。

③ 中共中央文献研究室:《论群众路线:重要论述摘编》,中央文献出版社、党建读物出版社,2013,第133页。

群众参与、让人民群众作主、让人民群众受益、让人民群众满意,真正使群众成为利益的主体”,自觉接受党和人民群众的监督是领导干部的起码素质。治国理政各项政策的评价不能由领导干部自导自演、自说自话,关键要看人民群众是否欢迎。“政策好不好,要看乡亲们是哭还是笑。”“小康不小康,关键看老乡。”党和国家各项事业与各项工作的开展与发展要坚持利民标准,“检验我们一切工作的成效,最终都要看人民是否真正得到了实惠,人民生活是否真正得到了改善”。一段时期以来,干部队伍中“四风”问题严重,说话没人听,做事没人帮,群众在背后戳脊梁骨。习近平总书记告诫全党,不良作风就像一堵无形的墙会把党和政府与群众隔离、对立起来,任由其蔓延就会亡党亡国。只有不断强化作风建设,维护和保障人民群众的监督、评价主体地位,真正让人民群众当家作主,人民才会信任干部,干部才会有威信,党才会有力量。对于党员领导干部作风改进成效,也要以人民群众的评价为标准,“作风是否确实好转,要以人民满意为标准”①。党员干部做人要检点、清爽、干净,要自觉接受人民群众监督,要倾听群众意见与心声,容得下尖锐批评,这体现出人民公仆对民意的尊重与敬畏。

(五)满足人民美好生活需要

政之所兴在顺民心,政之所废在逆民心。新时代中国特色社会主义事业的兴旺发达,关键在于顺应民心、为人民谋福利。所以,满足人民美好生活需要、让人民满意成为习近平新时代中国特色社会主义思想的坚定价值目标。新时代,人民群众对美好生活的需求不断增长,既包括物质文化方面的需求,也包括国家安定、政治清明、环境优美、社会和谐、个人全面发展等方面的需求。

关照人民“美好生活需要”,要把人当成目的,彰显人民至上的价值理念。人民群众的“需要”是客观的,满足“人民日益增长的美好生活需要”的条件也是客观的。改革开放进程中,我们经历了从追求实现价值的条件向追求价值目的本身的飞跃,“从注重发展社会生产即以物为本,到注重人本

① 习近平:《习近平谈治国理政》,第一卷,外文出版社,2018,第387页。

身发展的以人为本，再到注重依靠人民、为了人民的以人民为中心”①。改革开放初期，缺吃少穿，为解决温饱问题，在一定程度上存在着把“物”当目的，把人当手段，“以物为本”、“见物不见人”的价值倾向。物资匮乏阶段，“以物为本”追求物质生产的高速度有助于快速做大“蛋糕”，有其历史合理性。但是，“以物为本”、“见物不见人”也带来了贫富差距拉大、贪污腐败、环境恶化等问题。进入新时代，落后的社会生产面貌得到了根本改观，社会主要矛盾也发生了转化，“美好生活需要”更加强烈，人的目的性地位更加凸显。顺应时代新变化，价值观建设应当关照人民“美好生活需要”，确认“美好生活需要”的客观现实性、价值合理性，确认人民群众追求“美好生活需要”的价值合法性，以此突出人的目的性，彰显人民至上的价值理念，这样社会主义核心价值观才能真正深入人心。

关照“美好生活需要”，充分尊重多样化生活，引领奋斗幸福人生。习近平总书记指出，我们的人民热爱生活，满足人民美好生活需要是我们的奋斗目标。“美好生活需要”不仅包含物质性需要、社会性需要，还包括心理性需要。它因人而异，不是可以整齐划一、千篇一律、固定僵化的。“美好既是一种客观存在，也是一种心理感知，同时具有无限的扩张性，既美好又没有止境。”②“美好生活需要”具有开放性、多样化、多层次、多方面的特点。当前，中国社会由于改革开放进程中形成的结构转型、领域分离、利益分化、价值多元，人们的生活日益个性化。社会主义核心价值观关照“美好生活需要”就应当肯定“美好生活需要”的开放性，充分尊重多样化、个性化的生活方式。但无论“美好生活需要”多么敞开，生活方式如何个性化，离开辛勤的劳动都难以收获幸福人生。“美好生活”不能等、靠、要，只有辛勤劳动、努力奋斗才能创造美好生活。价值观建设要发挥主流引导功能，倡导绿色、健康、积极的生活理念，倡导人生“奋斗幸福观”。

这就要求党和政府坚持权为民所用、利为民所谋，全方位满足人民对美好生活的向往，让改革发展成果更多更公平地惠及全体人民，不断增强人民的幸福感、获得感和安全感。增强人民的幸福感是最核心的内容，而获得感

---

① 韩庆祥、方兰欣：《改革开放以来中国特色社会主义的发展逻辑》，《中国特色社会主义研究》2018 年第 3 期。

② 赵中源：《新时代社会主要矛盾的本质属性与形态特征》，《政治学研究》2018 年第 2 期。

的提升能够为幸福感的增强创造条件，安全感的提升则能够为幸福感的增强提供保障。这里的“幸福”指的是“普遍幸福”，是能够反映社会主义大家庭温暖、体现社会主义优越性的全民幸福，是物质幸福与精神幸福的有机结合。水能载舟亦能覆舟，新时代中国特色社会主义航船能否破浪前行并顺利抵达理想的彼岸，关键在于能否获取人民群众的坚决拥护和衷心支持，说到底，就是新时代中国特色社会主义事业能否满足人民美好生活需要，能否提升群众的获得感、幸福感、安全感，能否让群众满意。

（六）坚持“共建共治共享”的价值原则

党的十八大以来，习近平总书记反复强调，小康路上一个都不能少，要让全体人民共享祖国改革发展的成果与红利，增强人民群众的获得感。新时代“坚持以人民为中心”，必然要求把人民当作主体，依靠人民建设社会主义现代化强国，鼓励人民参与国家和社会事务的治理，促进全体人民共享美好生活。上述内容概括起来就是“共建共治共享”。“共建共治共享”是习近平治国理政思想中的重要内容，也是习近平新时代中国特色社会主义思想的基本价值原则。

“共建”，讲的是建设是分享的前提，建设的过程也是分享的过程。“共治”，讲的是大家共同参与，参与的过程既是分享，也是在分配。“共享”，包括四个方面的基本内涵。一是，全民共享；二是，全面共享；三是，渐进共享；四是，共建共享。坚持“共建共治共享”的价值原则和价值方向，既是对马克思主义立场的坚持，也是中国共产党全心全意为人民服务根本宗旨的具体体现。人民是国家的主人，新时代应当坚持人民的主体地位，激发全体人民“共建”美好祖国的热情，采取有力措施保障人民“共享”发展成果，努力实现以人民“共治”为核心的国家治理现代化。将“共建共治共享”落到实处，就能够有效解决人民日益增长的美好生活需要和不平衡、不充分的发展之间的矛盾，推动新时代中国特色社会主义事业走向更大的辉煌。做到了“共建共治共享”，就能够分别从做大“蛋糕”、管好“蛋糕”、分好“蛋糕”三个方面，为实现现代化和民族伟大复兴奠定坚实的物质基础、强大的政治基础和可靠的群众基础，并且使社会充满活力、人民当家作主、全民共同富裕的社会主义优越性得以充分彰显。

二、中国特色社会主义"强起来"是新时代价值实现的保障

新时代是强国时代。"强起来"不仅是新时代中国社会主义现代化建设的目标,也体现了国家的价值诉求。中国拥有五千年的辉煌历史,但在近代却陷入落后挨打的窘境,受尽屈辱。之后,中国怀揣"强国梦",披荆斩棘,奋力前行,不仅顽强地"站起来",而且豪迈地"富起来"。进入新时代,中国终于迎来了"强起来"的曙光,正在以坚定的信念一步步实现梦想。

(一) 社会主义现代化强国是"强起来"的价值载体

"强起来"意味着中国的全面进步,意味着中国特色社会主义焕发出强大的生命力和吸引力,意味着中国在世界上拥有更大的话语权和影响力。这一切的实现都需要以建设社会主义现代化强国为载体,把新时代中国特色社会主义的价值诉求付诸现代化建设的实践之中。建设社会主义现代化强国,需要牢记"十个明确",抓实"十四个坚持",特别是要在强党、富民、强军上下功夫。中国共产党是建设社会主义现代化强国、实现民族伟大复兴的领导核心,要使中国强起来、中华民族强起来,首先党要强起来。全面从严治党,保持党的先进性,密切党与群众的血肉联系,是党强起来的不二选择。人民群众是建设社会主义现代化强国、实现民族伟大复兴的主体,只有切实满足人民群众对美好生活的需要,不断促进全体人民共同富裕,促进人的全面发展,才能够使人民群众建设社会主义现代化强国的热情不断高涨、智慧不断涌流。强国必须强军,所以要坚持富国和强军相统一,打造听党指挥、作风过硬、能打仗而且能够打得赢的新型人民军队,为建设社会主义现代化强国提供重要保障。

(二) 富强民主文明和谐美丽是"强起来"的价值主张

党的十九大报告提出的"把我国建设成为富强民主文明和谐美丽的社会主义现代化强国"①的目标,实际上内蕴着新时代"强起来的"价值主张,富强对应经济建设,民主对应政治建设,文明对应文化建设,和谐对应社会

---

① 习近平:《决胜全面建成小康社会 夺取新时代中国特色社会主义伟大胜利》,《人民日报》2017年10月28日第1版。

建设,美丽对应生态文明建设。

具言之,建设富强的社会主义现代化强国,需要完善社会主义市场经济体制,推进供给侧结构性改革,提高国家创新指数,加强乡村建设,协调区域发展。建设民主的社会主义现代化强国,需要坚持党的领导、人民当家作主和依法治国的有机统一,完善制度体系以保障人民当家作主,推进协商民主和依法治国实践,深化机构和政治体制改革,凝聚最大公约数结成新时代最广泛的爱国统一战线。建设文明的社会主义现代化强国,需要牢固掌握意识形态工作的领导权,弘扬社会主义核心价值观,强化思想道德建设,推动社会主义文艺兴盛发展,繁荣文化事业和文化产业。建设和谐的社会主义现代化强国,需要解决好人民最关切的利益问题,有效维护国家安全,加强社会保障体系建设,提高就业质量,促进共同富裕,使人民学有所教、病有所医、住有所居、老有所养。建设美丽的社会主义现代化强国,需要促进绿色发展,大力解决突出的环境问题,完善生态系统监管体制,增强生态系统保护力度。

(三)践行新发展理念是“强起来”的价值实现路径

“发展是解决我国一切问题的基础和关键”①,创新、协调、绿色、开放、共享的新发展理念具有突出的现实针对性,创造性地提出了新时代中国特色社会主义要实现“何式发展、怎样发展”的问题,为建设社会主义现代化强国、实现中华民族伟大复兴中国梦提供了实现路径。“创新”是“强起来”的钥匙,践行创新发展理念,需要全面提升我国的自主创新能力,瞄准世界先进水平,力争在关键核心技术领域取得重大突破。“协调”是“强起来”的必然要求,践行协调发展理念需要牢牢把握中国特色社会主义“五位一体”的总布局,促进城乡区域、行业部门协调发展,推动国家硬实力和软实力的全面提升。“绿色”是“强起来”的题中应有之义,践行绿色发展理念需要树立绿水青山就是金山银山的理念,坚持人与自然的和谐共生,建设生产发展、生活富裕、生态良好的美丽中国。“开放”是“强起来”的动力,践行开放发展理念需要顺应世界大势,冷静分析中国与美国等发达国家的差距并迎

---

① 习近平:《决胜全面建成小康社会 夺取新时代中国特色社会主义伟大胜利》,《人民日报》2017年10月28日第1版。

头赶上，提高我国在国际事务中的话语权。“共享”是“强起来”的保障，践行共享发展理念需要坚持“以人为本”的发展观，这里的“本”是指与物相比人是根本，这里的“人”是全体人民而非少数群体，唯有如此，方能夯实“强起来”的民心基础。

三、坚持和发展中国特色社会主义是新时代价值实现的载体

中国特色社会主义是中国共产党和中国人民的伟大创举，是党和人民依据中国国情、历经艰辛努力取得的根本成就，是新时代建成社会主义现代化强国和实现中华民族伟大复兴的必由之路。中国已经建立了社会主义制度，正在建设的是初级阶段的社会主义而不是别的主义。坚持和发展中国特色社会主义是新时代中国发展的根本方向，也是中国共产党在新时代的基本价值追求。

（一）坚持和发展中国特色社会主义承载了党的共产主义价值追求

新时代新思想坚定共产主义远大理想。马克思主义认为，共产主义是人类发展的最终目标，“它是人和自然界之间、人和人之间的矛盾的真正解决”①。如何实现共产主义，许多国家和政党都进行了艰辛的探索。以马克思主义为指导的中国共产党，自成立之日起就把共产主义确立为自己的最高纲领与远大理想，并为之进行了艰苦卓绝的斗争。改革开放进程中，中国成功开创并发展了中国特色社会主义事业。中国特色社会主义包含两重含义，一是，就性质而言，中国高举社会主义大旗，坚定社会主义方向；二是，就特色而言，它符合中国国情、彰显中国特色。“东欧剧变”之后，共产主义理想信念受到前所未有的冲击，但中国共产党始终坚守着最高纲领，带领人民一步一个脚印地建设中国特色社会主义，以举世瞩目的成就展现中国化马克思主义的魅力，坚定人们对共产主义的信念。中国特色社会主义理论是指导党和人民建设社会主义的思想引领，中国特色社会主义制度是当代建设社会主义的制度保障，中国特色社会主义文化是凝聚党心民心、共建美好

---

① 《马克思恩格斯文集》，第1卷，人民出版社，2009，第185页。

社会主义国家的强大精神力量。事实证明,中国特色社会主义具有强大的张力和生命力,是实现共产主义价值目标的可行路径。进入新时代,我们党以全新的视野深化了对社会主义建设规律的认识,形成了习近平新时代中国特色社会主义思想。习近平新时代中国特色社会主义思想明确了新时代的主题就是继续坚持和发展中国特色社会主义,矢志不渝地把共产主义理想作为力量源泉和最高奋斗目标。习近平新时代中国特色社会主义思想明确了新时代的总任务是全面建成小康社会进而建成社会主义现代化强国,就是在为最终实现共产主义目标创造条件。进入新时代,中国特色社会主义已经成为世界社会主义的中流砥柱,只有坚持和发展中国特色社会主义,才能实现党的最高价值目标。

(二) 中国特色社会主义是"为中华民族谋复兴"的必由之路

伟大事业承载伟大梦想。习近平指出:"只有社会主义才能救中国,只有坚持和发展中国特色社会主义才能实现中华民族伟大复兴。"①"为中华民族谋复兴"是中国共产党的重要任务和价值理想,也是几代中国人的素志。党成立之后,领导人民砥砺前行,推翻了"三座大山",成立了新中国,开启了欣欣向荣的社会主义事业,使中华民族站立起来,一改受人欺凌的形象。改革开放以来,中国共产党领导人民谱写了中国特色社会主义的新画卷,显著增强了我国的综合国力,全面改善了人民的生活水平,极大地提升了中华民族的国际地位。新时代,中国共产党坚持和发展中国特色社会主义,把习近平新时代中国特色社会主义思想作为民族复兴的行动指南,把进一步完善的中国特色社会主义制度作为民族复兴的制度保障,把越走越宽广的中国特色社会主义道路作为民族复兴的实现路径,迎来了民族复兴的光明前景。习近平强调:"实现中国梦必须走中国道路。这就是中国特色社会主义道路。"②这条道路是历史的选择,是人民的选择,是符合中国实际的选择,是实现民族复兴中国梦的必由之路。正是由于创立并坚持了中国特色社会主义,我们离民族复兴的目标才越来越近,继续坚持和发展中国特色社会主义,民族复兴的目标才能够尽快实现。

---

① 习近平:《在第十三届全国人民代表大会第一次会议上的讲话》,人民出版社,2018,第7页。

② 习近平:《习近平谈治国理政》,第一卷,外文出版社,2018,第39页。

（三）坚持和发展中国特色社会主义是新时代党治国理政的根本主张

新时代党治国理政的根本主题和价值导向就是坚持和发展中国特色社会主义。新时代，实现“两个一百年”奋斗目标是党治国理政的重要关切，而小康社会的全面建成与社会主义现代化国家的建成都需要坚持和发展中国特色社会主义。党治国理政的现实依据是坚持和发展中国特色社会主义的现实需要，党治国理政的“五位一体”总体布局“是由中国特色社会主义是全面发展的社会主义所决定的”，党治国理政的“四个全面”战略布局“是对在新的历史条件下如何坚持和发展中国特色社会主义的战略谋划”①，党治国理政的精神引领是“四个自信”，即对中国特色社会主义的道路、制度、理论与文化的自信，党治国理政的历史使命就是坚持和发展中国特色社会主义。总之，党在新时代关于改革发展稳定、治党治国治军、内政外交国防等方面的一切方针、政策的制定都是为了坚持和发展中国特色社会主义。新时代，我国社会主要矛盾发生转化，世情、国情、党情与之前相比有了很大不同，这就对党治国理政提出了新要求、新挑战，敦促党做出更高水平的顶层设计和战略部署。而中国特色社会主义如同定海神针，只要坚持和发展中国特色社会主义，就能保证党在治国理政方面持续创造辉煌。

四、培育和践行社会主义核心价值观

人无精神不立，国无精神不强。社会主义核心价值观凝结着全体人民最为基础性的价值追求，是我们在新时代的历史条件下应对重大风险挑战、克服重大阻力、解决重大矛盾、实现中华民族伟大复兴的精神支撑。习近平总书记指出：“对一个民族、一个国家来说，最持久、最深层的力量是全社会共同认可的核心价值观。”②改革开放进程中，持续性的结构转型、领域分离带来了利益博弈和思想分化。党的十八大报告在强调“加强社会主义核心价值体系建设”的基础上首次明确提出了“三个倡导”的社会主义核心价值

---

① 邸乘光：《坚持和发展中国特色社会主义：习近平治国理政思想的鲜明主题》，《宁波日报》2017年1月19日第A9版。.

② 习近平：《习近平谈治国理政》，第一卷，外文出版社，2018，第168页。

观。党的十九大报告总结五年成就，指出“社会主义核心价值观和中华优秀传统文化广泛弘扬”。党的十九届五中全会审议通过的《中共中央关于制定国民经济和社会发展第十四个五年规划和二〇三五年远景目标的建议》，提出了“十四五”时期“社会主义核心价值观深入人心”的目标要求。党的二十大报告总结十年成就，指出“社会主义核心价值观广泛传播”，同时强调“广泛践行社会主义核心价值观”，“把社会主义核心价值观融入法治建设、融入社会发展、融入日常生活”。培育和践行社会主义核心价值观是构筑中国社会共同价值基础、汇聚实现中华民族伟大复兴磅礴精神力量的基础性工程。进入新时代，社会主义核心价值观作为一个开放、生成的体系要立足变化了的实践与实际，对已有核心理念进行再阐释和深化，同时注意强化国际化表达与传播，强化实践养成，做好全方位融入，在引领构建人类命运共同体的进程中实现核心价值理念的升华。

（一）丰富内涵阐释，强化国际传播

意义是在不断地阐释中形成、丰富、完善和存续的。社会主义核心价值观作为一个开放、生成的体系要立足变化了的实践与实际，对已有理念进行再阐释和深化，同时注意强化国际化表达与传播，在引领构建人类命运共同体的进程中实现核心价值理念的升华。

与时俱进地丰富和深化对社会主义核心价值观的内涵阐释。随着社会主要矛盾的转变，国家、社会与公民的关注和诉求必然出现新变化，对社会主义核心价值观之核心理念的阐释也需要与时俱进。例如，社会主义核心价值观倡导的“富强”，我们一般将其理解为国家层面的追求，即国家富裕、国家强大。进入新时代，我国经济体量稳居世界第二，国家财政收入连年大增，中华民族迎来了从站起来、富起来到强起来的伟大飞跃。国家富强了，人民希望过上更美好的生活，期待更高的收入，社会主义核心价值观建设应当适时对“富强”进行再阐释，引申并强调人民物质层面富裕、体格与精神方面强健的内涵。这种再阐释，一方面有助于形成推动政府提升效率、精简机构、减税减负的价值舆论，另一方面能够增强民众美好生活获得感，积极引导国人强健体格与精神。把握社会主要矛盾与实践的新变化，对社会主义核心价值观所倡导的价值理念适时进行合理再阐释，不仅是社会主义现

代化建设实践的需要，也是社会主义核心价值观自我完善发展的内在逻辑使然。

抓住有利契机强化社会主义核心价值观的国际表达与传播。长期以来，“西强我弱”的国际大格局下中国的价值观一定程度上处在失语状态。改革开放的伟大成就不仅提升了中国人民建设现代化经济体系的信心，而且为社会主义核心价值观的国际表达与传播创造了条件。中国社会主要矛盾的转变意味着走出物资匮乏阶段，中国人的文化精神生活将日益丰富，为中国文化繁荣兴盛奠定了基础。伴随中国全球影响力与国际地位的大幅跃升，国际社会高度关注中国的立场、观点和声音，这为社会主义核心价值观对外传播提供了新的历史机遇。我们一方面要练好内功，不断完善和发展社会主义核心价值观，同时，也要更加注重社会主义核心价值观的国际化传播，扩大国际社会对我国社会主义核心价值观的认知与认同。社会主义核心价值观建设要在理念内涵和理论体系建构的基础上做好话语体系、传播体系建设，在国际上讲好“中国故事”，传播“中国价值”，展示“中国精神”和“中国形象”。

（二）培养时代新人，构筑中国精神与力量

人是价值观的生成主体、实践主体，也是价值观传承、发展的活跃载体。青年人作为未来社会的主体，其价值取向决定了未来社会的价值取向。社会主要矛盾转化，中国特色社会主义进入了新时代，伟大事业需要千百万有理想、有道德、有文化、有纪律的时代新人勠力同心、共谋大业。广大青年正处于千帆竞发、百舸争流的奋进时代，担负着民族复兴的历史重任，寄托着国家的前途、民族的未来。奋进的时代、复兴的路上需要具有坚定信仰、远大志向、大情怀大担当的时代新人。社会主义核心价值观建设必须把培养担当民族复兴大任的时代新人作为一项重大而长期的任务抓实、抓好。

经济建设取得巨大成功的背后必定有精神的支撑与价值的引领。改革开放过程中中国社会主要矛盾转变，“中国道路”“中国奇迹”的背后是“中国精神”。“中国精神”包含以爱国主义为核心的民族精神和以改革创新为核心的时代精神两方面的基本内容，是中华民族团结一心、与时俱进、自强不息的精神力量。社会主义核心价值观凝结全体人民共同的价值追求，形

塑着中国人的精神世界，是当代中国精神的集中体现。随着我国社会主要矛盾的转化，人们的利益、需要和关注点更加差异化、个性化，多种思潮、多样价值观并存的文化生态中意识形态领域斗争必然更加复杂。改革开放到了“船到中流浪更急、人到半山路更陡的时候，是一个愈进愈难、愈进愈险而又不进则退、非进不可的时候”①。站在新的历史关头，夺取中国特色社会主义新胜利，需要持续推进社会主义核心价值观建设，使之更深入地“内化于心”构筑中国精神，更加有效地“外化于行”汇聚中国力量。

（三）拓宽社会主义核心价值观的全面融入

回答时代要求，贯彻落实“十四五”规划，推进社会主义核心价值观深入人心，需要进一步拓宽和做好社会主义核心价值观的全面融入、深度融入。努力让社会主义核心价值观“乡土化”融入乡村振兴战略，“制度化”融入法治实践，“规范化”融入社会治理，“常态化”融入学校教育，“生活化”融入千家万户，是“十四五”时期实现社会主义核心价值观深入人心的着力点。

第一，“乡土化”融入乡村振兴战略。现代化进程中的急剧转型，农民在传统文化与现代文化的交织中、在城市工业文明与乡土传统习俗的碰撞中，往往不知何去何从，容易出现文化的断裂和价值观的错乱。广大农村地区的传统价值在淡化或流失，精英价值没落带来一定程度的价值失序、认同阙如及凝聚弱化等问题。全面推进乡村振兴，把乡村建设摆在社会主义现代化建设的重要位置。现代化不仅是器物、制度的现代化，更重要的是人的思想观念的现代化。要结合农民的生活实际和思想实际，采用通俗易懂的语言进行本土化和情景化的话语转换，重构话语体系，组织小组讨论、小组漫谈等，强化对这些概念的认识。② 需要注意的是，社会主义核心价值观的“乡土化”转化要把握实质和重点，不能“随意化”，更“不能望文生义地理解”③。乡土化路径主要体现在加强乡村基层党组织建设、倡导乡村新集体

① 习近平：《在庆祝改革开放40周年大会上的讲话》，《人民日报》2018年12月19日第2版。

② 张振波：《乡村振兴战略中社会主义核心价值观的乡土化》，《南京邮电大学学报》（社会科学版）2019年第1期。

③ 吴潜涛：《深化社会主义核心价值观研究的几点思考》，《社会主义核心价值观研究》2019年第1期。

主义观念、培育乡村独特的公共文化、提升乡村治理体系和治理能力等方面，发挥社会主义核心价值观在建构农村农民价值观念体系过程中的主导性地位和引导规约功能。以社会主义核心价值观的乡土化转变引领乡村振兴战略，夯实乡村振兴战略推进的思想、精神与文化基础；以乡村振兴战略推动农村地区社会主义核心价值观深入人心。

第二，“制度化”融入法治实践。社会主义核心价值观作为最大价值“公约数”，建立在绝大多数社会成员的自觉认知、自愿认同和自律践行基础上。但是，对每一个社会成员来讲，作为全社会倡导的共同价值观又有一定的外在性。“徒善不足以为政”，社会主义核心价值观建设仅靠内在的道德良心是不够的。法律是道德的最后底线，法治实践是道德建设的强大推力。社会主义核心价值观深入人心，需要法律、法制层面的确证和保障，也需要法治层面的融入和传导。2021 年初，中共中央印发了《法治中国建设规划（2020—2025 年）》，对“十四五”时期统筹推进法治中国建设进行了总体谋划，强调努力让人民群众在每一项法律制度、每一个执法决定、每一宗司法案件中都感受到公平正义。“徒法不足以自行”，推进全面依法治国离不开社会主义核心价值观的理念支撑。“十三五”时期，中央出台了《关于进一步把社会主义核心价值观融入法治建设的指导意见》和《社会主义核心价值观融入法治建设立法修法规划》，明确了“坚持以社会主义核心价值观引领文化建设制度”。但是，时间还比较短，社会主义核心价值观“制度化”融入法治实践的广度和深度还远远不够。“十四五”时期，加快法治中国建设与社会主义核心价值观深入人心相得益彰，要进一步把价值观制度化融入法治建设实践，让全面依法治国实践成为弘扬和传导社会主义核心价值观的重要渠道，同时，以价值观的有效融入助推全面依法治国实践。

第三，“规范化”融入社会治理。随着“政府—市场—社会”三元社会结构的形成，社会领域对个人的影响和作用越来越突出。社会主义核心价值观建设和社会治理水平是“相互影响、互为补益”的关系。① 社会主义核心价值观，不能仅仅停留在观念层面，而要深入社会生活，否则就会被束之高阁。社会主义核心价值观“深入人心”，需要能够“规范化”融入社会治理实

① 郑永扣、钟科代：《加强农村社会主义核心价值观建设是实施乡村振兴战略的重要任务》，《社会主义核心价值观研究》2021 年第 4 期。

践并且能够在社会建设中起到导向性作用。一方面,社会主义核心价值观为社会治理提供价值引领和价值规范,推动社会治理更加现代化、人性化;另一方面,社会治理本身作为一种政治上层建筑和公共性实践对培育和践行社会主义核心价值观意义重大。将社会主义核心价值观“规范化”融入社会治理的各领域、各方面、各环节,既是规范和创新社会治理的现实要求,也是践行社会主义核心价值观的必然选择。其一,创新社会治理体制,把社会主义核心价值观“规范化”融入并引领共建共治共享的社会治理格局;其二,坚持德润人心,强化道德约束,用文化、价值观的规范功能丰富社会治理方式;其三,将社会主义核心价值观的培育和践行向基层下移落到城乡社区,不断完善惩恶扬善机制,培育风清气正的社会氛围。“十四五”时期要努力使社会治理的过程成为培育和践行社会主义核心价值观的过程,在推进社会治理中使社会主义核心价值观进一步转化为人们普遍认同的社会规范和行为习惯。

第四,“常态化”融入学校教育。学校是学生学习成长的主阵地、主环境,也是学生集体生活度最高、时间最长、学的东西最多、相互影响和改变最多的地方。青少年学生是未来社会的主体,他们在学校接受什么样的价值观教育,未来的社会就是什么样的。“十四五”时期,面对急剧的社会转型带来的利益分化、思想多元、价值冲突,以及世界百年未有之大变局背景下异质意识形态和价值观对我国青年学生的渗透、分化加剧的形势,进一步推动社会主义核心价值观深入人心,巩固团结奋斗的思想基础,学校应当担负好社会主义核心价值观“常态化”融入的主阵地、主渠道、主课堂的教育引导责任。其一,要进一步把社会主义核心价值观的基本内容“常态化”融入学校教育教学全过程。“常态化”融入不是搞运动式的推进,而是要系统谋划和推进社会主义核心价值观进教材、进课堂、进头脑,不断优化“三进”理念、整合“三进”载体、创新“三进”方法、探索“三进”机制,切实提高“三进”工作的常态效应。其二,要把社会主义核心价值观作为一种规范和要求“常态化”融入校风学风、师德师风建设。也就是说,要把社会主义核心价值观融入校园的每个角落,成为校园环境和学生学风的底蕴,成为师生共同遵循的价值原则、价值理念、价值规范,使之成风化俗、形成习惯、成为标准。教师作为学生成长的引路人"要努力成为青年学子的'活环境'"①，用彻底的理论征服学生，用高尚的行动示范带动学生，在学生心中种下真善美的种子，种下一辈子做人做事的基本规范和要求。

第五，"生活化"融入千家万户。价值观若要有生命力，就必须能够走进千家万户，关注和融入百姓生活，能够在百姓的日常生活中发挥作用。现代化伴随着一定程度的社会结构转型，家庭结构也发生了许多变化。但是，家庭依然是社会的基本细胞，是人生的第一所学校，对个人价值观的养成有重要影响。通常来讲，日常生活主体对某种价值观形成认同需要经历一个复杂的过程：知性层面领悟（认知），感性层面经历与体验（认同），坚定意志和信念（认定）。其一，社会主义核心价值观深入人心，需要真正被民众普遍接受、理解和践行，则必须"生活化"融入千家万户的日常生活，成为大众日常生活的价值理念和行为规范。"十四五"时期，要对社会主义核心价值观进行更为贴近生活的宣传、解读和阐释，以直观具体、鲜活生动的面貌呈现其丰富内涵、精神实质、具体要求，从而更有利于社会主义核心价值观为日常生活主体所熟知。其二，人们的情感认同都是在具体生活实践中形成的。要把社会主义核心价值观更加生活化地融入家教、家风建设，让更多人在日常生活增强对社会主义核心价值观的经验感知和情感认同。其三，人是环境的产物，主体价值信仰的坚守受到外部环境的双重作用。外部环境有利，就会强化主体价值信仰和价值观认定。外部环境不好，就会干扰、弱化甚至动摇特定主体的价值认知、价值信仰和价值选择。要使社会主义核心价值观深入人心，"需要营造和形成有利于培育和践行社会主义核心价值观的生活情境和社会氛围"②，特别是要推动形成一种向上向善的社会风气，使人们以践行社会主义核心价值观为荣，以违背社会主义核心价值观为耻。

五、在"共同价值"的原则上实现价值理念升华

中国特色社会主义新时代，是中国人民奋力实现伟大梦想的时代，是中

---

① 陈治亚：《把社会主义核心价值观教育融入学校教育全过程》，《中国高等教育》2015 年第 23 期。

② 何林、赵红艳：《让社会主义核心价值观融入日常生活》，《中国社会科学报》2019 年 7 月 23 日第 2 版。

国日益走近世界舞台中央、推动构建人类命运共同体并不断为全世界做出更大贡献的时代。面对世界纷繁复杂局势，习近平总书记强调人类“共同价值”是全人类的基本价值。“共同价值”也是社会主义核心价值观的重要价值资源，是新时代中国特色社会主义在世界维度的价值取向。

（一）“和平、发展、公平、正义、民主、自由”是全人类的共同价值

价值是指在实践基础上形成的主体与客体之间的意义关系。价值可以说具有两重含义，或者说具有两个不同的层次。价值的基本含义是能满足一定的需要，这是功用价值；价值的隐性一层的含义是内在价值，其本身具有优异的特性。从人类的角度来看，人类本性上具有通约性。因此，人在基本关系的处理上存在着最为基础性的共识。人类共同价值基于共同人性，是各个民族、各个国家在实践活动过程中总结出来的、提炼出来的。自古至今，公平与正义一直以来都是人类的至高追求。在当今世界，人类越来越成为一个联系紧密的共同体，和平与发展成为时代潮流。随着世界范围内的民主化进程，民主与自由也成为一种基本性的价值共识。

习近平指出：“和平、发展、公平、正义、民主、自由，是全人类的共同价值。”①和平与发展是全世界的民心所向，是人类生存与发展的前提和基础，没有和平与发展，其他一切都会沦为空谈。当今世界，局部地区战火不断、民不聊生，人类和平的问题远未解决。新时代的中国愿意同各国人民共命运，为维护世界和平做出更大的贡献。发展是世界的主题，是缩小全球差距、解决当前存在的各种问题的基本途径。没有发展，人类就无法进步，特别是对于发展中国家来言，没有发展，在发达国家面前就没有平等的话语权，公平世界就无从谈起。公平与正义是全人类的呼声，是人类关系和谐的根本保障，也是国际关系和谐所应秉持的基本原则。构建人类命运共同体需要建立公平的伙伴关系、营造正义的国际环境、谋求互利互惠的发展前景，所以，公平与正义是构建人类命运共同体的价值之魂。民主和自由符合全世界人民的共同利益，是世界人民共同的企盼。民主就是人民当家作主，自由就是正当权利不受侵犯。构建人类命运共同体，需要尊重各国人民自

---

① 习近平：《习近平谈治国理政》，第二卷，外文出版社，2017，第522页。

主选择发展道路的权利,坚持体现国际关系民主化原则的共商共建共享的全球治理观。

(二)"共同价值"彰显了中华文明价值理念的普遍意义

习近平提出的"全人类的共同价值"植根于中华文明,是对中华文明价值理念的当代阐释,彰显了中华文明价值理念的普遍意义。崇尚和平、维护正义的中华文明价值理念不仅适用于中国,也适用于整个人类命运共同体。"和为贵""协和万邦""以德服人""化干戈为玉帛""为万世开太平"等为"全人类的共同价值"之和平提供了滋养。"仁者,爱人""己所不欲勿施于人""大道之行也,天下为公""以公正论,以法制断""奉三无私以劳天下""均贫富,等贵贱"等为"全人类的共同价值"之公平与正义提供了滋养。"己欲立而立人,己欲达而达人""智者顺时而谋,愚者逆时而动"等为"全人类的共同价值"之发展提供了滋养。"民为贵""民之所欲,天必从之""水能载舟亦能覆舟"等为"全人类的共同价值"之民主提供了滋养。"从心所欲不逾矩""独与天地精神往来"等为"全人类的共同价值"之自由提供了滋养。中华文明不仅是中华儿女的智慧结晶,也是全人类共同的精神财富。新时代的中国人肩负着实现中华民族伟大复兴的伟大使命,这就迫切需要挖掘中华文明中的有益资源,增强文化自信,增进东西文明的交流互鉴,为构建"全人类的共同价值"贡献中国智慧。

(三)"共同价值"对当代世界的重要意义

人类共同价值强调全人类的共识,这一共同价值基于人的共同本质和需要,在范围上突出不分国家与社会制度的全人类与全球范围。习近平总书记提出的"全人类的共同价值"符合全世界人民的利益。人类共同生活在浩瀚宇宙中的一个小星球——地球上,是同呼吸、共命运的一家人。"全人类的共同价值"不同于西方的"普世价值"。西方所谓的"普世价值"源自西方的历史文化,反映了资产阶级的利益和意志,以"普世标准"掩盖多元标准,将价值性知识包装为真理性知识,事实上是想要在全世界实现资本主义制度的一统天下。而"全人类的共同价值"则具有强大的包容性,主张国家不分贫富、大小、强弱一律平等,尊重各国人民自主选择发展道路的权利,坚持共商共建人类命运共同体,共享发展机遇和发展成果。

“全人类的共同价值”理念虽然植根于中华文明之中,但以其巨大的理论张力而具有了世界性的意义,提升了我国的国际话语权和影响力,为促进国际公平正义贡献了中国智慧和力量。“和平、发展、公平、正义、民主、自由”符合世界各国人民的福祉,为构建人类命运共同体提供了伦理支撑,有利于人类的永续发展。坚持人类共同价值的方向,各种地方性、民族性的价值观才是符合人性的价值观,由此进行的各种实践活动才可能避免走入误区。“全人类的共同价值”作为“共同”的价值,理应是和而不同的,因而是能够开放包容的,需要以积极有为的态度和超越突破的引领力参与到全球价值体系的重塑之中。要坚持在“全人类的共同价值”的指引下,不断增强异质文化的交流互鉴,促进不同文明、价值观的交流碰撞、取长补短,为大变局时代下全球治理、人类文明发展提供普遍认同和共同遵循的价值共识、伦理标准,从而能够为人类文明进步作出贡献。

在引领构建人类命运共同体的进程中实现核心价值理念的升华。随着社会主要矛盾转变与历史方位变迁,中国进入了“日益走近世界舞台中央、不断为人类作出更大贡献的时代”,“中国道路”“中国价值”的合理性得到实践宣示,也得到国际社会的普遍赞誉。放眼世界,人类命运休戚与共成为一个你中有我我中有你的“地球村”,但“信任赤字、和平赤字、发展赤字、治理赤字”等全球性问题和挑战日益突出。世界发展与人类文明处在一个新的十字路口关键期,不仅需要“舌尖上的中国”,更需要“理论中的中国”“价值中的中国”。构建人类命运共同体是中国为共同应对和破解全球性问题、维护人类“共同价值”而提出的中国方案。人类“共同价值”和“命运共同体理念”为新时期社会主义核心价值观建设指明了新的方向,提供了新的基本遵循。社会主义核心价值观的建设需要在文明互鉴中吸收全人类共同的文明成果,沿着人类“共同价值”的方向进行交流、碰撞、提升和完善,在引领构建人类命运共同体的实践中实现价值理念的升华。

第十章　一以贯之:坚持和发展中国特色社会主义

习近平总书记在庆祝改革开放40周年大会上的讲话指出:“改革开放40年来,我们党全部理论和实践的主题是坚持和发展中国特色社会主义。”①“新时代中国特色社会主义是我们党领导人民进行伟大社会革命的成果,也是我们党领导人民进行伟大社会革命的继续,必须一以贯之进行下去。”②中国特色社会主义进入新时代,我们站在了实现“强起来”的历史新起点上。新的历史起点上,我们面临更加复杂的环境和更加艰巨的任务,要进行具有许多新的历史特点的伟大斗争。不辜负这个伟大的时代,需要我们把握好新时代赋予的历史使命。“坚持和发展什么样的中国特色社会主义、怎样坚持和发展中国特色社会主义”是党在新时代面临的一个重大时代课题。以习近平同志为核心的党中央把握新时代的发展机遇,不忘初心、牢记使命、砥砺前行,坚持中国道路、构筑中国理论、唱响中国声音,全面深化改革,推动国家治理体系和治理能力现代化。

一、在本质与特色的统一中坚定中国特色社会主义道路自信

透过现象抓本质,从个性中找共性是哲学的基本方法。习近平新时代中国特色社会主义思想从科学社会主义基本原则和中国具体特色相结合的角度回应质疑、廓清认识,对中国特色社会主义的本质进行“定性”。本质属性澄清之后,继续坚持和发展中国特色社会主义就是主题和方向,而“中

---

① 习近平:《习近平谈治国理政》,第三卷,外文出版社,2020,第184页。

② 习近平:《坚持和发展中国特色社会主义要一以贯之》,《求是》2022年第18期。

国道路”就是通达这一主题和方向的实现途径、必由之路。

（一）定性中国特色社会主义

哲学上讲，本质是事物内部深层的、相对稳定的联系，现象（特色）是事物外在比较表面和多变的联系。一种本质可以表现为多种现象，同一种现象可能本质根据不同。中国特色社会主义不是一个静态的抽象概念，而是复杂的过程和实践，正确认识其与“社会主义”的共性本质规定和特殊显性特征是一个重大问题，也是一个难题。长期以来，国内外舆论时不时都有关于中国现在搞的是不是社会主义的疑问和争论，甚至将中国特色社会主义污名化、标签化。他们有的说中国搞的是“资本社会主义”，有的说是“威权资本主义”“新官僚资本主义”，还有的干脆直接给贴上“国家资本主义”的标签，如此等等，不一而足。面对这些不同声音，习近平总书记特别善于运用哲学智慧，透过现象抓本质，从“科学社会主义基本原则”与“中国特色”两个层面对“中国特色社会主义”予以正名、定性。他指出，“社会主义并没有定于一尊、一成不变的套路”①，中国特色社会主义坚持党的领导、人民当家作主、共同富裕，其本质是“社会主义”，“是科学社会主义理论逻辑和中国社会发展历史逻辑的辩证统一”②。中国特色社会主义究其根本而言，遵循并体现着科学社会主义的内在规定和本质属性。同时，中国特色社会主义作为一种具体形态的“社会主义”，既立足中国具体国情与实际、反映中国人民意愿，又有中国独特的历史、文化底蕴，具有鲜明的“中国特色”。所谓的“中国特色”不但与科学社会主义的基本原则不冲突，而且是科学社会主义基本原则在中国特殊国情与实际上的具体体现。“中国特色社会主义特就特在其道路、理论体系、制度上，特就特在其实现途径、行动指南、根本保障的内在联系上，特就特在这三者统一于中国特色社会主义伟大实践上。”③在这些特色之中，最能够彰显中国特色社会主义本质特征与优势的是中国共产党的领导。从“基本原则”和“特色”两个层面的结合中认识中国特色社会主义，进而定性中国特色社会主义，不仅廓清了认识，而且回应

---

① 习近平：《习近平谈治国理政》，第三卷，外文出版社，2020，第76页。

② 习近平：《关于坚持和发展中国特色社会主义的几个问题》，《求是》2019年第7期。

③ 习近平：《习近平谈治国理政》，第一卷，外文出版社，2018，第9页。

了质疑，为中国特色社会主义提供了合法性论证。

（二）定心坚持和发展中国特色社会主义

所谓“定心”，讲的是下定决心、坚定信心、持以恒心、保持定力。“站立在九百六十多万平方公里的广袤土地上，吸吮着五千多年中华民族漫长奋斗积累的文化养分，拥有十三亿多中国人民聚合的磅礴之力，我们走中国特色社会主义道路，具有无比广阔的时代舞台，具有无比深厚的历史底蕴，具有无比强大的前进定力。”①

方向决定道路，道路决定前途和命运。“中国道路”是中国特色社会主义道路的简称。“中国道路”是党团结带领人民经过长期探索、不断实践摸索出来的正确道路，是改革开放进程中坚持和发展中国特色社会主义所取得的最大成果，也是40多年来我们党全部理论和实践的主题。“中国道路”是当代中国长治久安、快速发展、实现现代化的必由之路，是人民群众创造美好生活的必由之路。“不论怎么改革、怎么开放，我们都始终要坚持中国特色社会主义道路。”②习近平总书记强调：“全党必须高举中国特色社会主义伟大旗帜，牢固树立中国特色社会主义道路自信、理论自信、制度自信、文化自信，确保党和国家事业始终沿着正确方向胜利前进。”③

首先，中国特色社会主义发展了中国，使中国大踏步赶上了时代并日益接近实现中华民族伟大复兴的奋斗目标。改革开放进程中，党领导人民成功开创了中国特色社会主义道路。中国特色社会主义道路改变了中国一穷二白的旧面貌，改变了落后农业国的后发现状，逐步实现了温饱、小康，进而实现了全体人民的小康。中国特色社会主义道路坚持向改革要动力，持续扩大对外开放，使中国日益走近世界舞台的中央，增强了中国的硬实力和软实力，提升了中国的国际话语权，重新塑造了国家形象、民族形象。中国特色社会主义道路是中国的富强之路，是中国改变历史命运的正确选择，也是在新的历史条件下继续夺取中国特色社会主义新胜利、实现中华民族伟大复兴的正确道路。这条道路经过历史和实践的检验，符合科学社会主义的

① 习近平：《习近平谈治国理政》，第三卷，外文出版社，2020，第55页。

② 习近平：《关于坚持和发展中国特色社会主义的几个问题》，《求是》2019年第7期。

③ 习近平：《习近平谈治国理政》，第二卷，外文出版社，2017，第59页。

基本原则，贴合中国的具体实际，顺应中国人民的意愿，必须倍加珍惜、长期坚持。

其次，中国特色社会主义是实现新时代奋斗目标的必由之路。中国特色社会主义是马克思主义基本原理同中国具体实际相结合、同中华优秀传统文化相结合的产物，离开五千年中华文明史，也就不可能有什么中国特色。中国特色社会主义不仅发展了中国，而且引领中国实现“强起来”。进入新时代，“中国道路”不仅承载着全面建成小康社会、实现社会主义现代化、全面建成社会主义现代化强国的历史使命，而且承载着实现中华民族伟大复兴中国梦的历史期盼。面对艰巨繁重的国家发展任务，面对风云变幻的国际形势，我们必须坚定道路自信，不走封闭僵化的老路，不走改旗易帜的邪路，毫不动摇走党和人民在长期实践中开辟出来的正确道路，奋力开拓中国特色社会主义更为广阔的发展前景。

同时，中国特色社会主义为发展中国家走向现代化提供中国方案，具有重要的世界意义。改革开放开创了中国特色社会主义伟大事业，经过长期的不懈努力，中国特色社会主义道路越走越宽广。党的十八大以来，中国特色社会主义进入新时代，中国日益走近世界舞台中心，世界上的事情越来越离不开中国的参与，世界的发展越来越需要中国。“中国道路”不仅让中国快速发展富起来，而且使国家和民族在融入世界中始终能够保持独立性。“中国道路”帮助中国这个世界上最大的发展中国家实现了大规模的脱贫，“中国道路”让中国大江南北发生了翻天覆地的变化，“中国道路”为世界上那些既想实现快速发展又想保持自身独立性的国家和民族提供了新的现代化方案。“中国道路”是马克思主义基本原理同中国具体国情和实践相结合走出来的一条强国富民之路，在发展中国的同时，也在实践中发展了马克思主义。“中国道路”的巨大成功证明了社会主义不止有一种模式，也证明了资本主义并没有终结历史，“意味着科学社会主义在二十一世纪的中国焕发出强大的生机活力，在世界上高高举起了中国特色社会主义伟大旗帜”①，在世界社会主义发展史上、人类社会发展实际上具有重大意义。

习近平总书记指出：“在新时代，坚定信仰信念，最重要的就是坚定中国

---

① 习近平：《决胜全面建成小康社会 夺取新时代中国特色社会主义伟大胜利》，《人民日报》2017年10月28日第1版。

特色社会主义道路自信、理论自信、制度自信、文化自信。党的百年奋斗历程和伟大成就是我们增强‘四个自信’最坚实的基础。”[①]新时代,站在新的历史起点,我们要珍惜中国特色社会主义这条被实践证明是正确的、来之不易的道路,始终保持战略定力,增强道路自信。只要我们道路正确,不发生大的颠覆性错误,一往无前、持之以恒,踏踏实实干事创业,就一定能够如期实现新时代的奋斗目标。

(三) 定题继续坚持和发展中国特色社会主义

明确定性改革开放以来我们搞的是中国特色社会主义,那么,以习近平同志为代表的共产党人接过“历史的接力棒”后,首要的问题就是要不要继续坚持和发展中国特色社会主义。党的十八大以来,习近平总书记反复强调坚持和发展中国特色社会主义是“改革开放40年来,我们党全部理论和实践的主题”[②],“在当代中国,坚持和发展中国特色社会主义,就是真正坚持社会主义”[③]。中国特色社会主义在新时代开启了新征程,要“一以贯之”地坚持和发展,要“毫不动摇”地坚持和发展,这实际上是亮明了党在新的历史条件下全部理论和实践的主题。那么,如何来回答和解决党在新时代面临的新课题呢?具体来说,包含两个层面:一是要回答坚持和发展什么样的中国特色社会主义,二是要回答怎样坚持和发展中国特色社会主义。这是新时代中国特色社会主义所要面对和解决的核心问题,也是习近平新时代中国特色社会主义思想的主题和核心要义。第一个层面的问题属于认识论领域,党的十九大报告用“八个明确”在指导思想层面指明了怎么看(党的十九届六中全会将其进一步拓展提升为“十个明确”);第二个层面的问题属于实践层面,党的十九大报告概括了“十四个坚持”的基本方略,从行动纲领层面指出了怎么办。“十个明确”和“十四个坚持”作为习近平新时代中国特色社会主义思想的主要内容,实际上都是围绕继续坚持和发展中国特色社会主义这一主题展开的。

---

① 中共中央党史和文献研究院:《习近平新时代中国特色社会主义思想专题摘编》,党建读物出版社、中央文献出版社,2023,第330页。

② 习近平:《习近平谈治国理政》,第三卷,外文出版社,2020,第184页。

③ 习近平:《习近平谈治国理政》,第一卷,外文出版社,2018,第9页。

（四）定向走中国特色社会主义道路

“君子务本，本立而道生。”坚持和发展中国特色社会主义的大方向确定后，接下来需要考虑的就是实现途径，也即道路问题。俗话说，条条大路通北京。但是，道路不能随意选取，不同道路内蕴着不一样的前提、成本、代价和风险。道路错误，不仅成不了事，还可能陷入万劫不复之境地。“坚持和发展中国特色社会主义是一篇大文章……现在，我们这一代共产党人的任务，就是继续把这篇大文章写下去。”①那么，如何来续写这篇大文章呢？其实现途径就是坚持“中国道路”，也即走中国特色社会主义道路。坚持“中国道路”，这首先是由中国特色社会主义的本质属性所决定的，是中国特色社会主义的时代课题所要求的。其次，改革开放的历史和实践证明“中国道路”是当代中国长治久安、快速发展、实现现代化的必由之路，是人民群众创造美好生活的必由之路。“不论怎么改革、怎么开放，我们都始终要坚持中国特色社会主义道路。”②“十个明确”排在首位的就是坚持和发展中国特色社会主义。这是在思想和认识上对奋斗方向、发展道路的明确，展现出坚定的道路自觉、道路自信。

（五）定法怎样坚持和发展中国特色社会主义

以实现中华民族伟大复兴的伟大梦想为战略目标。党的十九大报告明确指出，要实现中华民族伟大复兴的伟大梦想，就必须进行伟大斗争、建设伟大工程、推进伟大事业。“四个伟大”强调伟大斗争、伟大工程、伟大事业和伟大梦想紧密联系、相互贯通、相互作用，其中起决定性作用的是党的建设伟大工程，而实现伟大梦想是具有历史使命性的要求。“两个一百年”奋斗目标明确了实现中华民族伟大复兴的具体坐标，从目标维度揭示了中国特色社会主义的总任务，回答了实现什么样的社会主义现代化和中华民族伟大复兴的问题，是新时代实践的总目标。

以“两步走”为战略步骤。怎样实现社会主义现代化和中华民族伟大复兴，这是道路和方略问题，道路和方略决定命运。党的十九大对新时代做

---

① 习近平：《习近平谈治国理政》，第一卷，外文出版社，2018，第23页。

② 习近平：《关于坚持和发展中国特色社会主义的几个问题》，《求是》2019年第7期。

出了“两步走”的战略规划。第一阶段，从2020年到2035年，基本实现现代化。第二阶段，从2035年到21世纪中叶，全面建成社会主义现代化强国。新时代“两步走”战略安排，一是把基本实现社会主义现代化的实践提前了，二是把社会主义现代化的目标提升了，三是把实现社会主义现代化的要求提高了。同时，“两步走”战略安排指明了我们要实现的现代化，既是社会主义现代化，又是国家治理能力和治理体系现代化，还是硬实力和软实力的全面提升，是要实现国家富强、民族振兴、人民幸福的现代化。

以国防和军队现代化建设为战略保障。建设同我国国际地位相称、同国家安全和发展利益相适应的巩固国防和强大军队，是社会主义现代化建设的战略任务，也是新时代实践的重要战略保障。习近平总书记把国防和军队现代化建设放到整个国家现代化的历史进程和大格局中来把握，放到“四个全面”战略布局中来谋划，提出一系列重大战略思想，做出了一系列重大决策部署。围绕强军目标，全面深化国防和军队改革，着力解决制约国防和军队建设的体制机制障碍。坚持党对军队绝对领导，构建以“政治建军、改革强军、科技兴军、依法治军”为支撑的强军布局，坚持把国家主权和安全放在第一位，贯彻总体国家安全观。用“强军梦”托举“中国梦”，使新时代实践战略得到了安全稳固的战略保障。

以中国特色大国外交营造和平稳定的国际战略环境。党的十八大以来，以习近平同志为核心的党中央统筹国内国际两个大局，统筹发展安全两件大事，提出一系列外交新理念新思想新战略，带领中国坚持走和平发展道路，探寻全球治理的新渠道，打造以合作共赢为前提的人类命运共同体和利益共同体；秉持“和平发展”愿景，构建健康稳定的大国关系框架；秉持“共商、共建、共享”原则，积极推进“一带一路”建设，发起成立亚洲基础设施投资银行等新型多边金融机构；秉持“亲、诚、惠、容”周边外交理念，深化同周边国家的互利合作和互联互通，打造周边命运共同体；秉持“开放包容、合作共赢”精神，持之以恒推进经济、政治、人文合作。中国特色大国外交理念和新局面为实现伟大梦想战略目标营造了更加有利的国际环境。

二、从历史和现实的贯通中前瞻中国特色社会主义新时代

历史作为“人类世代的更替”，是已经过去的现实，现实是未来的历史，

历史和现实共同孕育着未来。“历史、现实、未来是相通的”,坚持和发展中国特色社会主义要把中国特色社会主义放在历史的长河中来审视。“我们从哪里来?我们走向何方?中国到了今天,我无时无刻不提醒自己,要有这样一种历史感。”①习近平新时代中国特色社会主义思想坚持历史思维,以大历史视野来审视中国特色社会主义的整体全景,从过去、现实和未来的贯通中把握中国特色社会主义的来龙去脉。

历史溯源,厚植中国特色社会主义的历史根基。根深才能叶茂,渊远方能流长。“人们自己创造自己的历史……不是在他们自己选定的条件下创造,而是在直接碰到的、既定的、从过去承继下来的条件下创造。”②因此,坚持和发展中国特色社会主义需要弄清楚中国特色社会主义的过去,也即“从哪儿来”“经历过什么”,从而呈现中国特色社会主义的历史根基和历史逻辑。从中国特色社会主义形成和发展的整体全景来看,中国特色社会主义不是无根之浮萍,而是中国社会历史发展与世界社会主义历史进程的逻辑必然。第一,中国特色社会主义是在改革开放进程中成功开创并不断完善和发展起来的;第二,中国特色社会主义建立在新中国成立70多年来政权、制度的不断巩固和发展基础上;第三,中国特色社会主义是100多年来中国共产党团结带领人民持续奋斗取得的宝贵成果;第四,中国特色社会主义深刻总结了中华民族近代以来180多年的奋斗历程;第五,中国特色社会主义绵续世界社会主义运动500年的沧桑历程;第六,中国特色社会主义传承中华民族5000年历史文明积淀。习近平新时代中国特色社会主义思想将中国特色社会主义的探寻溯源于中华民族发展史,贯通在“四史”之中,厚植其历史底蕴,对坚持和发展中国特色社会主义始终保持历史耐心和必胜的信心。

现实定位,把握我国发展新的历史方位。坚持和发展中国特色社会主义,要弄清楚我们现在处在一个什么样的位置,也即“现在何方”。弄清楚“现在何方”,既要从纵向搞清楚我们处在一个什么样的发展阶段,也要从横向搞清楚我们在国际上处于一个什么样的水平。从纵向和横向上总体把握当代中国的坐标点,即历史方位,这就是“定位”。纵向定位突出成绩和

---

① 杜尚泽:《阔步走在中华民族伟大复兴的历史征程上》,《人民日报》2016年1月5日第1版。

② 《马克思恩格斯文集》,第2卷,人民出版社,2009,第470-471页。

进步,横向定位呈现问题和差距。当代中国处在一个什么样的历史方位呢?习近平总书记在党的十九大报告中指出:“中国特色社会主义进入了新时代,这是我国发展新的历史方位。”[①]纵向对比过去,进入新时代我国总体生产力显著提高,站到了初步发展起来以后新的历史起点上,一些领域出现产能过剩,人民群众的物质文化需要得到巨大改善,对美好生活的需要日益强烈,社会主要矛盾在量变基础上产生了部分质变,中华民族伟大复兴前景光明。横向对标国际,尽管我们前所未有地靠近世界舞台中心,但是,社会主义初级阶段的基本国情和最大发展中国家的国际地位没变,同发达国家和地区相比还存在不小差距。从原来的“三个没有变”到新时代的“一变两不变”,我国进入新发展阶段。习近平新时代中国特色社会主义思想注重在纵横结合中精准定位我国发展历史新方位,辩证看待新发展阶段的阶段性新特征,既理性看待成绩避免妄自菲薄,又正视差距防止盲目自大。

未来前瞻,定标新时代的奋斗目标。一切划时代的思想体系都建立在对历史的深刻把握、对现实的清醒察觉基础上,从而能够前瞻未来。“一个民族、一个国家,必须知道自己是谁,是从哪里来的,要到哪里去,想明白了、想对了,就要坚定不移朝着目标前进。”[②]弄清楚“我从哪来”“现在何方”之后,逻辑上必然要回答第三个问题,即“要到哪里去”。习近平总书记深刻总结中国特色社会主义发展的历史和现实,在实现第一个百年奋斗目标的基础上,战略前瞻新时代的历史使命与奋斗目标。第一,实现中华民族伟大复兴是中国共产党不变的初心使命;第二,全面建成富强民主文明和谐美丽的社会主义现代化强国,实现强起来是党在新时代的奋斗总目标;第三,实现社会主义现代化和中华民族伟大复兴是围绕奋斗总目标形成的关于坚持和发展中国特色社会主义的总任务。要实现党在新时代的历史使命、总目标、总任务需要两个阶段性目标和安排来逐步达成,具体是:第一阶段,从2020年全面建成小康社会起,奋斗十五年,到2035年基本实现社会主义现代化的目标;第二阶段,在2035年基本实现现代化的基础上,再奋斗十五年,到21世纪中叶实现全面建成社会主义现代化强国的目标。坚持在历史和现实的贯通中乘势而上、细化目标、压缩时间、提高要求,因而习近平新时

---

① 习近平:《习近平谈治国理政》,第三卷,外文出版社,2020,第8页。

② 习近平:《习近平谈治国理政》,第一卷,外文出版社,2018,第171页。

代中国特色社会主义思想能够战略前瞻、提前谋局中国特色社会主义的新未来。

三、从中国与世界的关联中统筹中国特色社会主义发展大局

哲学上讲,事物作为一个整体是由各个部分按照一定的结构、比例和顺序构成的。整体处于统率地位,决定了部分的状态及其变化,需要树立全局观念,善于从整体全局高度进行通盘谋划。习近平新时代中国特色社会主义思想善于运用战略辩证法坚持和发展中国特色社会主义,在统筹国内国际两个大局中促进共同发展,密切把握国际形势新变化,坚持底线思维,妥善应对外部风险挑战,保持战略定力,办好自己的事。

从世界看中国,胸怀"两个大局",促进共同发展。全球化的发展打破了各个民族孤立、隔绝的状态,国与国的交往日益频繁,彼此间的依存度越来越高。随着全球化的推进,一个国家的发展越来越取决于和他直接或间接交往的其他一切国家的发展。改革开放进程中,中国与世界深度互融,中国的发展越来越离不开世界。同时,中国作为世界最大发展中国家和超大规模的经济体深度影响世界,世界的繁荣、国际问题的解决越来越离不开中国的参与。习近平总书记指出:"今日之中国,不仅是中国之中国,而且是亚洲之中国、世界之中国。"①坚持和发展中国特色社会主义需要树立全局观念,善于从整体着眼,从世界看中国。当前,世界正处于百年未有之大变局,资本主义体系内部矛盾和危机加剧,中国特色社会主义在新时代面临更加复杂的外部环境,但依然展现出良好的发展势头与光明前景。坚持和发展中国特色社会主义,"要胸怀两个大局,一个是中华民族伟大复兴的战略全局,一个是世界百年未有之大变局,这是我们谋划工作的基本出发点"②。首先,世界正处于百年未有之大变局,这是国际整体局势,从总体上影响着中华民族伟大复兴的战略全局及其进程,中国不可能置身事外不受影响;其次,中国特色社会主义进入新时代,中华民族伟大复兴成为时代强音,是世界大变局的重要组成部分和关键变量,必将深刻影响世界大变局的形态和走向。治国理政要胸怀"两个大局",一切工作都要以"两个大局"为基本出

---

① 习近平:《习近平谈治国理政》,第三卷,外文出版社,2020,第471页。

② 习近平:《习近平谈治国理政》,第三卷,外文出版社,2020,第77页。

发点来通盘考虑。“两个大局”彼此互相影响，统筹“两个大局”，必须加快构建和形成新发展格局，进一步畅通国内大循环，促进国内国际双循环，使国内市场和国际市场更好联通，推动与各国的分工合作、互利共赢，实现共同发展。

坚持底线思维，增强忧患意识，妥善应对外部风险挑战。外因是事物发展的外部环境与条件，相对主体自身而言是客观不可控因素，不容忽视。凡事从坏处准备，宁可把问题和风险想得更严重一些，从“坏处”准备，把措施和办法制定得更全面一些。习近平总书记指出，当今世界正经历百年未有之大变局，中国特色社会主义进入新时代，我国发展的内部条件和外部环境正在发生深刻复杂变化，特别是“国际疫情持续蔓延，世界经济下行风险加剧，不稳定不确定因素显著增多”。思维决定思路，思路在一定程度上决定了出路。“面对严峻复杂的国际疫情和世界经济形势，我们要坚持底线思维，做好较长时间应对外部环境变化的思想准备和工作准备”。外部环境日趋复杂，船到中流浪更急，要求我们时刻居安思危，树立底线思维、增强忧患意识，要警惕“黑天鹅”事件、防范“灰犀牛”事件，做好前瞻和预案，有效应对和化解各种外部风险与挑战。

以我为主，保持战略定力，集中力量办好自己的事。哲学上讲，内因是事物发展的根本性力量，外因通过内因起作用。置身百年未有之大变局，外部环境复杂多变，还可能会进一步恶化。打铁必须自身硬。习近平总书记强调，中国的发展需要积极借鉴人类文明一切有益成果，但要注意保持自身的主体性，要以我为主、为我所用，不能“邯郸学步，失其故行”。要充分认识到自身道路、理论、制度和文化的内在逻辑、现实依据和独特优势，对坚持和发展中国特色社会主义保持高度清醒与自信，进而保持“乱云飞渡仍从容”的战略定力。内因是关键，要“以正在做的事情为中心”集中力量办好自己的事情。中国超大规模的人口、市场和经济体量，出了问题，没有任何一个国家能够托底，只能靠自己。把自己的事情办好了，中国稳中向好、长期向好的基本面就能保持住，在国际上也会更加主动。自己的事情办好了，不仅能够提高自身抵御风险挑战的能力，还有可能化危为机，扭转消极不利因素为积极有利因素，进而为世界做出更大贡献。

四、在活力与秩序的动态平衡中推进全面深化改革

一个社会要发展,就必须保持一定的活力。活力有余,缺乏秩序就会陷入混乱,所以还要保持一定的秩序。确保活力和秩序的动态平衡,离不开有效的治理。这实际上是社会运行的内在机制,即“动力—平衡—治理”三大机制,对应“发展—改革—稳定”的关系。邓小平曾指出:“中国的问题,压倒一切的是需要稳定。没有稳定的环境,什么都搞不成,已经取得的成果也会失掉。”①改革开放进程中,中国特色社会主义正确处理改革发展和稳定的关系,因而创造了经济快速发展和社会长治久安的“两大奇迹”。进入新时代,以习近平同志为代表的共产党人深入把握社会运行机理,深刻把握治国理政规律,极大地激发了社会发展动力与活力,推动全面深化改革在综合平稳中取得重大突破。

从动力层面看:习近平新时代中国特色社会主义思想强调创新驱动,注重整合要素培育新动能、激发社会发展新活力。发展是党执政兴国的第一要务,不发展什么问题都解决不了。社会要发展,而且是保持一定速度和质量的发展,就必须有一定的发展动力或活力。习近平总书记指出:“发展动力决定发展速度、效能、可持续性。”那么,发展的动力和活力从哪儿来呢?习近平总书记强调是创新,认为“创新是引领发展的第一动力”。改革开放进程中,我国经济社会发展的主导力量经历了政府行政驱动为主到市场要素和投资驱动为主的过程。行政驱动、要素和投资驱动在欠发展阶段内有其历史合理性,但是,发展进入一定阶段后“动力不足、代价过高、不可持续”等弊病也逐步突显。以习近平同志为核心的党中央敏锐把握新时代世界经济发展的新格局、新动向以及我国经济发展进入新常态后的阶段性问题与特征,强调“动力从要素驱动、投资驱动转向创新驱动”。党的十八大以来,全面深入实施“创新驱动发展战略”,实际上就是为了尽快实现经济社会发展主导力量向创新方向的转换。恩格斯曾指出,社会历史发展有主导性力量,但其最终方向是多种力量要素综合作用的结果。这种系统论思维告诉我们,在推动社会发展的动力系统中,各力量要素及其之间的关系和

① 《邓小平文选》,第三卷,人民出版社,1993,第284页。

结构决定了动力系统的功能与效果。在这个动力系统中，人是主体，是最活跃、最积极、最关键的因素，所以要坚持人民共创。习近平总书记指出，“人才是实现民族振兴、赢得国际竞争主动的战略资源”①，人才是第一资源。为此，就有了坚定实施“人才强国战略”，改革人才培养、引进、使用等机制，把人才资源开发放在优先位置等一系列重大举措。与此同时，习近平总书记敏锐把握社会信息化发展的趋势和特点，强调优化要素配置结构、创新要素供给方式、增加新型要素供给，整合资源，培育发展新动能。习近平新时代中国特色社会主义思想还特别注意解放束缚社会生产力发展的体制、机制，推进供给侧结构性改革，深化“放管服”改革，让一切生产要素的活力竞相迸发，激发市场蕴藏的活力，极大调动了中国社会发展的动力，促进社会主义现代化建设。

从平衡层面看：习近平新时代中国特色社会主义思想注重发展的协调与平衡，强调共享发展成果，维护社会公平正义。社会发展是一个整体系统，需要各部分或各要素之间保持一定的稳定、协调、有序运行机理和状态，保持一定质态范围内的动态平衡，其理想状态是和谐。改革开放初期，经济社会的一体化程度比较低，匮乏和短缺问题比较突出，以部分领域的重点突破“做大蛋糕”能够带来整体受益。跑过匮乏阶段，初步发展起来以后，经济社会的内在关联性增强，“就要注意调整关系，注重发展的整体效能，否则‘木桶效应’就会愈加显现，一系列社会矛盾会不断加深”②。习近平总书记强调物质文明建设和精神文明建设都要搞好，城乡之间、区域之间、行业之间、经济与国防等方面要更加注重平衡与协调，中国特色社会主义事业才能顺利向前推进。现代化转型伴随着风险，“蛋糕”做大之后利益分化等分配领域的问题会挑战社会的和谐稳定。习近平总书记指出：“必须坚持发展为了人民……使全体人民朝着共同富裕方向稳步前进，绝不能出现‘富者累巨万，而贫者食糟糠’的现象。”③习近平新时代中国特色社会主义思想秉持“共享”发展新理念，强调不断完善收入分配体系，在发展中保障和改善民生，实际上就是在缩小贫富差距，让人民群众共享改革发展的成果，维护社

① 习近平：《习近平谈治国理政》，第三卷，外文出版社，2020，第50页。
② 习近平：《习近平谈治国理政》，第二卷，外文出版社，2017，第198页。
③ 中共中央文献研究室：《十八大以来重要文献选编》（中），中央文献出版社，2016，第827页。

会公平正义。公平正义是社会稳定有序的内在根据，也是社会主义的本质要求。维护公平正义就是在维护社会秩序，就是在维护社会安定团结的大局。

从治理层面看：习近平新时代中国特色社会主义思想坚持在原则性与灵活性的统一中真刀真枪推进改革，在多元共治中构建中国社会新秩序。社会发展的动力和平衡方面出了问题，就需要一定的治理来调整、纠偏。总的来讲，治理调整的方式有两个：革命或者改革。就当代中国具体实际来讲，主要是通过推进全面深化改革的方式来达成。改革实际上就是调整、治理，是社会主义制度的自我完善和发展。全面深化改革是有原则、有立场、有方向的，“改的是体制机制，动的是既得利益，不真刀真枪干是不行的”。判断“改什么、怎么改”，要以制度的完善和发展、治理的现代化为根本尺度。因此，四项基本原则是红线，不该改、不能改的坚决不改。改革和治理要蹄疾步稳、踩准节奏、张弛有度。“管得太死，一潭死水不行；管得太松，波涛汹涌也不行。”“全面深化改革，关键是要进一步形成公平竞争的发展环境，进一步增强经济社会发展活力，进一步提高政府效率和效能，进一步实现社会公平正义，进一步促进社会和谐稳定，进一步提高党的领导水平和执政能力。”①这实际上就是向全面深化改革要动力，通过全面深化改革来提升治理体系和治理能力，以全面深化改革形塑新的社会关系和社会结构，实现更高水平的稳定，更好维护社会公平正义。党的十八大以来，以习近平同志为核心的党中央以巨大的政治勇气和魄力打破城乡二元体制，“打破利益固化的藩篱”，“坚决反对特权思想、特权现象”，推进全面从严治党、全面依法治国，以多元治理、协同治理、源头治理积极构建中国社会发展新秩序。

总而言之，习近平新时代中国特色社会主义思想聚焦坚持和发展中国特色社会主义，深刻把握了社会发展的内在规律和一般机制，准确把握并巧妙处理改革、发展与稳定三者的关系与平衡点，坚持向改革要动力，在全面深化改革中激发社会发展的强大活力，在保持稳定的同时推动改革走向纵深，又在保持一定活力和稳定的条件下打破旧秩序构建新秩序。

---

① 习近平：《习近平谈治国理政》，第一卷，外文出版社，2018，第 74 页。

五、在宏观与微观的耦合中精准施策抓落实

世界“是一幅由种种联系和相互作用无穷无尽交织起来的画面”，具有层次性，又有连贯性。要树立系统思维，善于从宏观、中观与微观耦合贯通的角度观察和分析事物，避免因孤立眼光、单一视角带来的“形而上学”问题。“中国古代一直坚持世界是一个整体性存在，整体思维是中国的重要思维方式。”①治国理政是一项复杂的系统工程，特别是在中国这样一个世界最大发展中国家执政兴国，更加需要宏观、中观、微观相结合的复杂系统整体思维。习近平新时代中国特色社会主义思想善于从哲学高度坚持和发展中国特色社会主义，自觉运用系统思维分析问题，既有宏观总体上的统帅全局，也有中观层面的因地制宜，还有微观末端的分析和落实，因而能够“顶天立地”，解决难题、办成大事，推动党和国家事业发生深刻的历史性变革。

贯通宏观、中观与微观谋战略。坚持和发展中国特色社会主义，最高理想和最终目标是实现共产主义，新时代的阶段性历史使命是实现中华民族伟大复兴的中国梦。共产主义作为最高理想和最终目标，是党的总事业、战略总规划、奋斗总方向。实现中华民族伟大复兴是新时代坚持和发展中国特色社会主义目标、任务、布局、实践的战略全局。在实现共产主义和中华民族伟大复兴的宏观总体战略中，统筹推进“五位一体”总体布局，全面推进经济、政治、文化、社会、生态等领域建设是相对微观层面的具体落脚点。而推进党的建设伟大工程是实现党的最高理想、肩负起党在新时代的历史使命的政治保障，也是实现现代化建设在经济、政治、文化、社会、生态等微观领域具体落实的关键所在，是总体战略中具有承上启下作用的中坚环节、关键支点。治国理政总体战略中，宏观、中观和微观上下贯通，党的事业与民族前途、国家现代化发展、执政党自身建设成为紧密关联、环环相扣的有机整体。

统筹宏观、中观与微观促改革。坚持和发展中国特色社会主义的总体战略布局中，全面深化改革是重要的抓手和着力点。如果说“五位一体”总体布局是关于中国式社会主义现代化建设的基本面，那么，“四个全面”战

---

① 周栋：《中国特色社会主义话语体系初探》，人民出版社，2019，第166页。

略布局则是新时代坚持和发展中国特色社会主义的关键点、突破口。在"四个全面"战略布局中,全面深化改革为全面依法治国、全面从严治党以及决胜全面建成小康社会后全面建设社会主义现代化国家提供动力、方法和路径,是具有先导性和突破性的关键一环。新时代,中国的改革进入深水区和攻坚期,要"破除体制机制的障碍,破除利益固化的藩篱",必然要"啃硬骨头""涉险滩"。这就需要改革的胆识和勇气,"各地区各部门要敢于担当,积极有为推进改革攻坚"。改革需要勇气和决心,也要讲究方式方法。那么,改革究竟要如何推进呢?习近平总书记强调:"推进改革既要管宏观,也要统筹好中观、微观。"①改革是一项复杂的系统工程,需要在宏观、中观与微观的统筹中协同推进。在宏观上,就是要不断提高改革的顶层设计和整体谋划,依据各项改革的协调性、精准性来强化整体改革的完整性、前瞻性,把握改革的正确方向和节奏;中观层面,就是把宏观总体性的改革战略因地制宜地转化为地方性、部门化的改革举措、政策、方针,为微观层面的具体实践提供指导;微观层面,就是结合具体实际贯彻落实改革举措,将改革方针政策具体落地。习近平总书记强调:"改革越深入,越要注意协同……在政策取向上相互配合,在实施过程中相互促进,在改革成效上相得益彰。"②改革进入深水区、攻坚期,要在坚持摸着石头过河的基础上强化顶层设计,"提高改革精确发力和精准落地能力,扎扎实实把改革举措落到实处",才能防止改革"空转",突破各个层面的"中梗阻"问题。

融汇宏观、中观与微观定政策。坚持和发展中国特色社会主义最终是通过一系列政策来落实的。政策是为实现一定目的和任务制定的实践准则和规定。按照适用范围与特点的不同,政策可以分为宏观、中观和微观三个层次。政策制定是否科学,直接影响着治国理政的效果,要特别注重不同层面政策之间的衔接与融通。习近平总书记在2015年中央经济工作会议上指出:"宏观政策要稳、产业政策要准、微观政策要活、改革政策要实、社会政策要托底。"③宏观政策是关系国计民生全局的总体性政策,要有战略耐心、

① 习近平:《改革要聚焦聚神聚力抓好落实 着力提高改革针对性和实效性》,《人民日报》2014年6月7日第1版。

② 习近平:《习近平谈治国理政》,第二卷,外文出版社,2017,第109页。

③ 习近平:《全面贯彻党的十八届五中全会精神 落实发展理念推进经济结构性改革》,《人民日报》2015年11月11日第1版。

历史耐心，保持连续性和稳定性。中观政策是引导产业、区域发展的政策，针对性比较强，要科学制定、精准拿捏。微观政策是基层直接具体到企业、个人的方方面面的细化精准规定，要在原则性基础上注意灵活变通。党的领导干部要完善知识结构，培养钻研精神，"既要钻研宏观，又要熟悉微观"，未雨绸缪，加强研判。党的十八大以来，正是在习近平新时代中国特色社会主义思想指引下，党和政府出台一系列"稳、准、活"的方针政策，确保我国经济社会在世界经济低迷和新冠疫情双重冲击下平稳运行，增强了发展的内生动力，激发了微观主体的活力。

在宏观、中观与微观的耦合中抓落实。"空谈误国，实干兴邦。"我们需要理论解释世界，也需要口号来凝聚力量，但归根结底是要靠实践来改变世界。甩开膀子加油干，沉下心来抓落实，崇尚实干、狠抓落实是习近平新时代中国特色社会主义思想鲜明的实践品格，也是新时代坚持和发展中国特色社会主义的鲜明特征。"一分部署，九分落实。"蓝图确定后，如何实践落实到现实就是关键。如何抓实践、抓落实呢？一方面，统筹推进、协同攻坚。习近平总书记指出："聚焦、聚神、聚力抓落实，既要管宏观，也要统筹好中观、微观。"抓落实讲求战略战术，坚持问题导向，突出重点和关键，统筹推进、同向发力、协同攻坚。另一方面，压实责任、精准落实。无论是加强党的作风建设，抑或是打好脱贫攻坚战，还是做好新冠疫情防控工作，习近平总书记都强调要"聚焦、聚神、聚力抓落实，做到紧之又紧、细之又细、实之又实"①，抓落实工作，要精准，要勇于下"绣花"功夫，"压实责任、精准施策、过细工作"。党的十八大以来，以习近平同志为核心的党中央在宏观、中观、微观的耦合贯通中狠抓落实，促使一系列重大方针、政策、举措、工作落地生根起效，"解决了许多长期想解决而没有解决的难题，办成了许多过去想办而没有办成的大事，推动党和国家事业发生历史性变革"②。

---

① 习近平：《改革要聚焦聚神聚力抓好落实 着力提高改革针对性和实效性》，《人民日报》2014年6月7日第1版。

② 习近平：《习近平谈治国理政》，第三卷，外文出版社，2020，第7页。

第十一章　唱响中国：增强在国际上的话语权

百年未有之大变局体现着力量转移的逻辑。一方面是，世界力量中心向亚太和新兴发展中国家与经济体转移，21世纪的中国高高举起了社会主义的旗帜；另一方面是，社会主导力量从暴力、资本向文化和价值观转移，国家间文化软实力的较量更加频繁，意识形态领域的斗争首当其冲。中美安克雷奇交锋、中俄外长发布关于全球治理问题的联合声明、欧美国家编造中国新疆所谓“强制劳动”问题以及中国外交反击和民间的自发回应，表明价值观上的攻防日益白热化。置身百年未有之大变局，外部环境复杂多变，价值观和意识形态层面的斗争还可能会进一步加剧。进入新时代，国家文化软实力和中国化文化影响力大幅提升，“我们在提高国际话权方面取得了重要进展，但同西方国家相比，我们还有不小差距。应该承认，对国际话语权的掌握和运用，我们总的是生手，在很多场合还是人云亦云，甚至存在舍己芸人的现象”①。我们有本事做好中国的事情，也应当能够“讲好中国故事，传播好中国声音，增强在国际上的话语权”②。相继解决落后时代的“挨打”问题、贫穷时代的“挨饿”问题之后，新时代“失语、失声”的“挨骂”问题还没有得到根本解决。

---

① 中共中央党史和文献研究院：《习近平新时代中国特色社会主义思想专题摘编》，党建读物出版社、中央文献出版社，2023，第329页。

② 中共中央党史和文献研究院：《习近平新时代中国特色社会主义思想专题摘编》，党建读物出版社、中央文献出版社，2023，第328页。

一、话语权的较量首当其冲

语言是人类生产生活实践的产物,是人社会交往的中介与工具。作为交往工具的语言主要由一定的符号(语词)按照特定的语法顺序和结构进行排列组合,言说主体通过符号言说从而形成表达不同意义的话语。这样一来,话语就超出了符号系统的纯粹工具性意义,而是反映了特定言说主体既有的价值立场、思维方式、精神气质,同时也传递出言说主体的某种问题关切与利益诉求。福柯敏锐地意识到话语、知识与权力之间相互建构的深层关系,强调话语是构建权力、掌握权力、运用权力的关键。他说:"话语绝对不是一个透明的中性要素……话语乍看上去好像空无一物——话语与禁令交锋的地方恰恰说明了它与欲望和权力的联系……话语无非就是表白(或者遮掩)欲望。话语同时也是争夺的对象,历史不厌其烦地教诲我们:话语并不是转化成语言的斗争或政治系统,它就是人们斗争的手段和目的,话语是权力,人们通过话语赋予自己权力。"①特定主体话语言说的资质优劣、机会多少是话语权利,而话语议题的设定、掌控能力以及话语本身的影响力、覆盖力和被认可程度等是话语权力,二者共同构成话语力量的体现。在一定的话语场域中,话语主体的话语力量不同,话语主体在这一群体中的权力、权利的权重就不同。这种基于自身话语力量而形成的一定程度的话语权力和话语权利共同构成了话语权的本质与内容。

话语权力和话语权利作为话语场域中的有限资源从而必然是稀缺性资源,话语权的争夺实际上就是不同主体围绕话语权力和话语权利的争斗。西方马克思主义者葛兰西对比苏联与欧洲历史与现实,反思意大利无产阶级革命经验与教训,提出了无产阶级革命要关注意识形态领导权与话语权的问题。葛兰西认为:"一个社会集团的霸权地位表现在以下两个方面,即'统治'和'智识与道德的领导权'。"②"统治"主要是指政治硬实力上的领导权与控制权,"智识与道德的领导权"则主要是指意识形态等文化软实力

① Michel Foucault, "The Order of Discourse", *Untying the Text: A Post-Structuralist Reader*, ed. Robert Young (Boston: Routledge & Kegan Paul Ltd, Inc,1981),P52-53.

② 安东尼奥·葛兰西:《狱中札记》,曹雷雨、姜丽、张跣译,中国社会科学出版社,2000,第38页。

与话语权的领导。

随着人类文明的提升,不同国家与地区民众来往日益密切,国际性规范组织建立,联合国与国际法在原则上确认了各国享有独立权、主权与平等权。两次世界大战的惨痛教训,使国家间的问题与纠纷不敢轻易诉诸武力。世界多极化力量主体之间的相互制衡使各个国家不得不考虑自身行为的合法性问题,而国际组织与国际法的存在为主权国家之间的说理提供了可能。在国际社会中,一国行为若被认为不讲道理、缺少合法性,其政策推行就要付出更高代价。暴力不得不隐退于幕后,在没有绝对优势与必要性的情况下国家之间的博弈尽可能"动口不动手"。在"动口不动手"的国际环境下,一个国家在国际社会中制定标准、设定议题、提供方案、引导舆论、评定是非的资格与能力的综合就构成其国际话语权。

有学者认为国际话语权是"以国家利益为核心",更有学者明确指出"国际话语权竞争的本质上是国家利益的博弈"①。这些从政治现实主义角度出发得出的看法和认识有其合理性与现实意义。但是,这种理解把话语权局限于国家利益博弈的范围之内,缺乏超越性从而遮蔽了话语权本身所要求的超功利性维度。我们认为,在现代民族国家体系内国际话语权往往反映着一个国家的现实利益,但是,"以国家利益为核心"并不是构成国际话语权的必要条件。任何一个国家在现代国际秩序中都不可能再奉行"帝国主义"政策,强权不再是横行无碍的公理。"在世界潮流和真理、道义的力量面前,强权并不总是等于公理,经济霸权、政治霸权、文化霸权、军事霸权并不总是等于话语权。"②一个国家在国际社会上只有不局限于自身的狭隘利益而能照顾和尊重相关各方的利益关切,坚持普遍性、客观性与道义性的准则,其国际话语权才会具有持久性。

国际话语权是一种系统性的话语体系,理应包括以下几个要素:

第一,话语基础。常言道,"人微言轻","财大气粗"。一个国家在国际上的话语资格与话语影响力建立在坚实的话语基础之上。话语基础包括一个国家的经济、政治、军事、文化等要素构成的综合国力。对于中国来说,话语基础"可归结为硬实力和软实力,进而还可以聚焦到中国道路上。中国道

① 张忠军:《增强中国国际话语权的思考》,《理论视野》2012 年第 4 期。

② 张国祚主编《中国文化软实力研究要论选》,第一卷,社会科学文献出版社,2011,第 424 页。

路既具有中国意义，也具有世界意义。这两个意义就是我们今天讲的坚实的话语基础”①。值得注意的是，国家实力虽是国际话语权的话语基础，但是，在具体实际中国际话语权并不完全与国家实力一一对应。

第二，话语理论体系。一个国家的综合国力并不直接等同于其国际话语权。将国家综合实力、发展道路、发展模式转化为高质量的国际话语权，需要一套完整而又系统的国际话语理论体系。话语理论体系主要是由强大现实感、解释力与感染力的理论、概念和范畴共同构建的要素及其结构性关系。国际话语权严重依赖于其理论话语的客观真实性、逻辑自洽性与道义合法性。

第三，话语言说主体。话语言说需要主体承担者来完成，这就是话语主体。国际话语的言说主体一般是主权国家官方机构以及有影响力的非官方机构与组织。由于国家形象对一国国际话语权影响重大，政府、企业与公民个人的形象在一定程度上反映了一个国家的整体形象。在此意义上来说，政府、企业乃至公民个人都是其国际话语权的言说主体，当然也就是构建和提升国际话语权的责任主体。

第四，话语受众。说话需要有听众，既不能无的放矢、漫天乱喊，也不能胡乱撒网、对牛鼓簧。话语受众的筛选直接影响着争取和扩大国际话语权的实际效果。一般来说，国际话语的受众主要是国际组织、国家或地区的政府机构以及重要的非政府机构与组织。当然，随着主权国家内部政治民主化的发展，一个国家巩固和提高国际话语权越来越倾向于争取对方国家中议会和民众的支持。

第五，话语传播。话语传播是思想文化交流中的一个重要渠道和环节，也是人的社会活动的一个重要方面。社会学家梅尔文·德弗勒指出，传播行为是“一个表达团体规范的手段，通过这个手段行使社会控制、分配各种角色、实现对各种努力的协调，表明对未来的期望，使整个社会进程持续下去……要是没有这种影响的交流，人类社会就会崩溃”②。没有传播与分享，国际话语就不会产生广泛而持久的力量。国际话语传播涉及的是国际性的传播平台、载体与渠道，也包括传播的技巧、战略与方法等。

---

① 韩庆祥：《中国话语体系的八个层次》，《社会科学战线》2015 年第 3 期。

② 转引自威尔伯·施拉姆、威廉·波特：《传播学概论》，陈亮、周立方、李启译，新华出版社，1984，第 32 页。

第六,话语认同。话语不被认同,就难以期待对方会有符合我们意愿的政策与行动。要用融通中外的新概念、新表述,使受众愿意听并且听得懂;国际话语要讲得入情入理、有理有节有利,让受众听了之后还能真信。当国际舞台希望听到中国的声音,并且认可中国的声音、方案,我们才能有效地维护国家利益,拓宽国际发展空间,承担更多国际责任。

总而论之,硬实力构成一个国家的无声话语,是话语权的话语基础;普遍而又有效的理论、概念和范畴构成了话语体系,使无声话语有声化,形成话语权的话语内容;简明、高效而又有亲和力的话语表述与传播是特定话语体系掌握群众形成现实力量的关键。习近平总书记站在党和国家事业长远发展的全局高度,告诫我们:"落后就要挨打,贫穷就要挨饿,失语就要挨骂。形象地讲,长期以来,我们党带领人民就是要不断解决'挨打'、'挨饿'、'挨骂'这三大问题。经过几代人不懈奋斗,前两个问题基本得到解决,但'挨骂'问题还没有得到根本解决。争取国际话语权是我们必须解决好的一个重大问题。"①

二、我国国际话语权亟待提升

改革开放以来的中国,在政治、经济、科技、军事、文化等领域取得了举世瞩目的成就,也在联合国维和、推动国际经济新秩序深入化发展与世界人道主义援助等方面不断发挥建设性作用,特别是自 2008 年金融危机以来,中国经济一枝独秀成为世界经济发展的最强大引擎。这些明摆着的成就与贡献综合构成"中国实力"。"中国实力"决定和保障了中国的国际地位与影响力,理应能够成为中国自身道路、制度、文化合理性与合法性的现实证明,构成中国特色社会主义理论的坚实话语基础。然而,实事求是地讲,我国在国际上的话语权并没有因为中国硬实力的提升而显著提高,国际话语权与国家地位尚未很好匹配,面临巨大压力与风险。习近平总书记指出:"我国综合国力和国际地位不断提升,国际社会对我国的关注前所未有,但中国在世界上的形象很大程度上仍是'他塑'而非'自塑',我们在国际上有时还处于有理说不出、说了传不开的境地,存在着信息流进流出的'逆差'、

① 习近平:《论党的宣传思想工作》,中央文献出版社,2020,第 159 页。

中国真实形象和西方主观印象的'反差'、软实力和硬实力的'落差'。"①

我国仍是发展中国家,社会主义优越性没有整体显现,话语基础不够牢固。这主要有以下五个方面。

从产业及其结构上看,产业相对落后、结构不够合理,影响国家综合实力发挥。第二次世界大战以后,世界产业结构经历了三个阶段的转移和调整。第一次产业转移是20世纪50—60年代,美国将纺织等传统产业转移到了日本、西德等国家;第二次产业转移从20世纪60—80年代,日本、西德将附加值比较低的劳动力资源密集型的加工业转移到了"亚洲四小龙";第三次产业转移,欧洲、美国、日本等将自身不具有优势的加工业、制造业转移到了中国东部沿海。改革开放进程中,我国经济总量快速发展,但也存在着许许多多的问题与难题。在国际产业转移过程中承接大量低端、落后产业,消耗大量的劳动力与资源、能源,附加值少,缺乏竞争力与抵御风险的能力,缺乏自主创新能力,在世界市场体系中严重依赖外部环境与外部标准,缺乏自主经营权与定价权。当生产标准、经营权限、价格定位都掌握在别人手里,中国制造也就丧失了自主话语实力与能力。尽管中国总体力量强、块头很大,但地区、行业发展不平衡,诸多具体领域的落后或者说不够先进就像"木桶理论"中的"短板"限制和分解了总体力量的发挥。

从理论上来看,作为话语权内在要素的理论话语体系不够完善。尽管我国国家硬实力在提升,但国家硬实力强弱并不直接等同于国家话语权及其话语影响力的强弱,就好比拳击手拳头的威力并不代表其话语的影响力。话语权的核心是由具有强大现实感、解释力与感染力的理论、概念和范畴共同构建的话语体系支撑起来的。科学、完善而又系统的理论话语体系如果能够有效阐发"中国实力"所蕴含的"中国理论",就能够将"中国实力"转化为中国话语权力。理论只有彻底才能够把握群众,从而产生巨大的物质力量。遗憾的是,转型中的中国现有的理论话语及其体系仍然在很大程度上受制于西方术语、概念、范畴与理论,而"中国是不能仅仅用西方术语的转移

① 中共中央文献研究室:《习近平关于社会主义文化建设论述摘编》,中央文献出版社,2017,第212页。

来理解的"①。没有能够很好地讲清楚中国的过去(主要是中华民族的历史、文化与传统等)、现在(主要是中国近现代以来的基本国情以及中国特色社会主义发展道路、制度的合理性与独特性)与未来(主要是中华民族最深沉的精神追求,中国进一步发展的价值理想与文明方向)。当我们的理论和话语不能够在相当大程度上实现习近平总书记提出的"四个讲清楚"要求时,也就表明我们自身还缺乏相当程度上的理论自觉,无论传播技巧怎么高明也难以向国际社会解释"我是谁""我来自哪里""我意何为"等重大问题。

从政治现实层面看,西方的意识形态渗透与文化霸权削弱了我国的国际话语权。近代以来,西方国家在经济、政治与文化上始终没有放松对我们的进攻。1939 年,毛泽东在《中国革命和中国共产党》一文中明确指出帝国主义列强对中国武力侵略、经济掠夺的过程中,"对于麻醉中国人民的精神的一个方面,也不放松,这就是它们的文化侵略政策。传教,办医院,办学校,办报纸和吸引留学生等,就是这个侵略政策的实施。其目的,在于造就服从它们的知识干部和愚弄广大的中国人民"②。萨义德分析了西方文化与西方殖民主义和帝国主义的内在关联,指出:"文化决非什么心平气和、彬彬有礼、息事宁人的所在;毋宁把文化看作战场,里面有多种力量崭露头角,针锋相对。"③时至今日,"对很多西方学者来说,他们'认识'中国的目的就是要改造中国"④,这样西方关于中国的认知和理论便增添了价值观方面的含义,进而使学术研究潜藏着政治的意义。掌握话语权优势的发达国家对中国的发展道路与制度肆意歪曲、抹黑与妖魔化,挤压中国国际话语空间与话语权,鼓吹"中国威胁论""中国崩溃论""中国傲慢论""中国掠夺论""中国不负责任论""中国搭便车论"等,企图打压、围堵、唱衰中国。

从传播层面看,现有传播平台、传播队伍、传播策略制约了话语权的提升。话语权严重依赖话语传播,话语传播效果由传播主体与传播平台共同

---

① 费正清、麦克法夸尔主编《剑桥中华人民共和国史(上)——革命的中国兴起 1949-1965 年》,谢亮生、俞金尧等译,中国社会科学出版社,1990,第 14 页。

② 《毛泽东选集》,第二卷,人民出版社,1991,第 629-630 页。

③ 爱德华·W.萨义德:《文化与帝国主义》,李锟译,生活·读书·新知三联书店,2003,第 16 页。

④ 郑永年:《通往大国之路:中国的知识重建和文明复兴》,东方出版社,2012,第 3 页。

所决定。就传播平台来看，我国的媒体资源量与世界影响力不够突出，"西强我弱"的舆论格局制约了话语传播与话语影响。据统计，在全球最大的300家传媒企业中，144家是美国企业，80家是欧洲企业，49家是日本企业。总体来看，美国及其他西方发达国家控制了全球媒体的90%。就传播队伍来看，过度依赖政府外宣，外交人员的知识结构、理论素养、战略思维能力总体水准限制了我国话语权的提升。

从国民精神与形象来看，"大国小民"心态与形象削弱国家整体形象。刚刚解决温饱的国民转而又陷入普遍缺钱花的处境，那些"能够走出国门的人绝大多数都是不太缺钱的人，但是，他们走出'缺钱窘境'的日子其实并不久远"①。我们全力营造的越来越正面、积极的大国形象被一些企业、国民的"丑陋"行为所拖累，一幅"暴发户""土豪"的形象怎能让人家尊重，更别说提升国家国际话语权了。就目前来看，我国话语外宣主要由政府承担，而政府作为话语传播的主体往往因其形式限制而难以深入不同传统、信仰与文化习惯的受众，同时也因为其政治和意识形态的原因而受到不同程度的防范和排斥。部分新闻与媒体队伍猎新、猎奇、猎艳，偏好放大和渲染中国出现的负面信息，对"中国道路""中国制度""中国理论"兴趣不高、理解不到位、宣传水平不够。

三、抢抓提升国际话语权的战略机遇期

在国内与国际交融、成就和问题交织、机遇与挑战并存、希望与困难同在的复杂环境下，和平发展的时代潮流没有变，国际交往深化与国际秩序日益合理化的走势没有变，中国总体硬实力与文化软实力提升的趋势没有变。力量转移背景下，世界越来越需要中国。"中西马"多元文化与文明在中国交辉，使中国话语权提升更具有世界意义。发挥比较优势，抢抓话语权建设的战略机遇期，努力使我国在政治上更有影响力、经济上更有竞争力、形象上更有亲和力、道义上更有感召力。

和平发展的时代潮流与日益交融的共同利益为国际话语权建设提供了可能。近代以来，资本主义生产生活方式在世界范围内得以确立，世界范围

① 华智库、刘伯奎：《从大国小民到富国强民：国民精神文化转型指南》，暨南大学出版社，2014，第24-25页。

内的生产、分工与商品交换打破了传统地区、民族孤立的自然界限,无论先进抑或落后都被裹挟进"世界历史"之中。不幸的是,"世界历史"竟然以西方殖民主义侵略的面貌镌刻在世界近现代史中。恃强凌弱的时代,枪炮是最有力量的话语。此时的国际交往与国家关系表现为宗主国对殖民地的奴役,强国对弱国的侵略和压迫。帝国主义列强以不平等的商贸为手段,以坚船利炮为暴力后盾强行将世界纳入其殖民掠夺与殖民统治体系。分赃不均、欲壑难填,新兴强国与守成大国不断博弈,最终酿成两次世界性大战。第一次世界大战,战火遍及欧亚非三洲,33 个国家 15 亿人卷入战争,参战军人死亡约 1000 万人,负伤 2000 余万人。① 第二次世界大战,战火遍及五大洲四大洋,84 个国家和地区约 20 亿人卷入战争,军民伤亡总数超过 1 亿人。② 两次世界大战后,民族国家纷纷解放、独立。尽管局部战争与冲突不断,霸权主义依然存在,但谋和平、促发展已经成为世界潮流。在和平发展的国际潮流中,特别是全球化过程中彼此利益的交织,暴力与强制力量不再是解决问题与冲突的主要方式。主权国家之间的博弈不愿意也不敢轻易诉诸武力,竞争方式从强制性暴力走向文化软实力。以国际话语权为重点的文化软实力竞争将成为国家竞争的重要方式,文化、思想、价值观念等没有硝烟的"战争"将会进一步增多,并且会成为国际博弈的常态化阵地。

国际交往深化与国际秩序日益规范化、合理化发展,为中国国家话语权提升提供了国际平台。第二次世界大战后,联合国、世界银行等国际组织与国际机构纷纷成立并运作。国际法与国际组织章程确认了主权互不干涉原则。国际组织与国际性法规具有协调、斡旋作用,一定程度上可以避免政府间冲突升级。同时,国际组织与国际法规为主权国家证明其政策的合法性、指责他国行为的非法性提供了依据。"如果一国的行为被认为缺乏合法性,那么该国就要为其政策付出更高的代价。"③中国积极融入国际社会大家庭,全方位参与多边事务,加入了几乎所有普遍性政府间国际组织和 600 多项国际公约,对外缔结超过 2.7 万项双边条约,认真履行自身国际义务。随

---

① 肖裕声:《中国军事百科全书(第二版)·世界战争史(学科分册)》Ⅰ,中国大百科全书出版社,2007,第 296 页。

② 肖裕声:《中国军事百科全书(第二版)·世界战争史(学科分册)》Ⅱ,中国大百科全书出版社,2007,第 389 页。

③ 小约瑟夫·奈:《理解国际冲突:理论与历史》,张小明译,上海人民出版社,2002,第 201 页。

着传统霸权主义强国力量的衰弱，新兴经济体力量突显，多元力量主体推动国际秩序朝着日益合理化的方向发展。在既有国际组织与国际法框架中，中国提出了“一带一路”的区域发展倡议，牵头成立了亚投行。中国国际话语可以引证国际法规与条约支撑其道义性与合法性，地区、国际性组织和机构则为中国展示形象、发出声音提供了平台。

中国总体硬实力的增强为话语权建设提供了物质基础与现实论证。硬实力是无声的话语，是话语权的力量基础。改革开放多年来快速发展，2006年中国成为世界最大外汇储备国，2010 年成为世界第一大制造业生产国、世界第二大经济体，2011 年中国成为世界第一大工业生产国。对照发达国家人均收入来看，中国还存在着巨大的发展提高空间，意味着中国总体实力还将进一步壮大。有研究机构预测中国经济实力将在 2025 年超过美国成为世界第一大经济体。随着中国经济实力在国际经济比重的变化，中国的政治、军事、文化也必然迈向一个新的台阶。在此背景下，中国话语权问题也就有提出的客观必然性，中国国际话语权提升具备了坚实的现实基础。

力量转移背景下中国力量崛起，负责任大国的贡献、担当为中国国际话语权提升提供了历史契机。全球化过程中，国际力量大转移，世界经济发展重心从发达国家转向发展中国家，从欧美老牌大国转向亚太新兴经济体。国际经济力量结构的变化也必然在国际上引起政治、军事与文化等力量的结构性变迁。一方面是，中国经济社会快速发展，经济总量跃居世界第二，国际政治影响力显著提升，国防军事现代化建设取得长足进展。中国作为最大的发展中国家和世界第一人口大国，中国的发展道路、发展模式有其自身独特性，同时也包含着人类发展的一些共同的、普遍的意义。中国道路、中国模式铸造了中国发展的辉煌业绩，越来越多地受到实际的认可与赞赏。另一方面是，掌握话语霸权优势的西方发达国家经济发展普遍疲软，其国际影响力在下降。还有，随着中国产业结构的转型升级，中国将会给亚非拉国家带来重要的发展机遇，从而进一步拉近伙伴关系。在新兴大国与传统大国此消彼长的力量转移背景下，世界越来越需要中国发挥更大的作用。我国前所未有地走近世界舞台中心，前所未有地接近实现中华民族伟大复兴的目标，前所未有地具有实现这个目标的能力和信心。中国国际话语权建设要抓住国际力量大调整这一重大历史契机，提高国际影响力，树立国家良好形象。

“中西马”多元文化与文明在中国交辉，使中国文明新生与国际话语权建设更具世界意义。全球化时代，多元文化与思潮激烈涤荡，只有那些反映人类共同价值追求同时又能保持自身民族独特性的文化才会具有生命力。纵观当今国际世界，只有中国能够并且正在以吞吐古今、融贯东西的气概把东方优秀传统文化、马克思主义普遍真理、西方文明有益成果三者之间互汇交融，追求一种文明的新生。首先，中国文化具有“讲仁爱、重民本、守诚信、崇正义、尚和合、求大同”的历史基因，追求“你好、我好、大家好”。中国国际话语权建设目的不是为了形成新的话语霸权，而是向国际社会阐释中国模式与中国道路，传播中国声音，讲好中国故事，提供中国方案，促进世界和平发展与共同繁荣。其次，中国特色社会主义坚持马克思主义的立场、观点、方法和精神，而马克思主义确证并维护个人的自由和平等，认为“每个人的自由发展是一切人自由发展的条件”，强调“共产主义并不剥夺任何人占有社会产品的权力，它只剥夺利用这种占有去奴役他人劳动的权力”①。马克思主义关于个人的自由、平等理论同样适用于现代主权国家关系发展。中国不强迫任何国家，同时也不受任何国家胁迫，在彼此尊重的基础上相互借鉴，共同推动国际秩序更加合理化发展，为自身与世界营造良好的和平发展环境。另外，在同西方异质文化遭遇的一百多年来，中国越来越能够以自信、包容、开放的心态审视、研究、借鉴和吸收世界一切有益文明成果。在多元文化与多重文明互汇交融中，中国坚持全人类共同价值、弘扬优秀传统文化、吸收世界文明有益成果，从而决定了中国新生文明必然会对近代资本主义文化体系及其“普世价值”模式进行超越。在新文化、新文明的理论浸润下中国国际话语在理论上将更有解释力、形象上更具亲和力、道义上更有感召力，从而推动中国国际话语权实现质的提升，引领国际发展新潮流。

四、讲好中国故事

我国前所未有地走近世界舞台中心，前所未有地接近实现中华民族伟大复兴的目标，前所未有地具有实现这个目标的能力和信心。与此同时，我

① 《马克思恩格斯文集》，第2卷，人民出版社，2009，第53、47页。

国也存在着被侵略、被颠覆、被分裂的危险，改革发展稳定大局被破坏的危险，中国特色社会主义发展进程被打断的危险。维护国家利益，拓宽国际生存、发展空间，更好履行国际义务，需要我们把握历史机遇期，讲好中国故事，传播中国声音，进一步提升国际话语权。

（一）增强自身硬实力，打牢话语基础

解决中国所有问题的基础与关键在于自身的发展，我国话语权的保障与提升需要强大的硬实力基础。近代中国硬实力基础不如人，处处被动挨打，民族国家意志和利益无法申张与维护，反遭列强合谋打压与瓜分。新中国成立后，特别是经过改革开放数十年的发展，我国综合国力得到显著增强，使我国的国际地位与影响力稳步提升。高速而又稳健的经济发展事实、强大而又先进的军事与国防实力、独特而又高效的政治体制与政治架构、求真务实的政党共同构成我们强大的无声话语权。事实胜于雄辩，有实力才会有信心、有地位。有信心说话就会有底气，有地位实际上也就拥有了无声的话语权。我国社会发展正处于爬坡过坎的关键期，牢牢把握发展这根主线，“紧紧抓住经济建设这个中心不动摇，促进经济发展，占领科技制高点，增强综合国力。这是提高文化竞争力、维护文化安全的物质基础”①。“空谈误国、实干兴邦”，我们应当继续埋头苦干，不断增强国家硬实力，为中国话语权的提升打下坚实的话语基础。

（二）凝聚主流意识形态

意识形态作为观念上层建筑是对社会存在的能动反映和观念性再构造，对经济社会和政治上层建筑的良性运转意义重大。正如马克思所说：“如果从观念上来考察，那么一定的意识形式的解体足以使整个时代覆灭。”②中国特色社会主义新时代是从跟跑、并跑国际开始向领跑国际迈进的时代。在此过程中，中国向世界贡献了许多“中国智慧”和“中国方案”，与此同时也要改变“西强东弱”的舆论环境，发出我们的声音，唱响我们的声音。要科学研判意识形态领域的斗争与形势，牢牢掌握意识形态工作“三

① 刘本峰：《对文化全球化与我国文化安全战略的思考》，《求实》2005 年 12 期。

② 《马克思恩格斯文集》，第 8 卷，人民出版社，2009，第 170 页。

权”,建设具有强大凝聚力和引领力的社会主义意识形态。

离开意识形态的建构,话语就没有声音,甚至连话语的资格都保不住。意识形态作为观念上层建筑对社会经济基础和政治上层建筑意义重大。任何国家都会根据自身需要,通过各种手段构建一套意识形态,使其人民自觉认同这种政治文化。意识形态是由特定知识系统构建起来的一种思想、观念、价值体系。知识并不完全是中立性的,本身具有营造价值系统的功能。“意识形态并非简单意义上的世界观或文化世界观,或是掩盖利益的面具,而是一个经由漫长历史演进而形成的信仰体系,以激情把诸多观念融于一体,转化成社会杠杆,在改造观念过程中也改造人。”①在新民主主义革命时期,毛泽东提出战胜敌人的“两个军队”著名论断,即“手里拿枪的部队”和“文化的军队”②,“共产党是要在左手拿宣传单,右手拿枪弹,才可以打倒敌人的”。③ 毛泽东指出:“掌握思想领导是掌握一切领导的第一位。”④习近平总书记反复强调,苏联亡党亡国的一个重要原因就在于“搞历史虚无主义,思想搞乱了,各级党组织几乎没任何作用了,军队都不在党的领导之下了”⑤,最后有两千多万党员的大党一夜之间作鸟兽散,有十几个加盟国的苏联顷刻间分崩离析。意识形态工作关乎一个政党的凝聚力、向心力、生命力,塑造着政党的价值观,考验着政党和政府进行社会整合与动员的能力,是政党合法性的重要表达和论证。因此,对执政党来说,意识形态是巩固执政地位的重要法宝。

意识形态建构最关键的手段之一就是知识系统的生产与管理。改革开放以前,在计划经济与“单位制”的条件下,国家对知识的生产、流通与消费三个环节进行了严格的控制,这确保了主流意识形态在消费受众知识系统中的中心地位。1978 年以后,随着市场经济的发展,“在知识的生产者和生产场所一方,由于国家对经济资源不再享有全面且排他的控制权和垄断

---

① 丹尼尔·贝尔:《意识形态的终结——50 年代政治观衰微之考察》,张国清译,中国社会科学出版社,2013,第 37 页。

② 《毛泽东选集》,第三卷,人民出版社,1991,第 847 页。

③ 中共中央文献研究室、中央档案馆:《建党以来重要文献选编(1921-1949)》第五册,中央文献出版社,2011,第 637 页。

④ 《毛泽东文集》,第二卷,人民出版社,1993,第 435 页。

⑤ 中共中央文献研究室:《十八大以来重要文献选编》(上),中央文献出版社,2014,第 113 页。

权”①,个体、民营、独立撰稿人、独立研究机构开始参与知识的生产和流通。特别是大众传媒与新媒体技术的发展,更使知识生产多元化、信息传播便捷化与多渠道化,产生了“去中心化”的问题。知识生产多元化,主流意识形态权威受到挑战。

长期以来,国际舆论存在“西强东弱”的情势,西方势力凭借先进的传播技术在互联网中廉价输送西方价值观,肆意散播伪装过的、高渗透性的西方文化,恶意抹黑我们的英雄,虚无化我们的历史与文化,打一场网络战争、信息战争。面对西方“和平演变”与意识形态的“攻心战”,许多人认识不到西方“普世价值”“宪政民主”等话语和理论背后包含着的政治意识形态成分,缺乏警惕意识与危机意识。实际上,一些西方国家千方百计试图将其学术、理论伪装为一种普适性的价值或非意识形态性的工具,在我国的教育、科研和具体的经济政策制定中植入“特洛伊木马”,妄图瓦解中国共识、遏制中国发展。在高校,“很多学生自觉不自觉地把西方经济学看成我国的主流经济学”,“一些经济学家也公然主张西方经济学应该作为我国的主流经济学”②,自己的脑袋成为他人思想的跑马场,甘当西方理论的传声筒。可以说,西方意识形态渗透已经成为影响主流意识形态话语认同的一种重要因素。

改革开放40多年来,我国意识形态建设积累了一定的经验和基础。特别是党的十八大以来,以习近平同志为核心的党中央举旗定向,谋篇布局,我国意识形态领域形势发生了根本性的改观。但是,意识形态领域斗争依然复杂,面临不少困难和挑战。在此背景下,回答好党的十九大、二十大报告提出的“建设具有强大凝聚力和引领力的社会主义意识形态”要求,理应首先探究社会主义意识形态的力量之源。只有搞清楚了社会主义意识形态的力量构成,“建设具有强大凝聚力和引领力的社会主义意识形态”才有的放矢。社会主义意识形态的力量在于其彻底性的理论力量、科学性的信仰力量、强大的宣传力量和有效的治理力量。中国特色社会主义进入新时代,建设具有强大凝聚力和引领力的社会主义意识形态要聚焦“中国问题”、构

① 邓正来:《市民社会理论的研究》,中国政法大学出版社,2002,第240页。
② 刘国光:《对经济学教学和研究中一些问题的看法》,《高校理论战线》2005年第12期。

筑“中国理论”,彰显思想的力量;要关照“中国道路”、构筑“中国精神”,凝聚信仰的力量;要讲好“中国故事”、构筑“中国话语”,发挥宣传的力量;要深挖“中国智慧”、贡献“中国方案”,夯实治理的力量。

(三) 完善发展话语理论与话语体系

丰富理论话语与完善理论话语体系是提高国家话语权的前提,中国国际话语权的提升需要在增强国家硬实力的基础上更加注重理论话语的丰富与理论话语体系的完善。

第一,理论与话语要立足现实、反映问题、言之有物,也就是理论话语内容上接地气、讲实效,确保理论话语的客观真实性。现实是丰富多彩的,只有从现实出发才能真正突破西方现有话语理论体系的框范。这就要求深入中国实际,反映中国现实,唱响“中国声音”,不能装腔作势、空话连篇。

第二,要注重理论话语体系的逻辑性。讲逻辑才可能讲道理,讲道理才可能被接受与认可。张曙光教授指出:“一种真正有学术价值、经得起时间检验的理论,根本上在于它的思维触角伸展的深度与广度,外在的东西并不能决定它的学术品位的高低。”①是否符合逻辑、习惯于逻辑规律在很大程度上制约着理论话语的自我表述、传播与认可。同时,提高理论话语的逻辑性是合理提炼、构建、表述中国理论,增强中国理论深度的重要切入点。理论有深度、有解释力才会有影响力。“中国的经验与理论能够在多大程度上影响世界,我们在世界上能够获得多大的话语权,取决于我们‘地方性’的经验、知识与理论能够在多大程度上成为‘全球性’的经验、知识与理论,为各民族所共享。”②这要求不断完善和丰富“中国理论”,增强理论深度,讲清楚“中国故事”。

第三,理论与话语应当不断扩充人文、人道底蕴,以全人类共同价值为导向。人不仅具有现实、理性的向度,同时也具有情感、道义的维度。新时代是实现强起来的伟大时代。实现“强起来”,既包括使硬实力强起来,也包括使软实力强起来。中国特色社会主义进入新时代,软实力方面的强起来尤为重要。软实力主要包括理念、思想理论、制度、治理、文化和人的文明

① 张曙光:《中国:问题、经验与理论》,《学术研究》2009 年第 1 期。

② 张曙光:《中国:问题、经验与理论》,《学术研究》2009 年第 1 期。

素养等。任何一个国家的理论话语都不可能是无感情的硬实力罗列,理论话语还要考虑人的情感因素。有学者指出,“各国人民的价值准则、习惯和民族传统等的文化心理因素比物资状况、权力游戏或外部援助更重要”①。正如习近平总书记在哲学社会科学座谈会上的讲话指出的:这是一个需要理论而且一定能够产生理论的时代,是需要思想而且一定能够产生思想的时代,不要辜负这个时代。这要求,打通古今、贯通“中西马”,用中国风格、中国气派的理论和话语表述中国人最深层次的精神追求与文化取向。

第四,要用中国理论揭示中国道路成功的内在密码。习近平总书记在庆祝改革开放40周年大会上的重要讲话中指出:“改革开放极大改变了中国的面貌、中华民族的面貌、中国人民的面貌、中国共产党的面貌。中华民族迎来了从站起来、富起来到强起来的伟大飞跃!中国特色社会主义迎来了从创立、发展到完善的伟大飞跃!中国人民迎来了从温饱不足到小康富裕的伟大飞跃!中华民族正以崭新姿态屹立于世界的东方!”②今天的中国已经成为全球现代化实践的最大场地。然而,当今中国特色哲学社会科学在学科体系、学术体系、思想体系、话语体系、评价体系方面相对滞后,整个社会的制度体系、治理体系和人的文明素养还达不到新时代发展所要求的水平,甚至在某些领域和方面存在着“肌无力”现象。进入新时代,我们不能只有“舌尖上的中国”,还必须要有“理论上的中国”“思想上的中国”。而要增强理论思维的能力,就需要整个社会,尤其是学术理论界沉下心来推出更多的原创性成果。③ 我们需要在理论上深刻揭示,中国共产党领导是中国特色社会主义最本质的特征和中国特色社会主义制度的最大优势,也构成了中国特色社会主义道路越走越宽广的核心密码。要明白,独立自主,自力更生,无论过去、现在和将来,都是我们的立足点。

现代国际社会力量结构深刻变化与调整的过程中,一个国家如果能够在现有的国际秩序与规范体系下使其国际话语理论同时具有较高的客观真实性、普遍有效性、道义合理性,这个国家也就一定能够在一定程度上实现“四两拨千斤”的效果。只有在反映客观现实问题、符合理性逻辑的基础上

---

① 蔡俊生、陈荷清、韩林德:《文化论》,人民出版社,2003,第339页。

② 习近平:《在庆祝改革开放40周年大会上的讲话》,《人民日报》2018年12月19日第2版。

③ 陈曙光:《中国道路的成功密码》,《光明日报》2019年1月25日第6版。

符合人类正义、体现世界共同价值追求、融通中外的新话语和新表述,才能够真正受到普遍的认可、接受,从而提升我国国际话语权。

(四)做好话语表述与话语传播,让世界能听到并听清中国声音

理论只有进入群众头脑,才能够形成强大力量。话语要转化为实际影响力,就需要做好话语表述与话语传播。灵药深山人不知,酒香也怕巷子深。也就是说,即便拥有强大的硬实力、科学的话语理论与话语体系作为话语权的现实基础与理论前提,但一旦离开了有效的话语表述与话语传播就难以产生大范围、持久性的感染力与影响力,影响话语权。做好话语表述与话语传播有三个关键点:首先,人是社会活动中最为核心的因素,高水平的人才队伍建设是关键。其次,"巧妇难为无米之炊",相当水准的硬件与平台是基础。另外,"劈柴不照纹,累死劈柴人",话语表述与话语传播的态度、方式、技巧、环境与时机把握也很重要。话语表述具体来讲,就是内容上要简洁明了、便于识记,结构上把握核心、突出重点,方式上要有理有节有利,特别是要有亲和力,学会使用"世界通用语言",尽量贴合受众语言习惯。要注重心灵和情感的交流,"有心灵的沟通、感情的交流,才有距离的缩小、信任的增进"①。概括来讲,就是要在话语表述与传播的人才队伍、硬件与平台、策略与手段方面加强探索与建设。

(五)增强话语自信,主动出击提升话语权

国际话语权建设与提升要求我们自己首先要话语自信。说话没底气,或者说的话自己都不相信,就很难让别人信服。经过改革开放 40 多年的发展,中国外汇储备、制造业生产、货物出口与工业生产均居世界首位,已成为世界第二大经济体。这是中国道路、理论、制度与文化、模式的成功,是我们话语外宣的底气。要改变过去国际话语权建设的被动局面与弱者心态,"我们应该向世界自信地介绍我们的制度安排和价值观念"②。当代世界的竞争最激烈的是标准的竞争,国际话语权竞争实际上也就是议题、规则与评价

---

① 杨振武:《把握对外传播的时代新要求——深入学习贯彻习近平同志对人民日报海外版创刊 30 周年重要指示精神》,《人民日报》2015 年 7 月 1 日第 7 版。

② 张维为:《中国超越:一个"文明型国家"的光荣与梦想》,上海人民出版社,2016,第 217 页。

标准的竞争。中国应当主动出击，在学习、参与中逐步提高引领标准、制定规则的能力。在国际交往中主动设定议题，努力向外界说明中国制度安排，全面介绍中国经验，充分传播中国理论和价值理念，积极展示中国形象。中国有本事做好自己的事情，也应当有本事讲好自己的故事，我们对此应当有信心。

国际话语权是国家文化软实力的集中体现，也是国家综合实力的重要构成部分。国际社会中软实力的竞争日益走向前台，明确国际话语权的基本构成要件，清醒认识国际国内发展大形势，把握发展战略机遇期，才能够掌握发展优势与主动。只有打牢话语基础，完善话语理论体系，提高话语主体形象与素养，瞄准并扩大话语受众，提高话语传播能力，增强话语认同，把握时势、主动出击、多管齐下、精准发力，才能不断增强和提高我国在国际社会中制定标准、设定议题、提供方案、引导舆论、评定是非的资质与能力，进而扩大中国影响力，提高中国承担国际责任与履行国际义务的能力与水准。

第十二章　文明复兴：努力建设中华民族现代文明

中国特色社会主义新时代是中华文明焕发生机活力、为人类文明发展进步作出更大贡献的时代。进入新时代，中国共产党在文化发展、文明进步方面更加自觉、自信，明确提出“坚持把马克思主义基本原理同中国具体实际相结合、同中华优秀传统文化相结合”，实现了从“一个结合”到“两个结合”的拓展，这是新时代新征程上深刻总结百年党史、着眼时代和实践提出的重大问题而做出的一项重大政治论断和要求。这一重大政治论断和要求的明确提出体现了新时代中国共产党坚持和发展马克思主义、推进马克思主义中国化时代化的理论清醒，体现了新时代中国共产党推进中华优秀传统文化创造性转化和创新性发展的文化自觉与自信，体现出新时代中国共产党担负新的文化使命、努力建设中华民族现代文明的勇气和担当。深刻理解和把握马克思主义基本原理同中华优秀传统文化相结合，其中，“何以必要”“何以可能”“何以推进”是三个带有基础性和根本性的基本问题。这也是新时代担负起新的文化使命、努力建设中华民族现代文明需要回答的基础性问题。

一、正确认识中华文明

“中华优秀传统文化有很多重要元素……共同塑造出中华文明的突出特性。”①习近平总书记在文化传承发展座谈会上发表的重要讲话指明了中华

① 习近平：《在文化传承发展座谈会上的讲话》，人民出版社，2023，第2页。

文明具有的五个突出特性。中华文明的五个突出特性既是其鲜明特质,更是显著优势。深刻认识中华文明的突出特性,有助于我们更好认识和认同中华文明,更有效地承担起我们在新时代的文化使命。

(一) 中华文明具有突出的连续性

在人类发展的历史长河中,不同地域的人们孕育了各具特色的民族文化,塑造出了形态不一的文明类型。英国历史学家汤因比指出,在近 6000 年的人类历史上,出现过 26 个文明形态。但是,这些原生或次生的文明都已经中断或消逝在历史的长河中,唯有中华文明绵延至今,从未中断过。考古资料已实证了中华文明有着"超百万年的文化根系,上万年的文明启步,五千年的古国,两千年的中华一统实体"①。同世界其他文明相比,中华文明具有突出的连续性特质。

中华文明之所以绵延不断,得益于特定的地理环境屏障、超稳定的社会结构、生生不息的规模化人口、长盛不衰的语言文字、代代相传的文化典籍、咬定目标久久为功的民族特质、化人为善的文明本质。第一,特定的地理环境形成了天然性屏障,使中华文明自成体系并长期免遭大规模外敌入侵造成的文明覆灭。第二,自然经济、大一统政治、宗法社会和礼教文化形成的超稳定结构使中华文明具有极强的稳定性和自我调适性,即便多灾多难,依然绵续不断。第三,生生不息的规模化人口为中华文明的绵延传承、接续发展提供了源源不断的实践主体、承载主体。中华民族动辄千万级规模人口的持续性存在是中华文明连续性发展的关键。第四,汉语言文字的不断延续维护了中华文明的绵延赓续。两河流域的楔形文字、古埃及的象形文字等世界上公认的代表古老文明的文字体系伴随其文明一同消亡了,汉字是世界上唯一传承和使用至今的自源古典文字体系。汉字书写和承载着中华文明,汉字的长盛不衰串起了中华文明的过去、现在和未来。第五,由汉字书写的文化典籍代代相传,使中华文明不因王朝政权更迭而中断。中华民族具有浓厚的"史学"传统,形成了浩如烟海的文化典籍。文化典籍跨越历史时空、传承文化传统,其代代相传涵养了中华民族一贯的价值理念、思维

① 苏秉琦:《华人·龙的传人·中国人——考古寻根记》,辽宁大学出版社,1994,第 245 页。

方式和精神风貌。任凭王朝政权更迭,中华文明的“道统”代代传承。第六,咬定目标、与时俱进、久久为功的民族特质也是一个重要原因。中华民族具有咬定目标、与时俱进、久久为功的特质,必然使中华文明绵延不断。第七,化人为善的文明本质不可小觑。文明是在人和人关系框架中针对“野蛮”而讲的,它注重“化人”“德行天下”“秩序建构”。这样的文明范式具有道义性,有助于使中华文明绵延不断。

中华文明绵延传承至今从未中断,离开中华民族代代相承的5000多年文明史,就不可能真正理解中国。中华文明作为一种连续性文明,意味着中华民族是一个具有强大稳定性、统一性、独立性、自主性和应变性的民族,这从根本上决定了中华民族在继承中发展、在发展中继承,必然独立自主走自己的路。

(二) 中华文明具有突出的创新性

创新是一个民族进步的灵魂,是一个国家兴旺发达的不竭动力,也是中华文明最深沉的民族禀赋。中华文明之所以能够绵延不绝,从根本上来讲是因为中华文明具有突出的创新性。因为中华文明具有突出的创新性,所以中华民族能够识变、应变、求变,战胜一切艰难险阻,屹立于世界民族之林。

中华文明具有突出的创新性,源于中华优秀传统文化中的变易思维、革新意识、进取精神和大无畏气概等民族性元素。第一,中华文化特别突出变易思维。“人更三圣、世历三古”的《周易》一书被誉为群经之首、大道之源,在中国传统文化中长期居于主流地位。“易”是上日下月,讲的是日月轮回、万物流变。“穷则变,变则通,通则久”的变易思维深刻影响中国人的世界观和方法论。第二,中华文化特别强调革新意识。万物流变必然产生新老交替的问题,如何对待新事物和旧事物,中华文化守正而不守旧、尊古而不复古,注重革故鼎新。“革,去故也;鼎,取新也。”《诗经》讲:“周虽旧邦,其命维新。”革故鼎新、勇于创新的革新意识、创新意识是中华文明历经沧桑而依然葆有生机的根本所在。第三,中华文化特别强调进取精神。大化流行、以新代旧,顺境时追求卓越、超越自我,逆境时发愤图强、不为牛后。“天行健,君子以自强不息。”刚健有为、自强不息是中华民族积极进取的民族精神。第四,中华文化特别强调大无畏气概。革新、创新、积极进取不仅会触碰外部旧势力,还要突破自我习惯势力,这需要大无畏的勇气。荀子讲:"义之所在,不倾于权,不顾其利,举国而与之不为改视,重死持义而不桡。"毛泽东讲:"为有牺牲多壮志,敢教日月换新天。"中华民族自古以来就有不惧艰辛、迎难而上、杀身成仁、舍生取义的人,他们挺起了中华民族的脊梁,彰显了中华民族坚持守正创新的大无畏气概。

中华文明在不断传承中吐故纳新,在守正创新中不断发展,在应时处变中不断升华。中华文明突出的创新性从根本上决定了中华民族守正不守旧、尊古不复古的进取精神,决定了中华民族不惧新挑战、勇于接受新事物的无畏品格和与时俱进的创新精神。

(三)中华文明具有突出的统一性

对比世界诸文明,中华文明是世界上统一时间最长的文明。同时,这种统一不是小国寡民式的统一,而是以广袤地域、超大规模人口、多元民族和多样性文化为基础的"大一统"。

首先,中华文化多样一体。中华民族栖息地环境和气候的多样性,催生了许多地域性文化。例如,东临沧海的齐鲁文化、四塞之地的三秦文化、天地之中的中原文化以及长江流域的巴蜀文化、荆楚文化、吴越文化等,尽管风土人情不同,但在价值取向、思维方式和社会心理等方面具有高度一致性。以汉字为纽带,以中原文化为中心,多样性地域文化向中心靠拢,中华文明的形成和发展呈现出"重瓣花朵"向心结构。其次,中华民族多元一体。在漫长的历史发展中,我国各民族交往交流交融,形成了多元一体的中华民族大家庭。各民族水乳交融、休戚与共,像石榴籽一样紧紧抱在一起,共同抵御外侮、捍卫领土完整与国家利益。最后,国家政权长期大一统。秦朝一统天下后,郡县制在全国推广。与西方领主自治不同,郡县制把国家利益、地方利益和个人利益结合在一起。再加上车同轨、书同文、行同伦,这样疆土完整、国家强盛、民族团结、文明传承就成为中华儿女的共同信念。

长期大一统的疆域、政治、文化和民族历史赋予了中华文明"大一统"的情怀和理念。中华文明具有突出的统一性,从根本上决定了中华民族各民族文化融为一体,即使遭遇重大挫折也牢固凝聚,它决定了国土不可分、国家不可乱、民族不可散、文明不可断的共同信念，决定了国家统一永远是中国核心利益的核心，决定了一个坚强统一的国家是各族人民的命运所系。

（四）中华文明具有突出的包容性

中华文明是在相对封闭的地理环境中自成体系地生成的，具有突出的统一性，但这并不意味着中华文明是一元排他、自我封闭的孤立体系。相反，同世界诸多文明相比，中华文明具有突出的包容性。

得惠于中华民族生生不息的广袤地理空间，多样性地域文化的五方杂糅赋予中华文明可以无所不包、无所不容的包容性基因。漫长的民族大融合历史丰富了民族交往交流交融的经验，深化了对民族交往交流交融历史取向的认识，强化了民族交往交流交融的感情，培养了民族交往交流交融的能力，涵养了中华文明的包容性力量。

西汉之时儒家思想已成为正统和主流，东汉时本土道教兴起，然而印度佛教却能够在两汉之际进入中国社会，到南北朝时期已经是“梁世合寺二千八百四十六，而都下乃有七百余寺”。从伊斯兰教进入中国，再到基督教进入中国，而今文庙、道观、佛寺、清真寺、基督堂可以比肩而立。对比其他文明，中国没有宗教裁判所，也没有出现“十字军”式的“圣战”，本土文化与外来文化、本土宗教与外来宗教和谐并存体现出中华文明兼收并蓄的开放胸怀。今天，我们强调“不忘本来”“吸收外来”“面向未来”，强调“中国化”，强调“普惠包容”，都表明中华文明的包容性。

中华文明海纳百川、博采众长，不仅对本民族文化元素具有包容性，而且能够包容异质文明。中华文明突出的包容性从根本上决定了中华民族交往交流交融的历史取向，决定了中国各宗教信仰多元并存的和谐格局，决定了中华文明对世界文明兼收并蓄的开放胸怀。

（五）中华文明具有突出的和平性

中华文明具有强大的包容性，因而体现出不偏激、不极端的平和性，体现出“为而不争”“利而不害”的和平性。

中华文明尚和合，“和”是中国社会一种普遍化的社会心理。哲学思想主张“和实生物”“和合共生”，生意场上是“和气生财”，日常生活是“家和万事兴”,人际关系上强调“和为贵”,中医学上讲“调和阴阳”,天人关系上主张“天人合一”,世界上强调“协和万邦、兼济天下”“美美与共”等。这些体现了中国人不偏激、不极端,平和做人、平和处世之道。中华民族爱好和平,尧舜禹时代权力的和平禅让被后世尊为理想政治的典范。邦国交往中尚礼乐“以和邦国”,主张“故远人不服,则修文德以来之”,反对恃强凌弱和暴力胁迫。“为而不争”“利而不害”的爱好和平思想始终占据着主流位置。诚如习近平总书记所讲,“中华民族历来是一个爱好和平的民族,爱好和平的思想深深嵌入了中华民族的精神世界”①,其强调“和平发展”“合作共赢”,构建人类命运共同体。

和平发展思想是中华文化的内在基因,决定了中国始终是世界和平的建设者、全球发展的贡献者、国际秩序的维护者。中国不断追求文明交流互鉴而不搞文化霸权,不会把自己的价值观念与政治体制强加于人。中国坚持合作、不搞对抗,决不搞“党同伐异”的小圈子。世界正处于百年未有之大变局,人类文明处在新的十字路口,中华文明作为人类唯一古老而又不曾中断的文明,具有鲜明的显著优势,能为建设美好世界提供更多更好的中国智慧和中国方案。

中华民族在漫长的历史发展中创造了灿烂的文明。近代以来,面对列强入侵,面对西方现代化先发优势的倒逼垂范,中华文明蒙尘,中国人在一定程度上失去了自信心。一些人把近代以来的被动挨打归结为中华文化、中华文明的“过时”和“腐朽”,认为我们的传统文化和历史文明是“毒奶水”,进而鼓吹告别传统、反传统,欧化、西化、美化的思想此起彼伏。党的十八大以来,以习近平同志为核心的党中央高度重视传承和发展中华优秀传统文化,把文化建设摆在更加突出位置,强调“在新的起点上继续推动文化繁荣、建设文化强国、建设中华民族现代文明,是我们在新时代新的文化使命。要坚定文化自信、担当使命、奋发有为,共同努力创造属于我们这个时代的新文化,建设中华民族现代文明”②。随着新时代中国特色社会主义事业取得巨大成功,中国式现代化在世界范围内呈现出创造人类文明新形态

① 习近平:《在纪念孔子诞辰 2565 周年国际学术研讨会暨国际儒学联合会第五届会员大会开幕会上的讲话》,《人民日报》2014 年 9 月 2 日第 2 版。

② 习近平:《在文化传承发展座谈会上的讲话》,《求是》2023 年第 17 期。

的世界历史意义，这为我们正确认识中华文明提供了新的不一样的时代背景、现实存在基础和民族文化心态。

二、坚持马克思主义指导

马克思主义是我们观察世界、改造世界的科学世界观和方法论。推动文化繁荣、建设文化强国、建设中华民族现代文明，需要继续坚持马克思主义指导。

马克思主义基本原理具有普遍和根本的指导意义。马克思、恩格斯批判吸收德国古典哲学、英国古典政治经济学、英法空想社会主义，以西欧历史和19世纪的资本主义为样本，回答“资本主义向何处去、人类向何处去”的时代课题，创立了马克思主义理论。按照列宁的说法，马克思主义之所以“赢得了世界历史的意义”，是因为它一方面扬弃了“资产阶级时代最宝贵的成就”，一方面“吸收和改造了两千多年来人类思想和文化发展中一切有价值的东西”。[①] 马克思主义产生于19世纪中叶的欧洲，面对的是欧洲资本主义的经济、政治、社会思想文化关系和发展进程，回答的是当时的经济、社会、历史发展和阶级斗争提出的重大问题，制定的是当时社会主义工人运动的战略和策略，他们的理论学说就是在这样一个发展过程和社会背景下形成的。因此，马克思主义理论的内容是有历史特点的，其形式也是民族的，是科学内容和民族形式的统一。马克思主义理论中的基本立场、基本观点、基本方法和范畴的统一体就是马克思主义基本原理。马克思主义基本原理超越了马克思主义理论形成、发展过程中的具体判断、具体观点、具体结论及其现实依据的经验性与暂时性，上升到了对自然、人、社会和思维之本质与一般规律的普遍性把握。马克思主义基本原理“体现马克思主义的根本性质和整体特征，体现马克思主义世界观和方法论的科学性、革命性的高度统一。相对于在特定的历史环境中所作的个别理论判断和具体结论而言，基本原理是对事物本质和发展规律的概括，具有普遍和根本的指导意义”[②]。无产阶级政党、社会主义国家坚持马克思主义指导思想，从根本上

① 《列宁选集》，第四卷，人民出版社，2012，第299页。

② 习近平：《中国共产党90年来指导思想和基本理论的与时俱进及历史启示——在纪念中国共产党成立90周年党建研讨会上的讲话》，《党建研究》2011年第7期。

来讲就是要学习和运用马克思主义基本原理来分析问题、解决问题,是坚持真理、追求真理、运用真理的过程。

马克思主义基本原理的运用要结合具体民族的历史与文化。马克思、恩格斯坚决反对形而上学和教条主义,但马克思主义理论创立之后,经常遭受到形而上学式的、教条主义化的曲解和误读,以至于他们在理论建构的同时也在不断澄清、前瞻这一理论的解释原则与应用方法。马克思、恩格斯在《共产党宣言》1872 年德文版序言中明确指出:“这个《宣言》中所阐述的一般原理整个说来直到现在还是完全正确的……这些原理的实际运用,正如《宣言》中所说的,随时随地都要以当时的历史条件为转移。”①在马克思主义的创始人看来,“它提供的不是现成的教条,而是进一步研究的出发点和供这种研究使用的方法”②。因此,不能把马克思主义视为关于问题的现成答案,马克思主义基本原理的实际运用不能采取拿来主义的、教条化的方式,而应当同具体实际相结合。1887 年 1 月,恩格斯致信美国社会主义者弗·凯利-威士涅威茨基夫人的信中写道:“我们的理论是发展着的理论,而不是必须背得烂熟并机械地加以重复的教条。越少从外面把这种理论硬灌输给美国人,而越多由他们通过自己亲身的经验(在德国人的帮助下)去检验它,它就越会深入他们的心坎。”③也就是说,在马克思、恩格斯看来,马克思主义理论的运用不能只是一种外在的“普照的光”强行“灌输”,而“必须考虑各国的制度、风俗与传统”,通过“亲身的经验”走进和深入一个民族的“心坎”,与特定民族的历史、文化、心理相适应。我们知道,对各个国家和民族来说,既定的制度、风俗与传统是一种“先在性”的存在,是一个民族的“根”。马克思主义如果不能与一个民族的“根”相适应、相结合,对一个民族来说马克思主义始终就是一种“外在性”的存在,彼此处于“两张皮”的游离状态,马克思主义就难以落地生根。马克思主义创始人强调的“随时随地都要以当时的历史条件为转移”,“必须考虑制度、风俗和传统”,让马克思主义经由“亲身的经验”深入“心坎”等要求,实际上就已经表明他们在理论上已经前瞻到:马克思主义基本原理不但要同各个国家的具体实际相结合,

① 《马克思恩格斯文集》,第 2 卷,人民出版社,2009,第 5 页。
② 《马克思恩格斯文集》,第 10 卷,人民出版社,2009,第 691 页。
③ 《马克思恩格斯选集》,第四卷,人民出版社,2012,第 588 页。

还要同各个民族的历史文化传统相结合。一切把马克思主义“形而上学化”“教条主义化”“硬灌输”的理解和运用都有违马克思主义实事求是、与时俱进、具体问题具体分析的理论品格，有违马克思主义创始人的理论旨趣。

正如毛泽东所指出的那样：“马列主义的基本原理在实践中的表现形式，各国应有所不同。”①中国的马克思主义者在推进马克思主义中国化的进程中明确提出把马克思主义基本原理同中华优秀传统文化相结合，符合经典作家对马克思主义应用于具体国家和民族的一个基本态度，符合马克思主义科学理论的逻辑应然。

马克思主义既要坚持，也要在民族化进程中发展。中国特色社会主义是中国共产党领导的社会主义，科学社会主义的基本原则不能丢，马克思主义指导思想不能丢。“尽管我们所处的时代同马克思所处的时代相比发生了巨大而深刻的变化，但从世界社会主义500年的大视野来看，我们依然处在马克思主义所指明的历史时代。”②“马克思主义始终是我们党和国家的指导思想，是我们认识世界、把握规律、追求真理、改造世界的强大思想武器。”③总的历史时代没有改变，那么，马克思主义作为时代精神的精华，就依然闪耀着真理的光辉。马克思主义不是书斋里的学问，不是一劳永逸的现成答案，更不是僵化的教条。马克思主义不仅要坚持，还要不断实现中国化，向前发展。从科学的理论走向变革中国的具体实践是马克思主义“化中国”，从公共精神的西方形态到中国民族性的表达是马克思主义“中国化”，从经典作家创立的马克思主义到中国化的马克思主义是马克思主义的“创新发展”。马克思主义“化中国”“中国化”与“创新发展”都需要与中华优秀传统文化相适应。首先，马克思主义“化中国”要同中华优秀传统文化相结合。马克思主义化中国，即运用马克思主义的立场、观点、方法研究和解决中国实际问题。中国的实际问题不仅有理论上的，也有实践上的，要解决这些问题，就不能不触及历史问题。这就需“往回看”，要深入中华文化、文明的历史，使中国马克思主义化。其次，马克思主义“中国化”要同中华优

① 《毛泽东著作选读》（下册），人民出版社，1986，第747页。

② 习近平：《习近平谈治国理政》，第二卷，外文出版社，2017，第66页。

③ 习近平：《在纪念马克思诞辰200周年大会上的讲话》，《人民日报》2018年5月5日第2版。

秀传统文化相适应。马克思主义中国化,用中国人喜闻乐见的民族语言来阐述马克思主义理论,即马克思主义的理论形态及话语体系的中国化。源生于西方社会的马克思主义进入中国后,要适应中华文化,尊重中国人日用而不觉的思维习惯和价值理念,吸收和运用中华文化中的范畴、词汇、表述。马克思主义只有"中国化",才能淡化其"外来户"的身份,真正在中国落地生根,才能真正起到"化中国"的作用。最后,马克思主义创新发展要同中华优秀传统文化相适应。经典马克思主义主要是西方工人运动经验、近现代自然科学和西方历史文化的总结和概括,未能涵盖博大精深的中国历史文化。推进马克思主义创新发展,既要总结提炼中国开创性的实践经验,也要汲取中华传统文化中的精神、理念和智慧。中华优秀传统文化所蕴含的文化传统、精神理念和思想智慧体现了中华民族对自然、社会和思维运动一般规律的独特认识和把握,能够为马克思主义理论宝库增添新内容。坚持和发展马克思主义,继续推进马克思主义中国化不能抽象化、简单化和孤立化,而必须同中华优秀传统文化相结合。

三、坚持中华文化立场

文化是一个民族独特的生活样法,是民族的集体记忆和独特的精神标识。文化书写和记录着历史,形成一个民族的传统和割不断的文化基因。中华文化源远流长,是人类文明史上唯一一支从未中断的文明脉络,为世界文化、文明作出了伟大的贡献。独特的语言文字、浩如烟海的文化典籍、惠及海内外的工艺和科技、流光溢彩的文学艺术、独具特色的哲学宗教、完备深刻的道德伦理构成中国传统文化的重要内容。中华传统文化长期处于世界领先地位,是我们的先辈创造并传承下来的丰厚文化遗产。习近平总书记指出:"抛弃传统,丢掉根本,就等于割断了自己的精神命脉……要处理好继承和创造性发展的关系,重点做好创造性转化和创新性发展。"①中华优秀传统文化是中华文化的内在精神与核心理念,通过其所包含的价值观念、思维方式、行为准则对现实和未来产生影响。中华优秀传统文化及其价值体系是中华民族的精神命脉和历史基因,中国特色社会主义进入新时代,全

---

① 习近平:《习近平谈治国理政》,第一卷,外文出版社,2018,第164页。

面建成社会主义现代化强国需要与时俱进地推动中华优秀传统文化及其价值体系的创造性转化和创新性发展。

中国特色社会主义植根中华文化沃土。“当代中国是历史中国的延续和发展,当代中国思想文化也是中国传统思想文化的传承和升华,要认识今天的中国、今天的中国人,就要深入了解中国的文化血脉,准确把握滋养中国人的文化土壤。”①全球化的发展,历史日益成为世界历史,暴力、资本隐退于幕后,文化和意识形态等软力量的较量首当其冲。中华优秀传统文化是世界文化激荡格局下中华民族站稳脚跟的根基。坚守中华文化立场,是绵续中华文脉,捍卫中华民族独立性、主体性、整合性的现实要求。但是,坚守中华文化立场和赓续中华文脉不是“埋首故纸堆”的文化保守与复古。中华优秀传统文化并不能单独应对近代中国遭遇的内外危机,也不能独自应对当下的中国问题,更不可能独自引领中华民族实现伟大复兴。“周虽旧邦,其命维新”。与时俱进、革故鼎新是中华优秀传统文化的特质和优势。但是,中华优秀传统文化自身所具备的这种特质和优势在历史的发展过程中逐步被中国传统社会、传统文化日益封闭和僵化的体系所束缚。也就是说,传统文化本身是良莠混杂的体系,仅靠优秀传统文化单兵作战已难以在这一体系中突围,更别说“实际地反对并改变现存的事物使现实世界革命化”。要释放中华优秀传统文化的独特优势,必须对传统文化进行创造性转化和创新性发展,必须要使中华传统文化实现现代化转型。无论是优秀传统文化的“两创”,还是传统文化的现代化转型,都需要马克思主义这个作为“他者”而存在的科学世界观和方法论的导向与塑形。

四、把马克思主义基本原理同中华优秀传统文化相结合

坚持把马克思主义基本原理同中国革命、建设和改革开放的具体实际相结合是长期以来推进马克思主义中国化时代化的一个基本共识。习近平总书记在庆祝中国共产党成立100周年大会上的讲话中首次明确提出“坚持把马克思主义基本原理同中国具体实际相结合、同中华优秀传统文化相结合”的要求,实现了从“一个结合”到“两个结合”的拓展。其中,马克思主

① 习近平:《论党的宣传思想工作》,中央文献出版社,2020,第82页。

义基本原理同中国具体实际相结合可称为"第一个结合",马克思主义基本原理同中华优秀传统文化相结合可称为"第二个结合"。在文化传承发展座谈会上的讲话中,习近平总书记再次强调"两个结合"是开辟和发展中国特色社会主义的必由之路,是道路探索中得出的规律性认识,是我们取得成功的最大法宝。坚持把马克思主义基本原理同中华优秀传统文化相结合,是在新时代"中国共产党人深刻认识到",是"从中国共产党的百年奋斗中看清楚",也是"正确回答时代和实践提出的重大问题"的迫切要求。为什么要坚持把马克思主义基本原理同中华优秀传统文化相结合,至少需要从三个方面进行深入分析。

(一) 重视"结合"是中国共产党百年奋斗历史与经验的昭示

马克思主义基本原理同特定民族的历史文化相结合,符合基本原理运用的应然原则,也符合经典作家的论述与态度,从理论逻辑来讲是应然的、正确的。但是,具有理论逻辑上的应然性和正确性并不一定就是合乎历史的,并不一定就是现实的。因此,深入分析马克思主义基本原理同中华优秀传统文化相结合"何以必要",还需要"从中国共产党的百年奋斗中看清楚"这一结合的历史现实性与历史必然性。

马克思主义同中华优秀传统文化历史性相遇产生了"结合"的历史课题。曾经长期辉煌的中华民族在近代被拖入资本主义现代化所开启的"世界历史"体系之中,围绕启蒙和救亡进行了艰辛的探索。器物层面的变革失败了,制度层面的革新也失败了,如何突破封建主义的牢笼、避免资本主义的弊端和危机,中国先进的知识分子选择了马克思主义。马克思主义在中国的传播并与中国工人运动相结合,诞生了中国共产党。中国共产党是无产阶级政党,以马克思主义为指导思想,追求实现共产主义远大理想。与此同时,中国共产党作为中国的先进分子,是中华历史和文化的产物,传承中华优秀文化基因。如此说来,马克思主义和中华文化是中国共产党思想上的两个"老祖宗"。中国共产党坚持以马克思主义为指导思想,也就是要用马克思主义"化中国",这是理论指导实践的问题。而马克思主义是普遍的原理,中国有特殊情况,马克思主义要想"化中国"就必须实现"中国化"。中国有其独特的民族历史和文化,中国共产党又是坚定的民族优秀传统文化传承者,这就意味着无论是马克思主义"化中国"还是"中国化"都存在着李大钊在《社会主义与社会运动》讲稿中所指出的"共性与特性结合"的问题。因此,两个"老祖宗"历史性地相遇,两者之间如何"结合"的问题就历史性地摆在了中国共产党面前。

百年大党的历史经验教训启迪我们必须重视和处理好"结合"问题。大革命时期,党处于幼年,"由于没有经验,缺乏深刻的革命认识,还不善于将马克思列宁主义的理论和中国革命的实践相结合"①,中国革命遭受挫折和失败。土地革命时期,一部分同志"不去虚心领会过去的经验,对于中国的历史状况和社会状况、中国革命的特点、中国革命的规律不了解,对于马克思列宁主义的理论和中国革命的实践没有统一的理解"②,致使党和革命事业遭受"左"倾机会主义的危害。历经艰难曲折,以毛泽东为主要代表的中国共产党人明确提出了"马克思主义中国化"的重要命题,强调"马克思主义的中国化,使之在其每一表现中带着必须有的中国的特性,即是说,按照中国的特点去应用它"③。中国共产党"使得马克思列宁主义这一革命科学更进一步地和中国革命实践、中国历史、中国文化深相结合起来"④,制定了正确的革命路线、纲领,取得了新民主主义革命的胜利。新中国成立后,全面执政的中国共产党坚持把马克思主义基本原理同中国具体实际相结合,按照《共同纲领》的建国思路,创新发展了社会主义的过渡理论,成功走出了一条具有中国特色的社会主义改造道路。但是,社会主义建设探索时期对于"什么是马克思主义、如何坚持马克思主义""中国国情是什么、如何从中国实际出发"等基本问题,党的认识和实践上接连出现偏差,致使社会主义道路探索遭受重大曲折,传统文化遭到破坏,教训极为深刻。改革开放后,以邓小平为代表的中国共产党人强调"要运用马克思列宁主义、毛泽东思想,对于封建主义遗毒的表现,进行具体的准确的如实的分析","要划清文化遗产中民主性精华同封建性糟粕的界限",反对"不加分析地把什么都

① 《毛泽东选集》,第二卷,人民出版社,1991,第611页。

② 《毛泽东选集》,第二卷,人民出版社,1991,第611页。

③ 中共中央文献研究室、中央档案馆:《建党以来重要文献选编(一九二一—一九四九)》(第十五册),中央文献出版社,2011,第651页。

④ 中共中央文献研究室、中央档案馆:《建党以来重要文献选编(一九二一—一九四九)》(第二十册),中央文献出版社,2011,第318-319页。

说成是封建主义”①，主张“认真钻研、吸收、融化和发展古今中外艺术技巧中一切好的东西，创造出具有民族风格和时代特色的完美的艺术形式”②。随着改革开放的深入发展，中国社会的文化视野不断拓展，中国共产党对中国传统文化的认知更加理性化。面对世界多极化、经济全球化深入发展态势下不同民族文化吸纳与排斥、融合与斗争、渗透与抵御的现实，以江泽民为代表的共产党人批判历史虚无主义、文化保守主义和资产阶级自由化思想，更加注重对中华优秀传统文化的继承和发扬。江泽民在庆祝中国共产党成立 80 周年大会上的讲话指出：“我国几千年历史留下了丰富的文化遗产，我们应该取其精华、去其糟粕，结合时代精神加以继承和发展，做到古为今用。”③面对新世纪国家间文化软实力竞争的现实，以胡锦涛为代表的共产党人注重对中华优秀传统文化的运用、发展与创新，提出了以人为本的科学发展观、社会主义核心价值体系、和谐社会等。胡锦涛在美国耶鲁大学的演讲中指出：“现时代中国强调的以人为本、与时俱进、社会和谐、和平发展，既有着中华文明的深厚根基，又体现了时代发展的进步精神。”④进入新时代，以习近平同志为代表的共产党人坚持和发展马克思主义，深化马克思主义理论研究和建设，推动中华优秀传统文化创造性转化、创新性发展，明确提出了坚持把马克思主义基本原理同中华优秀传统文化相结合的根本要求，对马克思主义与中华优秀传统文化及其关系的认识和回答提升到了新的历史高度，拓宽了对马克思主义中国化内涵和途径的认识。按照习近平总书记在文化传承发展座谈会上的讲话来说，“第二个结合”是“我们党对马克思主义中国化时代化历史经验的深刻总结，是对中华文明发展规律的深刻把握”⑤。这就把原来涵盖在“第一个结合”体系中的“第二个结合”独立出来、明确出来、凸显出来，表明我们党在传承中华优秀传统文化中推进文化创新从一种自发状态进入了新的自觉高度。

总而言之，中国共产党人在革命、建设和改革开放的历史实践中越来越

① 《邓小平文选》，第二卷，人民出版社，1994，第 335 页。

② 《邓小平文选》，第二卷，人民出版社，1994，第 212 页。

③ 《江泽民文选》，第三卷，人民出版社，2006，第 278-279 页。

④ 《胡锦涛文选》，第二卷，人民出版社，2016，第 438 页。

⑤ 习近平：《担负起新的文化使命 努力建设中华民族现代文明》，《人民日报》2023 年 6 月 3 日第 1 版。

深切地认识到马克思主义基本原理必须同中华优秀传统文化相结合，只有这种结合才能既克服教条主义，又解决中国问题，让马克思主义在中国牢牢扎根。

（二）坚持“结合”是回答时代和实践提出的重大问题的现实需要

“理论在一个国家实现的程度，总是取决于理论满足这个国家的需要的程度。”①坚持把马克思主义基本原理同中华优秀传统文化相结合，是新时代推进马克思主义中国化、实现中华文化时代化、推进和拓展中国式现代化、引领构建人类命运共同体的客观需要与必然要求。

筑牢中国式现代化道路根基，以中国式现代化全面推进中华民族伟大复兴的现实需要。现代化是“历史”日益成为“世界历史”的进程，实现现代化关乎民族历史命运，也是近代以来中国社会历史发展的一个主题和任务。在新中国成立特别是改革开放以来长期探索和实践基础上，经过党的十八大以来在理论和实践上的创新突破，中国式现代化以新型现代化模式出场。中国式现代化植根中华文化沃土，科学理性对待自身民族历史和传统，贯通马克思主义思想精髓和中华优秀传统文化精华，融通科学社会主义价值观和人民群众日用而不觉的民族传统价值观念。例如，中华文化主张“身心和谐”“心物和谐”，与社会主义“物质富足、精神富有”的要求相结合，中国式现代化致力于“物质文明和精神文明相协调”；中华文化注重“天人合一”“道法自然”，与社会主义“生态文明”的本质要求相结合，中国式现代化追求“人与自然和谐共生”；中华文化追求“协和万邦”“讲信修睦”，与社会主义“和平发展”的必然选择相结合，中国式现代化坚持“走和平发展道路”。中国式现代化不是人类以往现代化模式的翻版，而是马克思主义基本原理同中华优秀传统文化相结合的伟大创造。这一“结合”的伟大创造赋予现代性新的内涵，改变了中华民族的面貌，拓展了人类通往现代化的路径。党的二十大报告指出：“从现在起，中国共产党的中心任务就是团结带领各族人民全面建成社会主义现代化强国、实现第二个百年奋斗目标，以中国式现

① 《马克思恩格斯选集》，第一卷，人民出版社，2012，第 11 页。

代化全面推进中华民族伟大复兴。”①中国式现代化尚未成熟定型，中国式现代化的比较优势还没有从一种趋势性的可能完全转变为现实性的存在本身，仍然需要进一步推进和拓展。离开中华文化母体，现代化的探寻势必会滑向西化；放弃马克思主义指导思想，现代化的探寻势必会被资本主义所同化。避免改旗易帜的邪路和封闭僵化的老路，全面推进和拓展中国式现代化，以中国式现代化全面推进中华民族伟大复兴，需要自觉坚持把马克思主义基本原理同中华优秀传统文化相结合。

引领构建人类命运共同体，建设人类文明新形态的现实需要。资本主义现代化及其全球化发展深刻改变了人的生产方式，使人的存在方式突破了“人的依赖关系”阶段进入了“以物的依赖性为基础的人的独立性”阶段。但是，资本增殖逻辑突出“物本”带来人的“异化”问题，同时资本增殖逻辑赋予资本主义扩张性、侵略性和排他性基因，给世界带来政治霸权、经济殖民、文化隔阂、社会撕裂和生态危机等全球性问题。“从根本上来说，当前世界困局在于不同国家、民族和文化单元中的人们已然处身于相互联系、相互依存的‘地球村’中，但是仍缺乏一种‘命运与共’的共同体意识。”②世界又一次站在了历史的十字路口，人类文明正处在新的十字路口，但资本主义无法医治这种“现代病”，更无法开启人类文明新形态。因为，资本主义现代化道路其实质是将整个世界纳入资本主义文明体系，这种现代化道路试图驯化一切异质文明，但并不孕育新文明。世界各国如何相处、人类文明走向何处是当今世界最为根本的课题。面对“世界向何处去、人类怎么办”的时代之问，以习近平同志为代表的中国共产党人坚持马克思主义科学世界观和方法论，汲取中华优秀传统文化的思想智慧，高举和平、发展、合作、共赢旗帜，创造性地提出了人类命运共同体理念与方案，展现了人类文明新形态的美好愿景。人类命运共同体理念和人类文明新形态是马克思主义同中华优秀传统文化相结合的伟大创造。在“历史的十字路口”，在“文明的十字路口”，构建人类命运共同体、建设人类文明新形态需要进一步坚持和推进马克思主义基本原理同中华优秀传统文化的结合。

---

① 本书编写组：《党的二十大报告辅导读本》，人民出版社，2022，第19-20页。

② 郑永扣、方兰欣：《人类命运共同体理念与中华文化》，《河南社会科学》2018年第1期。

五、深刻认识“结合”的前提

马克思主义基本原理同中华优秀传统文化相结合不仅是必要的,而且是可能的。马克思主义基本原理同中华优秀传统文化为什么能相结合?这种可能性体现在两个方面:一是逻辑上的可能性,即按照逻辑推理是合理的、可以的;二是由现实的条件性所蕴含的现实可能性。

(一)两者各有千秋、内在契合、彼此需要,因而能够“和而不同”进行结合

“和实生物,同则不继。”辩证法认为,统一物内部之间的斗争性和同一性是事物存在的根据、发展的动力。马克思主义基本原理之所以能够同中华优秀传统文化相结合是由马克思主义和中华文化之间“和而不同”的关系所决定的。

马克思主义和中华优秀传统文化各有千秋,因而需要结合。完全相同的事物无所谓结合的问题,能够进行有机结合的双方必定是存在一定差异的双方。马克思主义和中华文化的差异主要体现在三个方面:第一,时空差异。马克思主义(包括列宁主义、中国化的马克思主义)是社会化大生产打破民族孤立隔绝状态、人类进入“世界历史”阶段形成的公共精神产品。中华优秀传统文化蕴含在中华传统文化之中,是农耕自然经济、封建皇权政治、宗法等级社会时代的产物。由于两者产生的时空环境不同、依托的社会形态不同,因而其特定内涵和指向也有差异。例如,马克思主义所讲的实践观、人民立场、共产主义等与中华文化中的践履、以民为本、大同社会等具有显著的区别。第二,民族差异。中华优秀传统文化集中反映了中华民族独特的精神理念、价值取向、思维方式和生存智慧,具有鲜明的民族性和本土性特征。马克思主义是世界历史的产物,带有普遍性意义,但马克思主义经典作家属于欧洲民族,经典马克思主义创立的样本依据主要是欧洲民族及其历史文化,经典马克思主义具有鲜明的欧洲风格、欧洲气派。民族性差异使马克思主义(此处主要是指经典马克思主义)以来自中国之外的“西学”出场。在中国大地上,理解和运用马克思主义基本原理需要跳出欧洲民族形态的马克思主义,创新发展植根中华民族历史和文化的中国化马克思主

义。第三,地位差异。有学者认为,“两个相结合”之中的双方“不是以一方为主体、另一方为客体”,“应该是主体与主体的关系”,“双方具有同等重要的地位”①。实际上,在“两个相结合”之中,双方确实不是“主体与客体”的关系,但也不是“主体与主体”的关系。就马克思主义同中华优秀传统文化之结合而言,双方不会自动结合,需要主体的中介作用。而这一主体应当是传承中华优秀文化的中国马克思主义者及其所开创的中国特色社会主义事业。马克思主义是主体秉持的指导思想和方法论,是“灵魂”,中华优秀传统文化是主体的“根”,两者之间应当是“魂脉”和“根脉”的关系,是主体之“灵与肉”的关系。马克思主义和中华优秀传统文化各有千秋,处于不同的地位,发挥不同的功能和作用,不能相互取代,应当“和而不同”。

马克思主义和中华优秀传统文化内在契合,因而可以结合。“风马牛不相及”,全无共性的双方无法进行结合。马克思主义与中华优秀传统文化之所以能够结合,从理论上来讲是因为双方内在的同一性、通约性和一致性。“中国文化中本有悠久的唯物论、无神论、辩证法的传统,有民主主义、人道主义思想的传统,有许多历史唯物主义的思想因素,有大同的社会理想,如此等等,因而马克思主义很容易在中国的土壤里生根。”②马克思主义与中华优秀传统文化的内在契合性突出体现在四大方面:第一,基本精神具有相通性。马克思主义强调人之自为性、主体性、创造性,与中华文化注重独立自主、自力更生、自强不息的“君子人格”和民族主体精神高度通约。第二,基本立场具有一致性。马克思主义坚持大众立场、人民立场,与中华文化注重民本、人本的立场高度一致。第三,基本观点具有共识性。马克思主义把实践作为首要的基本的观点,强调实践优先,与中华文化偏重“实用理性”,主张知行合一、躬身力行、经世济用的思维和理念有共识点。第四,社会理想追求有契合点。马克思主义追求全人类的解放,致力于实现共产主义社会,中华文化强调“修齐治平”、协和万邦,追求天下大同,二者可以说是“殊途而同归”。习近平总书记指出:“马克思主义传入中国后,科学社会主义的主张受到中国人民热烈欢迎,并最终扎根中国大地、开花结果,决不是偶

① 参见陈培永:《马克思主义中国化“两个相结合”的深层意蕴》,《高校马克思主义理论研究》2021年第3期。

② 张岱年、程宜山:《中国文化与文化论争》,中国人民大学出版社,1990,第190页。

然的，而是同我国传承了几千年的优秀历史文化和广大人民日用而不觉的价值观念融通的。”①正是因为，马克思主义和中华文化，特别是与中华优秀传统文化具有内在契合性，两者可以“和而不同”，所以马克思主义能够进入中国并为中国人所接受。

马克思主义和中华优秀传统文化彼此需要，因而愿意结合。有共性，所以可以结合；有差异，所以需要结合。但是，还需要双方具备结合的意愿和动力，这样才会彼此拥抱。首先，马克思主义作为开放的体系具有注重结合实际、与时俱进的品格，而中华文化具有革故鼎新、开放包容、交流互鉴的胸怀，双方具有择善而从、从善如流的禀赋和特质。其次，马克思主义和中华文化彼此互补。近代中国历史表明，单靠中华优秀传统文化无法解决民族的近代性危机。马克思主义进入中国，若不能与传统文化相结合，就难以真正走入人心、落地生根。中华优秀传统文化的传承和发展需要马克思主义提供科学世界观支持和方法论指导，马克思主义中国化需要中华优秀传统文化提供文化载体和精神营养。总的来讲就是，马克思主义的中国化需要博大精深的中华文化介入，中华优秀传统文化的时代化需要马克思主义来激活。马克思主义和中华优秀传统文化彼此需要取长补短，应当在交流互鉴中实现“和而不同”，进而才能实现互促共进。

（二）两者“相结合”在新时代更具现实条件

马克思主义基本原理同中华优秀传统文化相结合为什么在新时代明确提出来？这就需要回答中国特色社会主义进入新时代，究竟为马克思主义基本原理同中华优秀传统文化相结合提供了什么样的现实条件。

第一，中国特色社会主义高擎科学社会主义旗帜，马克思主义的科学性得到充分检验。马克思主义揭示了人之本质与社会历史发展之谜，揭示了资本主义剥削无产阶级和人民大众的奥秘及其必然被社会主义所取代的命运，指明了无产阶级解放自身进而解放全人类的路径，使社会主义从空想转变为科学。马克思主义作为一种科学理论，人类的理性逻辑能够为其明证，但归根结底有赖于现实实践的检验，“在实践中证明自己思维的真理性，即

① 习近平：《高举中国特色社会主义伟大旗帜 为决胜全面小康社会实现中国梦而奋斗》，《人民日报》2017年7月28日第1版。

自己思维的现实性和力量,自己思维的此岸性”①。社会主义由理论变为现实,由一国走向多国,证明了马克思主义的科学性和真理性。但是,“东欧剧变”和苏联解体后,社会主义陷入低潮,马克思主义遭受多方质疑,一些国家和政党放弃了马克思主义的指导地位。国际大气候影响国内小气候,国内一些人对坚持党的领导、社会主义制度和马克思主义指导地位有不同看法。改革开放进程中,中国共产党顶受住国内外压力,坚持马克思主义指导思想不动摇,成功开创并拓展了中国特色社会主义。中国特色社会主义的巨大成就使处于低潮期的社会主义在中国焕发出强大生机与活力,使中国成为当今世界社会主义运动的中心地带,在资本主义占据主导地位的世界体系中高高举起了社会主义伟大旗帜。“这就不仅从现实上彻底改变了‘东方从属于西方’的世界格局,而且从理念上真实地打破了‘西方模式’引领人类文明的神话。”②中国特色社会主义在实践上的巨大成就反过来检验并证明了作为根本制度的社会主义“好”,作为领导核心的中国共产党“能”,作为指导思想的马克思主义“行”、中国化马克思主义“行”。正如《中共中央关于党的百年奋斗重大成就和历史经验的决议》所言:“马克思主义的科学性和真理性在中国得到充分检验,马克思主义的人民性和实践性在中国得到充分贯彻,马克思主义的开放性和时代性在中国得到充分彰显。”③马克思主义赢得了崭新的形象,在新时代的中国坚持和发展马克思主义具有更加有利的舆论氛围、更加广泛的群众基础和更加坚实的社会现实条件。

第二,中华优秀传统文化得到传承弘扬,中华民族的“文化自我”意识进一步增强。中华民族在漫长的发展史中,创造了博大精深的传统文化,孕育了光辉灿烂的中华文明。近代以来,由于西方列强入侵,再加上政治上层建筑腐败和社会经济基础衰败,中国传统文化受到冲击、质疑和否定,中华文明蒙尘,面临赓续危机。马克思主义传入中国并为中国共产党所掌握,中国人在精神上开始由被动转为主动。“在带领中国人民进行革命、建设、改革的长期历史实践中,中国共产党人始终是中国优秀传统文化的忠实继承

① 《马克思恩格斯选集》,第一卷,人民出版社,2012,第134页。

② 孙正聿:《马克思与我们》,中国人民大学出版社,2018,第127页。

③ 本书编写组:《〈中共中央关于党的百年奋斗重大成就和历史经验的决议〉辅导读本》,人民出版社,2021,第72页。

者和弘扬者,从孔夫子到孙中山,我们都注意汲取其中积极的养分。”①中国共产党是坚定的历史唯物主义者,坚持马克思主义的立场、观点和方法,科学理性对待民族传统文化、文化传统。中国共产党在领导中国特色社会主义现代化建设的过程中坚守中华文化立场,积极吸收优秀传统文化中的有益养分,着力克服传统文化中的局限性,坚决摒弃和改造传统文化中的糟粕部分,使现代化建设植根中华文化沃土的同时绵延了中华文脉。中国特色社会主义进入新时代,为中华文化繁荣兴盛提供了坚实的社会经济基础和政治上层建筑保障,实现了民族文化由被动到主动、自卑到自信、衰弱到繁荣的历史性转折。进入新时代,中国式现代化实现中华优秀传统文化创造性转化和创新性发展,在推动中华文化时代化中激活了中华文化,极大地增强了中华民族的“文化自我”意识。中华优秀传统文化的传承与弘扬、“文化自我”意识的增强为马克思主义基本原理同中华优秀传统文化相结合提供了文化和心理基础。

第三,中国共产党在革命性锻造中更加坚强有力,保持高度的理论清醒、历史自觉和文化自信。中国共产党是立足中国大地的马克思主义政党,既是马克思主义的坚定信仰者和实践者,又是中华优秀传统文化的忠实传承者与弘扬者。“一百年来,党坚持性质宗旨,坚持理想信念,坚守初心使命,勇于自我革命……保持了党的先进性和纯洁性,党的执政能力和领导水平不断提高。”②特别是进入新时代的十多年,党的肌体在全面从严治党中得到净化,党的理论和实践创新双重发展,党经受革命性锻造,在认识上更加清醒、政治上更加成熟,具有更为强烈的历史自觉与历史主动精神,对实现中华民族伟大复兴的历史使命更具能力和信心。与此同时,植根中华文化沃土的中国特色社会主义和中国式现代化在世界范围内展现出强大生机与活力,彰显了中华文化的时代价值和意义。中国共产党深刻认识到,中华优秀传统文化不仅是中华民族的文化基因,更是一种突出优势。中国共产党对中华文化的认识更加理性和自觉,对坚持中华文化立场和绵延中华文脉更加自信。中国共产党的理论清醒、文化自觉和自信为新征程中坚持把

---

① 习近平:《论党的宣传思想工作》,中央文献出版社,2020,第83页。

② 本书编写组:《〈中共中央关于党的百年奋斗重大成就和历史经验的决议〉辅导读本》,人民出版社,2021,第73页。

马克思主义基本原理同中华优秀传统文化相结合提供了强有力的主体条件。

六、在“结合”中造就中华民族现代新文明

马克思主义基本原理和中华优秀传统文化都是博大精深而又独立自洽的体系。两者相结合涉及方方面面,是一篇大文章,同时也是一个循序渐进,需要用心用情用力、久久为功的长期过程。坚持和推进马克思主义基本原理同中华优秀传统文化相结合要把握结合之实质、结合之主体、结合之点位,在“有机结合”“有力结合”“有效结合”上下功夫。

(一)把握结合实质,实现有机结合

马克思主义不是特定学科体系的组合,而是揭示“人类历史的发展规律”与“人类解放的学说”,不仅逻辑自洽,而且是“一整块钢铁”,具有鲜明的整体性。中华优秀传统文化源远流长、博大精深,也是自成体系。马克思主义和中国传统文化分属两种不同的体系,两者历史性地相遇后“用中国传统文化来取代马克思主义”或者“用马克思主义来拒斥中国传统文化”这“两种错误的倾向总是像梦魇一样压迫着人们的头脑”①。“近年来在继承和弘扬中华优秀传统文化的过程中,在对待马克思主义与中国优秀传统文化的关系上”,“以儒代马论”和“以马废儒论”两种错误论调依然存在。②在历史发展的特定阶段,适应特殊形势要求,马克思主义或中华优秀传统文化偏重一端有其历史合理性。但是,在马克思主义中国化和中华文化时代化发展的今天,强调坚持把马克思主义基本原理同中华优秀传统文化相结合,这里的结合既不是一方“吃掉”另一方,也不是将两者外在地、局部地、单向性地、机械式地捆绑在一起,而是内在性的、体系化的、双向互助式的有机结合。结合的实质是在坚持马克思主义基本原理本质不变、中华优秀传统文化赓续绵延前提下的“双方优势结合”和“双方功能互补”。

坚持并推进马克思主义基本原理同中华优秀传统文化实现有机结合,关键问题是要厘清“结合什么”。党的二十大报告对此有过说明:“把马克

① 韩美群、宋州:《文化建设的中国话语》,武汉大学出版社,2014,第77页。

② 参见戴木才:《“以马代儒论”和“以马废儒论”批判》,《长安大学学报》2022年第2期。

思主义思想精髓同中华优秀传统文化精华贯通起来、同人民群众日用而不觉的共同价值观念融通起来。”①那么,要把握马克思主义思想精髓、中华优秀传统文化精华、人民群众日用而不觉的共同价值观念实现其贯通、融通,需要“培养既有深厚的马克思主义理论素养,能够熟练运用马克思主义的基本立场、观点、方法分析和解决问题,又有丰富的中华优秀传统文化知识储备,能够对中华优秀传统文化内化于心、外化于行,融会贯通马克思主义和中华优秀传统文化精要的通才”②。原来那种带有“拿来主义”“实用主义”色彩的“结合”显然已经难以满足中国特色社会主义进入新时代后原创性、突破性发展的需要,难以满足马克思主义中国化创新发展的需要,难以满足中华优秀传统文化创造性转化和创新性发展的需要,而只有有机结合才能形成有潜力的超越和突破。有机结合需要把握本质、本原、本真,进而“返本开新”。这也就是为什么党的十八大之后习近平总书记反复强调“要原原本本学习和研读经典著作,努力把马克思主义哲学作为自己的看家本领”③,深化了邓小平在中国特色社会主义初创期关于“学马列要精要管用”的说法。

(二)汇聚主体合力,实现有力结合

马克思主义基本原理同中华优秀传统文化相结合不是一个自然性的过程,而是在中国共产党的领导下自觉主动进行结合并实现创新发展的过程。有力结合讲的是推进马克思主义基本原理同中华优秀传统文化相结合不仅要用心用情,更要用力,不仅要有声有色,更要有为有样。坚持把马克思主义基本原理同中华优秀传统文化相结合是一篇大文章,需要解决好动力问题。那么,“力”从哪里来?总的来讲是两个方面:一个是外部推力,一个是内部动力。外部推力主要来源于西方世界的“冲击”、国内外历史教训的“警示”以及自身发展现实问题的“倒逼”。内部动力就是马克思主义基本原理同中华优秀传统文化相结合“三大主体”之间形成的“合力”。马克思

① 本书编写组:《党的二十大报告辅导读本》,人民出版社,2022,第17页。

② 高长武:《马克思主义与中华优秀传统文化相结合四题》,《红旗文稿》2018年第5期。

③ 习近平:《推动全党学习和掌握历史唯物主义 更好认识规律更加能动地推进工作》,《人民日报》2013年12月5日第1版。

主义和中华优秀传统文化都有政治、学术、大众三种形态,对应的也有政治主体、理论主体和大众主体“三大主体”。政治主体主要是团体型的政治组织和以党员领导干部为代表的政治个体,要做好“第二个结合”的组织和动员工作;学术主体则是学术机构和学者个人,要在讲清楚“第二个结合”上下功夫,体现出学术的专业性和前瞻性;大众主体主要包括单位、家庭和个人,要从“日用而不觉”的习惯中走出,达到“察而用之”的理性自觉、知行互促。“三大主体”之间的合力决定了马克思主义基本原理同中华优秀传统文化相结合的力度。

那么,政治主体、学术主体和大众主体在坚持和推进“第二个结合”中各自发挥什么样的主体功能,不同主体力量如何形成合力呢?

第一,坚持和推进“第二个结合”是一个重大的政治任务,离不开政治主体的组织和动员。马克思主义是立党立国、兴党兴国、强党强国的根本指导思想,中华优秀传统文化是割不断的“根脉”与“基因”。马克思主义同中华优秀传统文化相结合是中国共产党在新时代总结百年党史提出的重大政治命题和政治任务,坚持“第二个结合”事关坚持和发展马克思主义,事关中华文化传承发展。中国共产党及其领导下的各级政府是当代中国最具权威、拥有优势政治资源的团体型政治主体,身处要职的领导干部是重要的个体型政治主体。政党、政府和领导干部在政策制定和国家治理中要把坚持马克思主义指导与礼敬传统相结合,发挥好组织动员、资源整合、导向激励职能,系统谋划和推动“第二个结合”走向实处。

第二,坚持和推进“第二个结合"是又一次的思想解放,需要学术主体的阐释和引领。这里的学术主体主要是指从事与马克思主义、中华文化相关研究的哲学社会科学学术机构和学者。理论是实践的先导,理论上清醒,政治上才能坚定,实践时才会有力量。恩格斯讲:“一个民族要想站在科学的最高峰,就一刻也不能没有理论思维。”①学术研究是学术机构和学者运用理论思维对研究对象进行系统化、专业性的反思、批判和审视,能够突破常识经验的狭隘性。离开学术性的观察和思考,现实只是经验性的现实,不是经过理性反思和审视的现实。当然,学术不能脱离政治实践和大众生活,

① 《马克思恩格斯文集》,第9卷,人民出版社,2009年,第437页。

否则就是抽象、空洞的概念思辨，就会显得苍白无力。推进“第二个结合”，学术主体要发挥好“报晓鸡”和“啄木鸟”的作用，以理论的方式研究现实并为政治和大众提供前瞻性的、可预见性的思想指引，要深刻总结“结合”的历史经验、教训，深度阐释“结合"的必要性、前提和结果，前瞻性思考“结合”的原则、路径和方法。习近平总书记指出：“一切有理想、有抱负的哲学社会科学工作者都应该立时代之潮头、通古今之变化、发思想之先声，积极为党和人民述学立论、建言献策，担负起历史赋予的光荣使命。”①学术主体要着力提高学术含量、学术水准，学术影响，积极参与公共事务讨论和政策制定，为大众立言立论，为中国共产党治国理政建言献策，引领“第二个结合”走向纵深。

第三，坚持和推进“第二个结合”是大众化与化大众的事业，依赖大众主体的参与和实践。当前，关于“第二个结合”相关问题的探讨主要集中在政治和学术领域，日常生活中的大众对此的关注和思考实际上并不多。“第二个结合”需要落实在政策、文件中，体现在学术成果中，但如果只停留在政治或学术范围内，没有大众的响应、参与和力行，这样的“结合”没有生命力，不是真正的结合。坚持并推进“第二个结合”归根结底要活化在社会大众的生活之中，这样的“结合”才是现实的。“仲尼有言：礼失而求诸野。”(《汉书·艺文志》)人民大众的日常生活世界是“第二个结合”最鲜活、最深厚、最丰富的实践场域。大众主体需要坚定马克思主义信仰，增强对中华优秀传统文化的认知认同；发挥首创精神，通过大众的参与和实践推动“第二个结合”走向大众生活。

推进马克思主义基本原理同中华优秀传统文化有力结合，既需要政党的组织和引导，政策措施要有牵引力，也需要学术理论上的研究和阐释，研究成果要有感染力和影响力，还需要大众的自觉践行，实践要有创造力。政治、学术和大众三大主体三力汇合形成合力，确保马克思主义基本原理同中华优秀传统文化相结合有力推进。当然，坚持和推进马克思主义基本原理同中华优秀传统文化相结合不是一朝一夕之功，既要有“功成不必在我”的精神境界与历史耐心，更要有“功成必定有我”的责任担当与历史自信。

---

① 习近平：《在哲学社会科学工作座谈会上的讲话》，《人民日报》2016年5月19日第2版。

(三) 找准结合点位,实现有效结合

马克思主义是中国社会的指导思想,中华优秀传统文化是中华民族的"根",两者相结合的成效事关党、国家和民族的前途命运。因此,两者的结合不是经院式的"蹈空",也并非经验式的"就事论事",而是"顶天立地"、切实有效的结合。实现马克思主义基本原理同中华优秀传统文化的有效结合,需要找准结合的点位,这有三个方面要重视。

第一,把握马克思主义中国化和中华文化世界化发展的历史方位,使两者的结合同向同行。马克思主义基本原理同中华优秀传统文化的有效结合是理论和实践的统一,既要正视时代发展的实际,也要立足中国社会发展的实际,不能时空错位,否则必定是"上不着天,下不着地"。"任何一种具体实际,都是一定历史时间中的实际,也是特定空间中的实际。"①因此,坚持和推进马克思主义基本原理同中华优秀传统文化相结合要理解和把握彼此发展所处的"历史方位"。这里的"历史方位"主要是指马克思主义中国化的历史方位和中华文化时代化发展的历史方位。马克思主义在 19 世纪的西欧创立,20 世纪在俄国和中国得到发展,随着中国特色社会主义进入新时代,世界社会主义运动的中心历史性地转移到当代中国,"当代中国已成为 21 世纪马克思主义的主要生长点、发展源与大本营,成为发展 21 世纪马克思主义的主要实践创新地和理论策源地"②。习近平新时代中国特色社会主义思想作为马克思主义中国化的最新成果,就是 21 世纪马克思主义。这是马克思主义中国化新的历史方位。中华文化发展的历史方位是什么呢?就是中华文化在历史上曾经长期辉煌,近代"蒙尘"并面临严峻的存续性危机,随着马克思主义的介入,逐步实现由被动到主动、自卑到自信、传统到现代、凋敝到繁荣的历史性转折。中华文化时代化发展的这一转折不仅要助力解决中国自身的问题,而且要走向世界,为世界贡献中国智慧和方案。中华优秀传统文化的这一历史方位是从"世界失我"到"世界有我",再到新时代的"世界向我"转变,可以概括为"中华文化世界化"。马克思主义

① 韩庆祥:《全面深入理解"两个结合"的核心要义和思想精髓》,《马克思主义研究》2021 年第 10 期。

② 韩庆祥:《21 世纪马克思主义的基础性问题》,《中国社会科学》2022 年第 4 期。

中国化的新历史方位,中华文化时代化的新历史方位,是总体性、根本意义上的“中国具体实际”。把握彼此所处的历史方位,在同向同行中实现“营养互济”,这是坚持和推进马克思主义基本原理同中华优秀传统文化实现有效结合的前提。

第二,聚焦时代和实践提出的重大问题,使两者的结合有的放矢。中国共产党人干革命、搞建设、抓改革,从来都是为了解决问题,为了实现心中的理想和目标。马克思指出:“问题却是公开的、无所顾忌的、支配一切个人的时代之声。问题是时代的格言,是表现时代自己内心状态的最实际的呼声。”①破解时代问题是马克思主义出场的基本路径,解决中国现实问题是中国化马克思主义发展的动力。马克思主义揭示了“资本奴役劳动并控制社会”的“时代境遇”,科学回答了人类向何处去的“时代之问”,仍然是我们观察时代、把握时代、引领时代的强大思想武器。中华优秀传统文化是中华民族的“根”,不仅标识着“我是谁”“从哪里来”,也在一定程度上影响着中华民族“向何处去”。特别是,随着中国特色社会主义进入新时代,中国式现代化开始“领起来”,中华优秀传统文化资源和文化智慧日益展现出回答时代之问、世界之问的独特价值和意义。面对世界百年未有之大变局,人类文明处在新的十字路口,坚持和推进马克思主义基本原理同中华优秀传统文化相结合,必须聚焦时代和实践提出的一系列重大理论和现实问题。要把为人民谋幸福、为民族谋复兴、为人类谋进步、为世界谋大同作为聚焦点,以统筹推进“五位一体”总体布局和协调推进“四个全面”战略布局等我们正在做的事情为中心,服务于中国共产党治国理政,服务于现代化强国建设。马克思主义基本原理同中华优秀传统文化相结合得是否有效,关键就看有没有切实能够解决中国实际问题,推动中国化马克思主义理论创新发展,推动中华优秀传统文化创造性转化、创新性发展,为引领构建人类命运共同体与建设人类文明新形态提供原创性智慧和方案。

第三,坚持守正基础上的创新,使两者的结合同频共振。马克思主义基本原理同中华优秀传统文化相结合是在新时代明确提出的,但是,走得再远,这并非是新近才产生的问题,而是贯穿于马克思主义中国化百余年历史

① 《马克思恩格斯全集》,第1卷,人民出版社,1995,第203页。

之中，贯穿于中国共产党所领导的中国文化现代转型变迁史中。“一切向前走，都不能忘记走过的路”①，历史中形成的规律性认识、正确的经验与原则需要继承和坚守。而对原则性的继承和坚守不能故步自封，更不能“削足适履”，必须结合新的情况进行创新发展。坚持和发展马克思主义，推动中华优秀传统文化的创造性转化、创新性发展，还有许多未知领域。但是，走得再远，马克思主义基本原理的本质原则不能变，中华优秀传统文化不能割裂。在守正中创新，是确保有效结合的一个基本原则。习近平总书记指出：“守正才能不迷失方向、不犯颠覆性错误，创新才能把握时代、引领时代。”②中国近代以来的革命、建设和改革开放史表明，不是传统文化救了中国，而是马克思主义指引中国革命胜利进而挽救了中华文化的危机；不是传统文化把一个满目疮痍、贫穷落后的中国推向世界，而是中国化马克思主义发展、富强了中国进而将中华传统文化推向世界。中华传统文化是在中国传统社会产生的，不仅有鲜明的民族性，而且也确有其历史性（突破性与局限性）。要警惕马克思主义基本原理同中华优秀传统文化相结合过程中消极因素的渗入，真正使马克思主义思想精髓同中华优秀传统文化精华相贯通。

---

① 习近平：《在庆祝中国共产党成立 95 周年大会上的讲话》，《人民日报》2016 年 7 月 2 日第 1 版。

② 习近平：《高举中国特色社会主义伟大旗帜 为决胜全面小康社会实现中国梦而奋斗》，《人民日报》2017 年 7 月 28 日第 1 版。

第十三章　命运与共：新时代引领构建人类命运共同体

中国共产党自成立以来，始终以“对人类有较大的贡献”作为使命担当，不仅愿意为中国人民造福，也愿意为世界各国人民造福。现代科技与资本增殖逻辑的结合催生了经济的全球化运动，世界在客观上越来越成为一个紧密联系的“地球村”。但是，这一畸形共同体没有促进国家或地区间的共同发展、同步发展，也没有让所有人共赢共享现代文明发展成果。随着旧殖民体系瓦解，一大批新兴市场和发展中国家走上发展快车道，世界格局正处在一个加快演变的历史进程之中。站在人类发展的十字路口，习近平总书记用共产党人的大历史观回顾历史进程、洞察时代风云、展望人类未来，提出构建人类命运共同体的理念，他在庆祝中国共产党成立100周年大会上的重要讲话中强调：“以史为鉴、开创未来，必须不断推动构建人类命运共同体。”面对全球“治理赤字、信任赤字、发展赤字、和平赤字”等重大世界问题，构建人类命运共同体是新时代人类文明走向的中国判断，具有引领国际秩序建构与文明发展新方向的重大理论与现实意义。

一、世界乱象及其根源

进入21世纪，战争危机、民主乱象、贫富差距、资源枯竭、环境恶化等已经上升为全球性问题。面对全球性问题，西方国家长期以来使用的资源掠夺、矛盾转移、污染转嫁等以邻为壑的手段难以为继。2008年金融危机之后，全球经济疲软；地区发展不平衡，影响世界和平稳定；全球治理滞后，难以适应世界发展新形势。当代资本主义世界体系深层结构出了问题，社会发展的动力、平衡与治理机制出了问题。习近平总书记指出:“单边主义、保护主义、霸凌行径愈演愈烈,治理赤字、信任赤字、发展赤字、和平赤字有增无减。”①

(一) 治理赤字

世界一体化的发展,打破了原来孤立隔绝的状态,不同的群体越来越置身于一个彼此关联的场域之中。在全球化的进程中,一些地域性的治理规则和方式越来越被更具普遍性的全球治理规则和方式所取代,地域性的治理规则和治理方式与全球性的治理规则和方式并存。一些国家和地区要把自己的治理规则和治理方式凌驾于其他地区之上,带来民族之间、国家之间、地区之间的矛盾和冲突,由此造成两次世界大战。各国民众遭受苦难,付出了惨重代价,全球治理的问题被推到了时代的前沿。在血与火的洗礼下,世界力量暂时达到一定的均势,以联合国为代表的国际组织和以欧盟为代表的区域组织纷纷产生。在这样的国际规则和治理体系下世界保持了一定程度的秩序和稳定。但是,这种国际体系是建立在力量均势基础之上的,是战争的战胜方所主导乃至对战败一方的胁迫之下形成的,并非是各方自愿一致达成的。因此,这种国际体系实际上是一种由各自实力所体现的体系,隐藏着一种危机。这种危机就是,一旦实力均衡被打破,这种体系和规则便会逐步失去治理能力。果不其然,随着一些老牌强国的衰落,特别是一些新兴市场国家和发展中国家的群体性崛起,原有的国际治理体系存在的问题逐渐暴露出来,对主权国家来说一些国际权利和义务不对等的情况比较突出;一些国际组织的功能难以有效发挥,在纷纷要求变革全球治理体系的背景下,全球治理实际上进入了一个“空档期”。就是说,既有的治理体系、治理规则不被认可,甚至纷纷被破坏,但新的国际治理体系和治理规则还没有确立起来。这就是所说的全球治理出现“赤字”。当前,全球热点问题此起彼伏、持续不断,在百年未有之大变局和世界进入新的动荡变革期的复杂局面下,各种安全威胁更是持续蔓延、相互交织,现行全球治理体系难以有效应对,治理赤字有增无减。治理赤字根源在于单边主义、霸权主义。

---

① 习近平:《习近平谈治国理政》,第四卷,外文出版社,2022,第455页。

从治理理念看,西方国家以小集团政治谋求世界霸权,奉行“一国独霸”或“几方共治”的治理逻辑,鼓吹所谓“霸权稳定论”逻辑;从治理主体看,全球治理体系的代表性、包容性严重不足,西方发达国家手握全球治理体系主导权与话语权,而广大发展中国家难有“一席之地”;从治理目标看,当今全球治理体系易成为少数大国谋取私利、强化垄断地位的手段;从治理能力看,不健全不完善的全球治理规则机制、严重滞后的全球治理能力无法有效应对世界经济、国际格局和社会生活变化带来的新挑战。

(二)信任赤字

信任是一种稳定的信念,维系着社会共享价值和秩序,是个体对他人话语、承诺和声明可信赖的整体期望。国际信任是主权国家、地区和国际组织之间彼此对各自话语、承诺和声明等的一种“相信”,对彼此会做出一种可预期行为的“信心”。国际信任是国际政治中各国关系保持稳定、促进国际合作、共同应对全球性问题的前提和基础。国际信任作为国际间一种稳定的信念,强调行为体认为对方可以信赖,并基于这种判断进行互惠合作,信任因此在维系国际共享价值和稳定方面发挥着重要作用。长期以来,由西方发达国家所主导的世界体系与国际规则问题越来越多。一些发达国家采取双重标准,用规则严于律人,自己该履行义务时动辄退群,带头不遵守自己当年所强调的规则,带头失信于国际。当然,也有一些国家随着自身力量的变迁,自主性也越来越强。其结果就是,当今世界民粹主义、排外主义、单边主义、保护主义、霸权主义滋生蔓延,冷战思维根深蒂固,你输我赢的零和博弈从未缺场,国际经济竞争摩擦、地缘政治博弈呈现加剧之势,不同文明、民族、国家、社会制度之间信任度持续走低,整个国际社会信任赤字严重并有蔓延加剧之势。“意识形态冲突论”“社会制度对抗论”“文明冲突论”等论调沉渣泛起。面对世纪疫情,各国之间本应相互信任、交流合作,但事与愿违,一些国家将疫情政治化、污名化,搞“甩锅”、推责,导致各种分歧、偏见接踵而来。

(三)和平赤字

和平代表着一定的秩序和稳定,而战争就是对这种稳定和秩序的最大破坏。从古至今，战争与和平与人类社会相伴而生。两次世界大战之后，和平与发展成为时代潮流。特别是随着苏联的解体，两大阵营对立的格局解构。但是，霸权主义和强权政治在国际上从未消失，这两个带有全球战略性的问题至今一个都没有解决。进入 21 世纪之后，尽管世界整体趋于稳定，“世界一体化”向纵深发展，但局部冲突此起彼伏、军备竞赛从未消停、恐怖主义层出不穷，给和平与发展的时代主题蒙上一层阴影。① 特别是随着国际体系转型与百年未有之大变局的加速演进，单边主义、民粹主义沉渣泛起，“冷战思维”以改头换面的形式存续，世界不稳定性不确定性明显上升，我们所处的安全环境依然堪忧，霸权主义和强权政治从未根治，和平赤字远未解决。

当今世界和平赤字的根源在于西方霸权逻辑。在现代化的过程中，西方文明凭借其发达的工业经济和科学技术实力，包括先进的军事武装力量，迅速走在了世界的前列，西方文明也成为一种强势文明。但是，由于西方文化中存在的“主客二元”对立思维，使强大起来的西方文明、西方文化缺乏对这个世界其他文化和文明的平等对待。西方中心主义、西方中心论、白人优越论实际上是对西方霸权逻辑的文化表达。威斯特伐利亚体系是欧洲人确立的权力政治、丛林法则、力量均衡、零和博弈、霸权稳定体系，其背后是西方人的“主客二元”对立思维和从实力出发的强势霸权逻辑。一些西方国家秉承的是实力逻辑、强权逻辑，主张从所谓“实力地位”出发，推行霸权、霸道、霸凌；主张对抗—结盟的国际交往观，热衷于搞“小圈子”“小集团”，推行排他性的、对抗性的抱团结盟机制；为实现本国或国家联盟的安全目标，不惜牺牲别国安全，把自身安全建立在别国动荡基础之上。

（四）发展赤字

在《习近平谈治国理政》第四卷中，习近平总书记深刻指出：“世界经济陷入低迷，经济全球化遭遇逆风，单边主义、保护主义抬头，公平和效率、增长和分配、技术和就业等矛盾更加突出，贫富差距仍普遍存在。”②全球发展赤字问题显著，其主要表现为：“动能不足。”世界经济深层次、结构性矛盾

① 吴志成、李佳轩：《全球和平赤字治理与中国的责任担当》，《国家安全研究》2022 年第 1 期。

② 习近平：《习近平谈治国理政》，第四卷，外文出版社，2022，第 419 页。

严重制约了世界经济发展；传统动力机制、增长引擎推动经济发展的动能不断减弱，新的动力机制、新的经济增长点又没能有效培育起来，经济领域全球增长动能不足，难以支撑世界经济持续稳定增长。“治理滞后”。全球经济治理滞后，全球经济治理机制未能适应世界经济新变化新需求，难以有效化解国际金融市场频繁动荡、资产泡沫积聚等诸多问题；全球经济治理体系代表性和包容性不够，难以有效反映国际经济力量对比发生的深刻变化。“发展失衡”。全球发展不平衡主要表现为发达国家与发展中国家之间的南北差距、资本与劳动之间的贫富差距越来越大。正如习近平总书记所言：“疫情之下，各国经济复苏表现分化，南北发展差距面临扩大甚至固化风险。”①

（五）乱象根源

“我们正处在一个挑战频发的世界。和平赤字、发展赤字、治理赤字，是摆在全人类面前的严峻挑战。”从根本上来说，当前世界困局在于不同国家、民族和文化单元中的人们已然处身于相互联系、相互依存的“地球村”中，但仍缺乏一种“命运与共”的共同体意识。当代资本主义世界体系深层结构出了问题，社会发展的动力、平衡与治理机制出了问题，出现了“和平赤字、发展赤字、治理赤字”问题。

近代以来，西方国家在生产技术、社会经济、政治制度与思想文化等领域突飞猛进。特别是在18世纪以后，工业革命使资本主义生产方式、政治制度与文化意识形态在世界范围内确立。大工业替代了手工场，资本到处落户、到处开发、到处建立联系，形成了资本主义世界体系。资本主义世界市场“使一切国家的生产和消费都成为世界性的了”②，不同地方、不同民族的人们通过市场联系在一起。人们不仅在物质上从自给自足的封闭状态走向相互往来和相互需要，而且在精神文化上不断克服时空片面性与局限性，追求一种公共性的精神产品。在先进的科技、丰富的物质经济与强大军事实力的助推下，以自由主义价值观与利己主义思想为核心迎合并服务于资本增殖逻辑的近现代西方文化逐步走到世界的前列。生产技术的革新，交

① 习近平：《习近平谈治国理政》，第四卷，外文出版社，2022，第461页。

② 《马克思恩格斯文集》，第2卷，人民出版社，2009，第35页。

通与通信的便利,西方资本主义国家向外殖民侵略,资本主义工商业文化席卷世界。以西方文化剪裁、压制非西方文化,以暴力方式推行西方霸权文化,将其他地区变为西方世界的附属地,不同历史与民族特色的多样文化被裹挟进入一个虚幻的、畸形的共同体中。

西方资本主义势力所到之处,野蛮推广其生产方式、文化与价值观,许多固有的、封闭的、地方性的文化被连根拔起。长期惨无人道的殖民扩张转嫁和掩盖了资本主义经济、制度、文化内在的矛盾。进入20世纪,西方资本主义社会文化危机愈加凸显。周期性的经济危机,特别是两次世界大战凸显了资本主义制度与文化上的深层问题。进入后工业时代,“全球资本通过所有权机制完成对经济的控制,通过国家权力分立制衡和军队国家化完成对政治的控制,通过媒体私有化完成对意识形态的控制,从而形成由资本集权的新资本主义模式”①。进入21世纪,西方资本主义文明备受挑战。经济全球化让世界联系越来越紧密,彼此形成连带效应,战争危机、民主乱象、贫富差距、资源枯竭、环境恶化等已经上升为全球性问题。面对全球性问题,西方国家长期以来使用的资源掠夺、矛盾转移、污染转嫁等以邻为壑的手段难以为继。这些问题归结起来就是发展动力不足,全球经济疲软;地区发展不平衡,影响世界和平稳定;全球治理滞后,难以适应世界发展新形势。一些国家、民族认不清彼此之间的连带效应,过分追求自我利益优先性,无视甚至损害他国利益,造成世界范围内利益与资源单向流动,发展严重不均衡,进而危及共同体的良性运转。从文化的角度来看,这根源于西方文化中“主客二分”的固有思维,根源于西方中心论的狭隘理念,根源于自由主义的人性神话,根源于维护资本逻辑的社会制度架构。要解决人类面临的一系列突出问题,需要一种新的共同体观念,构建一种新的真正意义的命运共同体,引领文明新发展。

二、中国理念和方案

1956年,在党的八大期间,毛泽东曾表示:“过去人家看我们不起是有理由的。因为你没有什么贡献……你有那么多人,你有那么一块大地方,资

① 韩庆祥、张健:《中国特色社会主义建设实践的内在逻辑与发展趋势》,《中国社会科学》2013年第3期。

源那么丰富,又听说搞了社会主义,据说是有优越性,结果你搞了五六十年还不能超过美国,你像个什么样呢?那就要从地球上开除你的球籍!”[①]“中国是一个大国,它的人口占全世界人口的四分之一,但是它对人类的贡献是不符合它的人口比重的……将来要变成什么样子,是要看发展的。”“中国应当对于人类有较大的贡献。”[②]60 年后,习近平总书记在庆祝中国共产党成立 95 周年大会上的讲话指出:“中国共产党人和中国人民完全有信心为人类对更好社会制度的探索提供中国方案。”[③]面对世界乱象和全球治理的“四大赤字”,习近平总书记站在全球发展和人类文明进步的高度,回答时代之问、世界之问,提出构建人类命运共同体,为解决世界问题贡献中国方案。

(一)倡导构建人类命运共同体

立足国际发展新形势与新要求,党的十八大提出“要倡导人类命运共同体意识”。2012 年 12 月 5 日,习近平总书记在同国外专家代表座谈时首次提出了“命运共同体”理念。他指出:“国际社会日益成为一个你中有我、我中有你的命运共同体。面对世界经济的复杂形势和全球性问题,任何国家都不可能独善其身、一枝独秀,这就要求各国同舟共济、和衷共济,在追求本国利益时兼顾他国合理关切,在谋求本国发展中促进各国共同发展,建立更加平等均衡的新型全球发展伙伴关系,增进人类共同利益,共同建设一个更加美好的地球家园。”[④]随后,习近平总书记在多个场合提及并系统阐述“命运共同体”的主张。2013 年 9 月,在二十国集团领导人峰会的发言中,习近平主席指出:“各国要树立命运共同体意识,真正认清‘一荣俱荣、一损俱损’的连带效应,在竞争中合作,在合作中共赢。”[⑤]2014 年 3 月,在联合国教科文组织总部的演讲中,习近平主席指出:“当今世界,人类生活在不同文化、种族、肤色、宗教和不同社会制度所组成的世界里,各国人民形成了你中有我、我

① 《毛泽东文集》,第七卷,人民出版社,1999,第 89 页。

② 《毛泽东文集》,第七卷,人民出版社,1999,第 124、157 页。

③ 习近平:《习近平谈治国理政》,第二卷,外文出版社,2017,第 37 页。

④ 中共中央文献研究室:《习近平关于全面深化改革论述摘编》,中央文献出版社,2014,第 128 页。

⑤ 习近平:《共同维护和发展开放型世界经济》,《人民日报》2013 年 9 月 6 日第 2 版。

中有你的命运共同体。”①2015年9月28日,在出席纽约第七十届联合国大会一般性辩论时,习近平主席对“人类命运共同体”这个理念作了系统的论述。人类命运共同体的主要内涵是:“建立平等相待、互商互谅的伙伴关系,营造公道正义、共建共享的安全格局,谋求开放创新、包容互惠的发展前景,促进和而不同、兼收并蓄的文明交流,构筑尊崇自然、绿色发展的生态体系。”2017年1月18日,习近平主席在联合国日内瓦总部发表《共同构建人类命运共同体》的主旨演讲,提出“构建人类命运共同体,实现共赢共享”的中国方案。中国不仅在理论和观念上反复向周边国家、向亚洲、向世界表达和阐释构建人类命运共同体的倡议,而且通过“一带一路”等具体倡议和行动来践行人类命运共同体理念。“构建人类命运共同体”理念受到越来越多国家和地区的认同,并在联合国社会发展委员会第55届会议中写入联合国决议。

(二)人类命运共同体的思想内涵

在国际力量发生深刻变换的进程中,中国提出“人类命运共同体”理念来寻求共同发展,应对共同的全球性问题。“人类命运共同体”是利益共同体、责任共同体,也是情感共同体。可以从时代背景、哲学基础、价值指向与实践路径四个方面把握“人类命运共同体”的内涵。

“休戚与共”的国际体系是提出“人类命运共同体”思想的客观前提。共同体及其思想古已有之,但“休戚与共”的特性却是人类社会近代以来的产物。这是由于资本主义工商文明打破了农耕文明孤立、封闭的自给自足状态,各民族、地区在相互往来中越来越相互依赖。特别是,随着经济一体化以及交通和通信技术的发展,生产与消费跨国界进行,彼此之间经济相互渗透,一国的发展越来越取决于国际的共同发展。再加上战争、生态、能源等全球性问题与威胁波及的范围越来越广,无人能置身事外,世界各国人民客观上已经置身于“休戚与共”的整体之中。应对共同的问题与挑战,实现彼此的发展,有赖于国际社会同心同德、同舟共济,迫切需要新共同体意识的牵引。这是理解“人类命运共同体”思想形成的客观国际现实,也是时代

① 习近平:《在联合国教科文组织总部的演讲》,《人民日报》2014年3月28日第3版。

背景。

“和合共生”是“人类命运共同体”理念的哲学基础。每个人都生活在一定的共同体中,追求共同体内的大同与和平是数千年来人类的共同期盼。马克思指出,人在现实性上是各种社会关系的总和,“一个人的发展取决于和他直接或间接交往的一切人的发展”。人的社会关系属性,决定了人生活在共同体中,并且“只有在共同体中才可能有个人自由”①。近代以来,西方社会个人主义和自由主义盛行,充斥着进化论斗争哲学与功利主义的利己思想。主客二元论的斗争哲学与利己思想渗透于威斯特伐利亚体系,在国际政治上形成了我对你错、我赢你输、赢者通吃的零和博弈与国强必霸的观念逻辑、思维定式。一些西方国家自以为是地把自己地方性的标准、价值观绝对化和唯一化,并在世界范围内齐一化地强制推行。这是导致当今世界发展不平衡以及西方世界乱象丛生的哲学根源。中国倡导的“人类命运共同体”理念基于“和合共生”的哲学基础。“和合共生”是东方哲学智慧的集中体现。“和合”是事物存在和发展的基础,正所谓“和实生物,同则不继”。“共生”是事物存在和发展的关系状态,正所谓“万物并育而不相害,道并行而不相悖”。“和合共生”哲学主张在承认差异和个性、承认彼此都是平等主体的前提下追求和平、合作与和谐,实现共赢共生共荣。“人类命运共同体”理念强调在承认不同国家、民族差异与个性的前提下,通过协商合作而实现和谐共生,体现了“和合共生”的东方哲学智慧。

“普惠共享”是“人类命运共同体”的价值指向。长期以来,西方资本主义主导经济全球化,“强调单一经济因果关系,把多重领域的全球化简化为单一经济领域的全球化,同时这一领域是单向发展的”②。经济领域的单向发展遮蔽了发达国家经济背后的政治意识形态和文化价值观,为其宣扬“普世价值”提供了条件和方便。尽管“普世价值”本质上是虚伪的,但至少仍坚持普世主义的形式。当前,实现可持续发展,应对全球性问题,人类前所未有地处在休戚与共的整体之中。但是,一些国家不愿别人“搭便车”,孤立主义和保守主义等以邻为壑的思想和行为有所抬头。“一花独放不是春,

---

① 《马克思恩格斯文集》,第 1 卷,人民出版社,2009,第 571 页。

② 乌尔里希·贝克:《什么是全球化? 全球主义的曲解:应对全球化》,华东师范大学出版社,2008,第 11 页。

万紫千红春满园”,人类处于选择的十字路口,需要一种更有深度和温度的价值观来引导。“人类命运共同体”理念直指当前存在的“和平赤字、发展赤字、治理赤字、信任赤字”,坚持“普惠共享”的价值方向。“普惠共享”价值观强调尊重差异前提下的你好、我好、大家好,在实现全人类普遍互利共赢共享的同时更加注重对社会最不利者、最弱势者的照顾。国际社会是一个大家庭,“大家一起发展才是真发展,可持续发展才是好发展。要实现这一目标,就应该秉承开放精神,推进互帮互助、互惠互利”①。

“共商共建”是走向“人类命运共同体”的实践路径。追溯经济全球化的三次浪潮,我们清晰地看到许多发达国家都曾将自己国家的发展建立在对世界其他地区的殖民与霸权基础上。今天,随着第三世界与广大发展中国家和地区的兴起,由发达资本主义国家主导的经济全球化与国际格局正在被改写。在“休戚与共”的现代国际体系中,任何国家或地方的长远持续发展都再也不能建立在另一部分国家的不发展或欠发展基础上,强权政治与单边主义已经行不通。国际法赋予各国平等地位,国际事务不能任由个别国家或利益集团说了算。世界命运应当由各国共同掌握,国际规则应当由各国共同书写,全球事务应当由各国共同治理。中国倡导构建“人类命运共同体”,主张“世界上的事情越来越需要各国共同商量着办”,坚持“以对话解争端、以协商化分歧”。本着有事大家好商量的原则,欢迎各国搭乘中国发展的“快车”“便车”,“共商共建”更加和平、繁荣的世界。因此,“共商共建”是“人类命运共同体”的题中之义,也是构建“人类命运共同体”的路径遵循。

(三)人类命运共同体引领文明新航向

人类命运共同体理念是在国际秩序深刻调整期,特别是在全球化发展关键节点上,中国推动构建更加公正合理国际秩序,实现人类共同发展、共同进步的重大理论贡献。这一理念凝聚和体现人类发展的价值共识,有助于打破零和博弈思维,实现不同国家之间的共赢,具有重大的实践价值。

第一,“人类命运共同体”理念倡导合作共赢的利益观,有助于为世界

---

① 习近平:《携手构建合作共赢新伙伴 同心打造人类命运共同体》,《人民日报》2015年9月29日第2版。

营造更好的发展环境。马克思曾经说过:"'思想'一旦离开'利益',就一定会使自己出丑。"①共同利益是国际合作、国际交往发生、发展的客观基础和最主要的动力,建设人类命运共同体必须写好"共同利益"的篇章,厚植利益因子,形成共同意愿,达成合作共识,齐心协力同行,实现互惠共赢。人类命运共同体强调各个国家之间的关联性,强调发展的荣辱与共性,这种"休戚与共""命运与共"的共同体意识能够对当前的反全球化、贸易保护主义等逆潮形成反制。推动全球化深入发展有利于实现资源的更合理配置,人类命运共同体倡议兼具国际主义的工具理性和价值理性。正如习近平总书记强调的:"我们参与全球治理的根本目的,就是服从服务于实现'两个一百年'奋斗目标、实现中华民族伟大复兴的中国梦。"②"人类命运共同体"倡议不仅有利于世界的共同发展,也有利于为中国发展营造更好的环境与条件。

第二,"人类命运共同体"理念倡导可持续的发展观,有助于推动世界经济复苏,实现人类共同永续发展。发展是时代的主题,是消除冲突的根本,也是解决好各种全球性挑战的钥匙。发展理念是发展行动的先导,在很大程度上决定了发展的效果。近代以来,经济全球化过程中弱肉强食、以邻为壑的狭隘发展观给世界带来了邓小平所说的"东西南北问题"。今天,发达国家消费有限、经济增长乏力,而发展中国家生产有限、消费长期得不到满足,资源和利益向少数发达国家单向流动,造成世界范围内生产与消费的供需矛盾。全球经济低迷难振,发展前景不明朗,多种逆潮蠢蠢欲动。经济全球化处在新的十字路口,只有秉持正确的发展理念,才能实现人类的共同发展、和平发展和永续发展。在此背景下,中国提出"人类命运共同体"理念,倡导和平发展、合作发展、共同发展、永续发展、绿色发展、公平发展、开放发展、全面发展、创新发展、安全发展的发展观,为世界经济复苏提供了方向,也为实现人类共同永续发展提供了"中国方案"。

第三,"人类命运共同体"理念倡导更为公正的国际权力观,有助于国际关系和国际秩序朝着更加公平合理的方向发展。近代以来,《维斯特伐利

① 《马克思恩格斯文集》,第1卷,人民出版社,2009,第286页。

② 《推动全球治理体制更加公正更加合理 为我国发展和世界和平创造有利条件》,《人民日报》2015年10月14日第1版。

亚和约》促进了民族国家体系的形成，也在相当程度上促进了国际和平与稳定，奠定了现代国际关系体系的基础。但是，随着经济全球化与政治民主化的发展，其历史局限性日渐明显，建立一个互相平等、互相尊重的多元化世界日益成为绝大多数国家的强烈愿望。国际力量大转移，各国纷纷要求改变现有国际格局，构建更公正国际政治经济新秩序的时代背景下，“人类命运共同体”理念倡导新的国际权力观，全面系统地回答了当今世界要构建什么样的国际关系、国际秩序和国际体系以及如何建构的问题。这必将有力地推动国际关系和国际秩序朝着更加公平合理的方向发展。

第四，“人类命运共同体”理念倡导新的全球治理观，能够有效缓解和共同应对全球性问题。长期以来，少数大国、强国在国际和全球事务中发挥着特殊的作用。当前，国际体系和国际秩序深刻调整，全球性风险和问题突出，原有的全球治理机制面临复杂问题挑战。中国作为和平发展的实践者、共同发展的推动者，日益成为全球治理的参与者和贡献者，正在从全球治理的外围走向中心。中国与国际社会一道积极推动全球治理体系改革，提出“人类命运共同体”理念，强调国家治理与全球治理的协同性，倡导公平、开放、包容、民主、可持续的新型全球化和新型全球治理。这一理念既顺应和平发展的时代潮流，又反映全球治理的多边化大趋势，将在实践上引领新型全球化，推动由西方治理向全球治理的转变，破解全球治理困境。

第五，“人类命运共同体”理念倡导包容互鉴的文明观，其实践意义在于引领世界文明发展新方向。长期以来，文化中心主义观念盛行，“文明与野蛮”“先进与落后”的二元对立思维将差异等同于冲突，“文明冲突”论甚嚣尘上。这种观念将世界人为地条块化，也从心理和情感上将不同民族隔离开来，傲慢与偏见阻碍文明交流互鉴。随着全球化的深入发展，不同文化同台相遇，人类文明发展有着丰富的可能，也面临新的抉择。习近平总书记指出：“不同文明凝聚着不同民族的智慧和贡献，没有高低之别，更无优劣之分。”①“人类命运共同体”理念强调世界各国人民命运与共，主张不同民族文化交流互鉴，倡导“平等相待，互学互鉴，兼收并蓄”的新文明观。各个国家、民族的人们只有真正增强人类命运共同体的意识，秉持包容互鉴的文明

① 习近平：《携手构建合作共赢新伙伴 同心打造人类命运共同体》，《人民日报》2015 年 9 月 29 日第 2 版。

观,人类才能提升现有文明的深度与水平,才可能拥有共同的未来。

在人类发展的十字路口,中国高举和平、发展、合作、共赢旗帜,推动文明交流互鉴,引领构建人类命运共同体,实际上就是站在了历史正确的一边,站在了人类进步的一边,站在了时代潮流的前沿,必将更好发展自身、造福世界,也会越走越宽广。中国始终做世界和平的建设者、全球发展的贡献者、国际秩序的维护者,既不输出战争与革命,也不输出饥饿与贫穷,有效克服了资本主义现代化和资本主义文明所推崇的“资本至上”“国强必霸”“文明冲突”的逻辑,开启了社会主义文明新形态。随着世界社会主义运动的中心转向中国,人类命运共同体理念和方案的优势将进一步彰显,必将深刻影响人类文明史进程。

(四)中华文化助力构建人类命运共同体

中国倡导的“人类命运共同体”理念无疑是一种进步的主张,但在目前资本主义世界体系主导格局下,一些国家对中国的快速发展“五味杂陈”,以“中国威胁论”“中国担忧论”“中国责任论”等质疑甚至攻击中国倡导的“人类命运共同体”理念。因此,要真正将“人类命运共同体”理念从中国声音转变为人类共同的声音,就不能仅仅停留于经济和政治层面,需要深入到绵延久远的中华历史文化积淀,从中寻求文化与价值支撑。下面主要从价值理念、思维方式与社会心态方面谈一谈中华文化对构建人类命运共同体的功能与意义。

传承中华优秀文化理念,为构建“人类命运共同体”提供价值支撑。“人类命运共同体”理念植根于传承千百年的中华文化,是中华文明智慧的创新和发展。中国自古就是一个多元文化的共同体,多元一体的中华文化一以贯之地秉持着“己所不欲,勿施于人”的恕道思想。中华文化中的“恕道”思想强调彼此互为主体,主体之间承认差异、相互平等、和而不同。这一思想内蕴着彼此尊重、平等相处、换位思考、仁爱和合、天下大同的人道精神与人文追求。这些理念追求贯彻在人与自然关系层面上就体现为“天人合一”的宇宙观,在国际关系层面上就是“天下一家”“协和万邦”的国际观,在人与社会层面上体现为“和而不同”的社会观,在人与人的关系上体现为“仁心和善”的道德观。千百年来,这一“恕道”思想已经潜移默化为中国人的文化基因，也已被西方世界认定为道德“金规则”。当今人类已经处在休戚与共的命运共同体之中，一个国家的发展也越来越取决于其他国家的共同发展。中华文化绵延久远，讲礼仪、尚和谐、求大同，“在5000多年的文明发展中，中华民族一直追求和传承着和平、和睦、和谐的坚定理念”①。中华文化中的“恕道”思想有助于纠正当前国际上两极对立的冷战思维、零和博弈与强权政治，为“人类命运共同体”建设提供思想文化资源与价值理念支撑。

发挥中华文化的思维特长，为构建“人类命运共同体”提供新思维。思维方式是文化的深层本质，对人类行为起支配作用。著名历史学家汤因比特别看重中国人的思维方式，他在20世纪80年代就预言，21世纪将是中国文化的世纪。“世界统一是避免人类集体自杀之路。在这点上，现在各民族中具有最充分准备的，是两千年来培育了独特思维方法的中华民族。”②汤因比看重中国人的精神与思维方式，但并没有对中国人的思维方式详细展开论述。在我们看来，同西方文化相比中华文化突出整体主义思维视角、辩证逻辑的思维进路以及历史主义思维习惯。比如，“天人合一”体现了整体主义思维视角，“阴阳和合”体现了辩证逻辑的思维进路，“前事不忘，后事之师”体现了历史主义思维习惯。构建“人类命运共同体”实际上就是在倡导一种整体主义的思维视角，也即把世界、全人类当作一个休戚与共的整体。从人类整体的角度来看，构建“人类命运共同体”就是要努力“求同存异，扩同减异”。要从全球、全局的高度来平衡国家、民族、地区间的利益和关系，追求整体与长远发展，避免陷入“民粹主义”“孤立主义”“保护主义”等逆全球化误区。同时，构建“人类命运共同体”也需要运用辩证逻辑的思维进路灵活协调自我与他者、整体与局部、眼前与长远的利益与关系，避免“你死我活”“你输我赢”的对立思维与零和博弈逻辑。另外，构建“人类命运共同体”也要坚持历史主义思维。不同国家有不同的历史背景，处在不同的历史方位，应当坚持用历史和发展的思维“共同而有区别”地承担国际责

① 习近平：《在中国国际友好大会暨中国人民对外友好协会成立60周年纪念活动上的讲话》，《人民日报》2014年5月16日第2版。

② 汤因比、池田大作：《展望21世纪：汤因比与池田大作对话录》，国际文化出版公司，1997，第284页。

任与义务。

彰显中华文化心态，为构建“人类命运共同体”提供健康心理基础。社会心态是一个国家、一个社会具有普遍性与代表性的心理特征和心理倾向，是在“长期的社会经济、政治、文化关系及其相互作用的历史过程中生长、形成和发展的，并在很大程度上制导着人们的深层人格、思维定式和行为取向”①。中华文化“超百万年的文化根系，长万年的文明启步，五千年的古国，两千年的中华一统实体”②，培养了中华民族开放包容的胸襟、自强不息的精神、美美与共的文化心态。多民族共同生活，东西南北差异大，多元一体、和而不同、开放包容是中华民族一以贯之的文化品格。春秋时期的百家争鸣成就了中国和而不同的多元文化经典，印度佛教东传证明了中华文化的巨大包容性，大唐盛世展示了中华文化的开放胸襟。自强不息、厚德载物的民族文化精神支撑中华民族敢于直面一切不幸和困难，使我们总能绝境逢生并一步步走向强大。中华民族秉持“各美其美，美人之美，美美与共”的文化心态，形成了“多元一体”的民族文化格局。中华文化塑造了“多元一体”的中华民族，凝聚了多民族共同生活的经验、心理和智慧。当今世界，全球化使不同国家、民族的人们生活在你中有我、我中有你的共同体中。全球化催生的人类命运共同体与中华民族大融合形成的民族共同体尽管不同，但却有着相似的逻辑。构建人类命运共同体离不开理性平和、乐观积极、共享共赢的心理基础。中华文化开放包容、自强不息、美美与共的文化心态能够为世界各国、各民族携手构建人类命运共同体提供一种借鉴、参照，甚至是引领。

民族文化是民族的共同精神血脉，是一个民族绵延久远的内在根据，也是世界文化多样性的重要内容。毛泽东曾经指出：“一个民族能在世界上在很长的时间内保存下来，是有理由的，就是因为有其长处及特点。”③中华民族绵延久远，拥有灿烂辉煌的历史和文化。中华优秀传统文化所包含的价值理念、思维方式、文化心理等反映了中华民族千百年来的共同生活的独特智慧，能够为构建人类命运共同体提供强大的精神滋养。中华优秀传统文

① 胡红生：《社会心态论》，中国社会科学出版社，2011，第48页。

② 苏秉琦：《华人·龙的传人·中国人——考古寻根记》，辽宁大学出版社，1994，第245页。

③ 中共中央文献研究室：《毛泽东西藏工作文选》，中央文献出版社，2001，第113页。

化有的以文字的形式为历史所记忆,有的依然蕴藏在人民群众的日常社会生活之中。我们需要从历史传承、从社会生活的实际中发掘中华优秀传统文化基因,并进一步将此基因活化。我们应当坚定文化自信,在努力推动中华优秀传统文化创造性转化与创新性发展的进程中构建人类命运共同体。

三、中国式现代化科学回答"现代化之问"

习近平总书记在庆祝中国共产党成立100周年大会上的重要讲话中指出:"我们坚持和发展中国特色社会主义,推动物质文明、政治文明、精神文明、社会文明、生态文明协调发展,创造了中国式现代化新道路,创造了人类文明新形态。"①中国式现代化新道路打破了西式现代化对世界现代化发展模式的垄断,"拓展了发展中国家走向现代化的途径,给世界上那些既希望加快发展又希望保持自身独立性的国家和民族提供了全新选择,为解决人类问题贡献了中国智慧和中国方案"②。

(一)走别人的路,现代化步履维艰

资本主义现代化开启了世界历史进程,增进了民族之间的交往和联系,但也带来整个世界的分裂和被奴役状态,如已经现代化起来的资本主义国家和地区对人类现代化道路的垄断,对未实现现代化的民族和地区的支配、统治与灭亡。在这种"缓进则退、不进则亡"的世界历史格局中,如果不想被支配,如果不想被灭亡,实现现代化便"成为一切民族之普遍的历史性命运"。③

以1840年鸦片战争为标志,中国不可避免地被资本主义列强强行卷入世界历史。当现代化在西方高歌猛进之时,恰逢中国内部的急遽衰败。地理屏障被打破,封建皇权体制和小农经济遭受资本主义工商文明冲击,传统典章法度几将播荡澌灭。面对"数千年来未有之大变局",中国遭遇空前严峻的挑战和危机,但没有第一时间制定和开展任何有计划的现代化方案与行动。这主要有两个原因:一是,因盲目自大而固守老路,鄙视现代化。面

① 习近平:《习近平谈治国理政》,第四卷,外文出版社,2022,第10页。
② 《中国共产党第十九次全国代表大会文件汇编》,人民出版社,2017,第9页。
③ 吴晓明:《世界历史与中国道路的百年探索》,《中国社会科学》2021年第6期。

对这种被坚船利炮所武装起来的西方现代化，中国社会充斥着天朝上国的夜郎自大观念，鄙视西方科学技术为“奇技淫巧”，对现代化的反应起初主要是拒斥。二是，因畏惧疑虑而坚持旧路，抵制现代化（近代化）。现代化肇端于西方，伴随列强的坚船利炮进入中国社会，是一种带来民族屈辱的外在力量。因此，中国社会对“现代化”从一开始就不怀好感，在相当长的时间里，中国社会有一种畏惧现代化的深沉心态。①

第二次鸦片战争，大清京师沦陷，中国面临“开辟以来之大变局”，朝野深受震撼。睁眼看世界的国人终于认识到西方坚船利炮的威力，在灭顶之灾的危机下开始“中学为体、西学为用”的洋务运动。从表面上看，洋务派花巨资购入西方武器装备企图“师夷长技以制夷”，引入西方科学技术，创设企业，试图“稍分洋商之利”，洋务运动“因模仿一部分西方器物而异于传统”。但究其实质，洋务运动“又因其主事者以新卫旧的本来意愿而难以挣脱传统”②，“中体西用”观念体现了中国社会内心深处对现代化的畏惧和疑虑。洋务运动单方面学习西方的现代化器物并用以巩固旧制度、捍卫旧价值、回归传统社会，这种“穿新鞋，走老路”的改良运动背离了现代化的方向，其实是在抵制西方现代化及其所蕴含的现代性。

中日甲午一战，北洋海军全军覆灭，中国社会朝野为日本明治维新在制度上所取得的成就所震撼，放下身段“以日为师”走资产阶级改良道路。可惜“六君子”喋血法场，维新仅百日便夭折，学习日、英的资产阶级制度改良道路失败了。“举起革命大旗”的孙中山领导推翻了清王朝，效法欧美共和制，创建了“中华民国”。但是，辛亥革命果实被窃取，“无量头颅无量血，可怜购得假共和”，移植西方资本主义制度架构的旧民主主义革命道路也失败了。无视中国的特殊国情，盲目走别人的路，生搬硬套西方经验和模式，没有从根本上改变中国半殖民地、半封建社会的性质，中国现代化进程步履维艰。

俄国十月革命胜利，开启了人类历史的新纪元。中国的先进分子由此而调转了视线，提出“以俄为师”，“走俄国人的路”，作为历史方向的重新选择，中国要向社会主义方向前进。新民主主义革命时期，学习俄国革命道路

① 欧阳康：《多维探析中国式现代化新道路》，《中国社会科学报》2021年10月19日第7版。
② 陈旭麓：《近代中国的新陈代谢》，生活·读书·新知三联书店，2017，第97页。

唤起工农武装夺权,但机械照搬俄国城市暴动的革命经验,把共产国际的指令神圣化,裁剪中国具体国情与实际,革命事业遭受挫折,几近陷于危亡。以毛泽东为代表的共产党人突破本本主义和教条主义的束缚,把马列主义同中国革命具体实际相结合,取得了新民主主义革命和社会主义革命的胜利。在社会主义现代化建设探索初期,全面移植苏联现代化的生产和管理体系,使一穷二白的中国迅速建立起了门类齐全的国民经济体系和国防体系,经受住了方方面面的考验。尽管毛泽东很早就意识到了苏联模式的局限,也曾提出要有分析有批判地学,不能机械搬运,要符合自身国情避免走弯路。但是,正如邓小平在总结这一段历史的教训时坦诚的那样:“坦率地说,我们过去照搬苏联搞社会主义的模式,带来很多问题。我们很早就发现了,但没有解决好。”①脱离自身国情、历史文化传统和变化了的时代与形势,把苏联模式的社会主义当作真正的、唯一的社会主义来学习,甚而全盘否定和鄙弃资本主义所创造的一切成果,过分夸大阶级斗争和推行一元化领导管理体制,最终妨碍了现代化内生动力的生成,抑制了经济社会发展的活力,使我国与其他现代化国家的差距进一步拉大。

(二) 走自己的路,创造中国式现代化新道路

鉴于早期现代化的曲折探索与经验教训,改革开放后中国共产党坚持走自己的路,紧紧聚焦社会主义现代化建设这一方向和主题,解放思想、实事求是,立足国情和实际,坚持独立自主、自力更生,取得了现代化建设的伟大成就,创造了中国式现代化新道路。

第一,放眼世界,顺应时代,“安下心来集中力量搞社会主义现代化建设”②。“走自己的路”,第一个要回答的就是“往哪里去”的方向性问题。方向决定道路。一个民族、一个国家、一个政党往哪走,必须把握世界大势,顺应时代潮流。列宁指出:“首先考虑到各个‘时代’的不同的基本特征(而不是个别国家的个别历史事件),我们才能够正确地制定自己的策略;只有了解了某一时代的基本特征,才能在这一基础上去考虑这个国家或那个国

---

① 《邓小平文选》,第三卷,人民出版社,1993,第261页。

② 《邓小平文选》,第二卷,人民出版社,1994,第245页。

家的更具体的特点。”①19 世纪末 20 世纪初，世界进入了列宁所说的“战争与革命”为主题的时代，物质生产、文学创作等都围绕并服务于战争和革命。第二次世界大战后，时代主题逐步从“战争与革命”向“和平与发展”转变，求和平、促发展成为时代潮流。晚清以降，中国社会面临着西方列强现代化的“倒逼”，但是，缺乏现代化建设的社会历史条件。新中国成立后，由于国内外形势严峻、复杂且多变，再加上毛泽东等领导人在认识上沿用了列宁关于时代的判断，对时局作了过于严重的估计，以至于长期施行阶级斗争为纲、以备战为纲，偏离了现代化建设的主题和任务。1978 年后，以邓小平为核心的党中央放眼变化了的世界和时代，认为和平是有希望的，世界大战是可以避免的，经济发展、民生保障、国防巩固等许多问题，都要靠现代化建设来解决，现代化建设是一个带有主题性的任务。各国都在进行现代化建设，中国已经错过了许多，不能再耽误了，“现在要横下心来，除了爆发大规模战争外，就要是始终如一地、贯彻始终地搞这件事，一切围绕着这件事，不受任何干扰。就是爆发大规模战争，打仗以后也要继续干，或者重新干”②。把握世界大势、顺应时代潮流，从阶级斗争和备战为纲转到以经济建设为中心的社会主义现代化建设上来，“安下心来集中力量搞社会主义现代化建设”，这就廓清了“走自己的路”到底是“往哪里去”的方向性前提。正是改革开放进程中党和国家工作紧紧聚焦现代化建设这一主题，始终坚持以经济建设为中心，保持了正确的发展方向，中国得以大踏步赶上了时代。

第二，立足国情，结合实际，“中国的事情要按照中国的情况来办”③。明确现代化建设的意义并将其作为一种方向和中心任务确定下来之后，“走自己的路”还需要弄清楚“现在何方”，也即起点或方位的问题。现代化作为一种不可抗拒的潮流和共同的事业，但不同国家和地区在自然禀赋、历史传统、社会制度以及所面临的现实问题等方面各不相同。特别是后发外源现代化国家面对国际国内双重矛盾，其现代化进程“很不平稳，充满爆发性的剧烈震荡，暴力成为常见的手段”④。因此，现代化的“后来者”只有立足

---

① 《列宁专题文集》，第 26 卷，人民出版社，1990，第 143 页。

② 《邓小平文选》，第二卷，人民出版社，1994，第 249 页。

③ 《邓小平文选》，第三卷，人民出版社，1993，第 3 页。

④ 罗荣渠：《现代化新论：世界与中国的现代化进程》（增订本），商务印书馆，2004，第 133 页。

自身实际，走适合自己的现代化道路，才可能避免被现代化的“先行者”所误导、同化。历史唯物主义认为，人创造历史，但不是随心所欲地创造历史，而是在“直接碰到的、既定的、从过去继承下来的条件下”创造历史。道路决定命运，不同的道路意味着不一样的前提、成本、代价和风险。道路千万条，不是每条路都能走并且走得通，只有承接自身历史文化传统、符合自身发展方位、立足自身发展实际、满足自身发展需要的道路才是最有可能的。改革开放初期，我国社会主义初级阶段的基本国情和实际是“人口多，耕地少”和“底子薄”，是世界上比较贫穷的国家，群众物质文化生活得不到有效保障。深厚历史文化传统、社会主义初级阶段、落后的农业国，这是中国现代化建设“必须看到”和“必须考虑”的客观因素。中国的特殊国情和实际决定了“中国的事情要按照中国的情况来办”，不能脱离自己的实际情况和所面临的具体问题，用符合别人实际、解决别人问题的现代化模式与现代化道路来强行裁剪和规制中国的现代化建设道路。邓小平强调：“我们的概念与西方不同，我姑且用个新说法，叫做‘中国式的四个现代化’。”①基于特殊的国情与实际，中国的现代化建设坚持“四项基本原则”，坚持在对外开放中取长补短，创造性地构建了社会主义市场经济体制，注重党政主导、市场配合、社会参与，发挥各自特长、优势并形成合力，符合中国实际，解决中国问题，创造了经济快速发展和社会长期稳定的奇迹。

第三，独立自主，自力更生，“依靠中国人自己的力量来办”②。哲学上讲，内因是事物存在和发展的根据，外因是条件，外因通过内因起作用。因此，“走自己的路”当然是靠要“自己”来走，根本在于激发内生动力，促进主体性（主体意识、主体精神和主体能力）的生成，这是创造中国式现代化道路的立足点。近代以来，由发达资本主义国家所开创的现代化使整个世界呈现“中心—边缘”的结构，后发国家的现代化被规约到“西方化”的方向上。按照“现代化即西方化”的逻辑，后发国家的现代化是被纳入世界资本主义体系，成为发达资本主义国家附庸的过程。中国被卷入“世界历史”之后，面临着存续主体性和实现现代化的双重任务。危难之中，中国工人阶级

① 中共中央文献研究室：《邓小平思想年谱（1975－1997）》（上卷），中央文献出版社，2004，第496页。

② 《邓小平文选》，第三卷，人民出版社，1993，第3页。

与马列主义相结合诞生了中国共产党，找到了“作为解放我们民族的最好的武器”，在精神上由被动转为主动。1949年以后，作为民族主心骨的中国共产党全面执政，架构起了社会主义性质的国家形态、发展道路、基本制度和思想文化，重构了中国的主体性。但是，由于一段时期思想僵化、脱离实际，致使道路、理论和制度优势不彰。1978年以后，欠发展的中国加快现代化建设并向世界开放，学习西方、跟跑世界的中国再次面临着主体性的存续问题。邓小平作为中国改革开放和现代化建设的总设计师，总结国内外经验教训，指出：“路要靠自己走出来。自己走出来的路是最可靠的路。”①他反复强调：“中国的事情要按照中国的情况来办，要依靠中国人自己的力量来办。独立自主、自力更生，无论过去、现在和将来，都是我们的立足点。”②邓小平提出的“中国式的现代化”“建设有中国特色的社会主义”等概念实质上都是处在后发跟跑阶段的中国对自身现代化发展自主性、主体性的辩护与建构。改革开放四十多年来，中国凭着一股自力更生的韧劲，“没有受外界干扰而改变自己的发展方向”③，独立自主进行道路、理论、制度和文化建设，不但没有西化为资本主义的附庸，反而打破了“现代化=西方化”的神话，在实现自身快速发展的同时又保持了自身的独立性。

（三）守正创新，中国式现代化道路“领起来”

进入新时代，以习近平同志为核心的党中央保持“一往无前的奋斗姿态和永不懈怠的精神状态”，不断总结经验，与时俱进地推动理论和实践守正创新，推动中国式现代化道路自我完善和发展，中国式现代化道路越走越宽广。

新中国成立后，中国开始大规模建设现代化，尽管强调“独立自主、自力更生”，但在诸多方面深受“苏联老大哥”的影响，具有“跟跑”的特点。改革开放以后，破旧立新，借鉴发达资本主义国家“一切有利于社会化大生产的先进的东西”，在经济、政治、思想文化等某些方面具有“跟跑”的特点。④ 中

① 中共中央文献研究室：《邓小平思想年谱（1975－1997）》（上卷），中央文献出版社，2004，第20页。

② 《邓小平文选》，第三卷，人民出版社，1993，第3页。

③ 魏柳南：《中国的威胁?》，王宝泉、叶寅晶译，人民日报出版社，2009，第5页。

④ 韩庆祥、方兰欣：《论习近平新时代观》，《阅江学刊》2019年第4期。

国加入 WTO 后,在积极学习和吸收资本主义文明的过程中注重自身主体性建构,部分领域逐步开始与世界“并跑”。随着中国特色社会主义现代化建设取得巨大成就,中国特色社会主义进入了新时代。以习近平同志为核心的党中央以史为鉴、面向未来,站在历史正确的一边,与时俱进地提出并推动贯彻落实新发展理念,守正创新构建新发展格局,推动制度成熟定型,推进国家治理体系和治理能力现代化,把中国的现代化事业由原来的“三位一体”“四位一体”发展到了“五位一体”,实现现代化奋斗目标的跃迁升级,向世界彰显了中国式现代化新道路的优势、生机与活力。习近平总书记在省部级主要领导干部专题研讨班上强调指出:“在新中国成立特别是改革开放以来的长期探索和实践基础上,经过党的十八大以来在理论和实践上的创新突破,我们成功推进和拓展了中国式现代化。世界上既不存在定于一尊的现代化模式,也不存在放之四海而皆准的现代化标准。我们推进的现代化,是中国共产党领导的社会主义现代化,必须坚持以中国式现代化推进中华民族伟大复兴,既不走封闭僵化的老路,也不走改旗易帜的邪路,坚持把国家和民族发展放在自己力量的基点上、把中国发展进步的命运牢牢掌握在自己手中。”①中国式现代化新道路不仅打破了西式现代化对现代化模式的垄断,总体上站在了与西式现代化“并跑”这一新的历史起点上,而且开始在某些方面矫正资本主义现代化,“领跑”世界现代化进程。

(四)特色鲜明,中国式现代化具有显著优势

中国式现代化符合各国现代化的一般特征,也有属于自己的特色。党的二十大报告在第三部分对中国式现代化的五个中国特色作了专门的阐释和说明,为理解和把握中国式现代化提供了基本遵循。中国式现代化的五个中国特色具有基础性和相对稳定性,同时,中国式现代化处于复杂、流变的关系结构中,因而又会呈现出多样化的特征和优势。从学术延伸、细化研究的角度,我们认为中国式现代化以下六个方面的显著特征和优势需要着重进行说明和阐释。

第一,中国式现代化是独立自主的现代化。中国在世界历史上长期雄

---

① 习近平:《高举中国特色社会主义伟大旗帜 奋力谱写全面建设社会主义现代化国家崭新篇章》,《人民日报》2022 年 7 月 28 日第 1 版。

踞东亚大陆，自成体系，独立自主是中华民族的精神标识。以1840年为标志，列强叩开国门并强行将中国拖入资本主义所开启的世界历史之中。由于资本主义所开启的世界历史使整个世界呈现“中心—边缘”和“控制—从属”的二元对立结构，因此后发国家的现代化道路实际上已经被先发资本主义国家强行规约到“西方化”的方向上。资本主义的生产、生活方式试图打破一切自然的、历史的界限，摧毁一切地方性的存在，抹去各个民族的独立性和自主性。古老的中华民族在新的历史关头，面临着存续主体性和实现现代化的双重任务。在长期的社会动荡和变革中，自强不息的中国人持续在黑暗中摸索，终于找到了马列主义这一“解放我们民族的最好的武器”①，在精神上由被动转为主动。中国共产党坚持走自己的路，独立自主领导革命取得了成功，建立了社会主义性质的国体和政体，重构了中国的主体性，为现代化建设提供了前提性条件。在改革开放进程中，面对先发资本主义国家构建的世界体系，落后的中国再次面临着主体性的存续问题。现代化建设的总设计师邓小平指出：“路要靠自己走出来。自己走出来的路是最可靠的路。”②他强调：“中国的事情要按照中国的情况来办，要依靠中国人自己的力量来办。独立自主，自力更生，无论过去、现在和将来，都是我们的立足点。”“中国式的现代化”“有中国特色的社会主义”等概念实质上都是处在后发跟跑阶段的中国对自身现代化发展自主性、主体性的辩护与建构。改革开放40多年来，中国凭着一股自力更生的韧劲，“在制定经济和政治战略决策时，没有受外界干扰而改变自己的发展方向，彰显了独有的个性和特色”③。独立自主、自力更生，中国式现代化牢牢把握自身现代化发展的目标、特色与节奏，形成了独立、完备、自主的工业体系和国民经济体系，“为广大发展中国家独立自主迈向现代化树立了典范”④。

第二，中国式现代化是植根民族历史与文化的现代化。历史和文化是一个民族割不断的基因，在深层次上影响一个国家发展道路的选择。深厚的历史与文化是世界文化激荡背景下中华民族站稳脚跟的根基。许多国家

① 《毛泽东选集》，第三卷，人民出版社，1991，第796页。

② 中共中央文献研究室：《邓小平年谱（1975－1997）》（上卷），中央文献出版社，2004，第20页。

③ 魏柳南：《中国的威胁？》，王宝泉、叶寅晶译，人民日报出版社，2009，第5页。

④ 习近平：《正确理解和大力推进中国式现代化》，《人民日报》2023年2月8日第1版。

在追求现代化的进程中，用西方现代化的标准来剪裁自己，将自身的历史和传统视为一种保守和阻碍性的力量，进而选择告别自己的历史和传统。而一旦与自己民族历史和文化传统进行切割，这个民族和国家的现代化就失去了根基，只能向西方"寻根"，最终被西式现代化所同化，丧失自身的主体性、独立性和整合性，沦为资本主义世界体系的附庸。中国式现代化植根中华文化沃土，科学理性对待自身民族历史和传统，贯通马克思主义思想精髓和中华优秀传统文化精华，融通科学社会主义价值观和人民群众日用而不觉的民族传统价值观念。例如，中华文化主张"身心和谐""心物和谐"，与社会主义"物质富足、精神富有"的要求相结合，推动"物质文明和精神文明"协调发展；中华文化注重"天人合一""道法自然"，与马克思主义"人与自然的和解"的本质要求相结合，追求"人与自然和谐共生"；中华文化追求"协和万邦""讲信修睦"，与共产主义"人与人的和解"的理念和目标相结合，"走和平发展道路"。中国式现代化汲取民族历史和传统文化中的有益经验和智慧，坚持古为今用，具有鲜明的中国风格、中国气派。普遍寓于特殊之中，随着中国现代化的全面展开和深入发展，现代化也将进一步"中国化"，中国式现代化的民族性内涵会越来越具有世界性意义。

第三，中国式现代化是立足中国实际、解决大国独有难题的现代化。后发外源现代化国家面对竞争激烈的国际环境，其现代化进程"很不平稳，充满爆发性的剧烈震荡，暴力成为常见的手段"①。作为现代化的"迟到国"，中国同时又是一个历史悠久、"人口多，耕地少"和"底子薄"大国，面对的形势更为复杂和严峻，因而中国的问题往往表现为一个大国所独有的难题。大国所独有难题，是中国现代化建设"必须看到"和"必须考虑"的客观因素。面对许多自身独有的难题，他者现成的道路、模式和经验往往会"水土不服"，因此"中国的事情要按照中国的情况来办"②。中国式现代化紧扣中国国情与变化了的实际，坚持科学社会主义基本原则，创造性地构建了混合所有制与社会主义市场经济体制，发挥党政牵引力量，调动市场自发力量，激发社会自主力量并形成合力，创造了经济快速发展和社会长期稳定的奇迹。今天的中国已经是世界"最大的经济和社会变革的实验室"，中国式现

① 罗荣渠：《现代化新论：世界与中国的现代化进程》（增订本），商务印书馆，2004，第133页。

② 《邓小平文选》，第三卷，人民出版社，1993，第3页。

代化解决大国独有难题,在更好发展自己的同时也将会更好造福世界。

第四,中国式现代化是以人民为中心、坚持人民至上的现代化。资本主义社会以资本为本,资本控制社会并奴役人成为中心和主宰,结果造成工具理性压制价值理性,带来人的生存性竞争、物化存在和单向度发展。建立在资本主义基础之上的西方式现代化,奉行的是资本至上的"物本逻辑"。和资本主义的竞争性社会关系结构不同,"代替那存在着阶级和阶级对立的资产阶级旧社会的,将是这样一个联合体,在那里,每个人的自由发展是一切人的自由发展的条件"①。与西方式现代化的"物本逻辑"不同,中国式现代坚持"人本逻辑","人"是现代化建设的价值主体和根本目的,居于中心地位。中国式现代化遵循社会主义的价值原则和立场,从解决温饱、实现小康再到全面建成社会主义现代化国家,中国式现代化坚持人民至上,致力于保障和改善人民生活,促进人的全面发展。中国式现代化把以人的现代化为核心的现代化本质同以人的自由而全面发展为导向的社会主义理念相结合,是真正践行人民至上理念、以人民为中心的现代化。以人民为中心、坚持人民至上是中国式现代化区别于西方式现代化的一个显著特征。

第五,中国式现代化是"并联"跨越式发展的复杂现代化。如果从发展进程来看,西方现代化经过数百年的渐进累积,是一种典型的"串联"渐进式现代化。中国式现代化则面临复杂的时空环境,不仅肩负多重发展任务,还要赶超先进,具有"并联"跨越式特点。中国式现代化的"并联"跨越式特点表现为"时空压缩""任务叠加""多重协调""后发赶超"等四个方面:一是"时空压缩"。时间压缩,即中国要用较短时间完成欧洲发达国家200多年才完成的现代化进程。空间压缩,即传统、现代与后现代的东西,东方世界和西方世界的东西,南半球和北半球的东西,都集中在中国的现代化场域中相遇、冲撞和融合。二是"任务叠加"。由于"时空压缩",在激烈竞争的环境下"我们要后来居上,把'失去的二百年'找回来,决定了我国发展必然是一个'并联式'的过程,工业化、信息化、城镇化、农业现代化是叠加发展的"②,不同阶段、不同领域的任务叠加累积。三是"多重协调"。欧美发达

① 《马克思恩格斯文集》,第2卷,人民出版社,2009,第53页。

② 中共中央文献研究室:《习近平关于社会主义经济建设论述摘编》,中央文献出版社,2017,第159页。

国家的现代化，主要是现代性因素"串联式"的累积。中国的现代化由于"时空压缩"和"任务叠加"，前一阶段的发展任务尚未充分完成，下一阶段的发展任务就已倒逼上来，甚至是不同发展阶段的任务要同时并举、"并联"推进，从而具有多重协调、多方平衡的特点。四是"后发赶超"。中国的现代化起步伴随列强的坚船利炮进入中国，是一种带来民族屈辱的外在驱动型过程。作为"现代化的迟到国"，中国的现代化承载着改变"落后挨打"命运，实现国家富强、民族振兴、人民幸福的强烈历史使命。面对西方现代化的"先发"垂范压力，中国的现代化具有鲜明的赶超型特点，一方面需追赶西方、缩小差距，另一方面要规避西方现代化已经暴露出来的"先发劣势"，充分发挥"后发优势"，进而实现"后来居上"。"时空压缩""任务叠加""多重协调""后发赶超"的历史境遇决定了中国式现代化是在极其复杂的时空环境中承担复杂任务、平衡处理复杂矛盾关系、实现跨越式发展的复杂现代化。

第六，中国式现代化是普惠共生的现代化。囿于"资本逻辑"，西方式现代化实质是资本的现代化，是资本对人和社会的控制。资本的增殖性与扩张性使资本主义西方式现代化带有侵略性和排他性，"它使未开化和半开化的国家从属于文明的国家，使农民的民族从属于资产阶级的民族，使东方从属于西方"①。资本主义现代化及其全球化意在强化并巩固发达资本主义国家在全球范围内的"支配—从属"结构，是资本至上、赢者通吃、唯我独尊、以邻为壑、自我封闭、终结历史的现代化。中国式现代化坚持马克思主义的"人本逻辑"与共同体思想，吸收中国传统文化中的和合共生理念，践行社会主义共同富裕原则，是开放包容、普惠共赢的新型现代化。从中国现代化发展的现实环境来说，我们不可能通过殖民、霸凌他者来实现现代化，也不可能在闭关锁国的情况下实现现代化。探索开放包容、普惠共生性的现代化既是历史文化传承，也是现实环境使然，更是中国为减少发展阻力、实现快速发展的主动选择。中国式现代化坚持和合共生、普惠共赢的理念，不搞孤立、不搞排斥、不吃独食，以自身发展带动世界共同发展对各国而言不是挑战和威胁，而是动力和机遇。从经济方面来看，中国经济对世界经济

---

① 《马克思恩格斯文集》，第2卷，人民出版社，2009，第36页。

平均贡献率超 30%,已经成为全球经济发展的强大引擎。从解决人类生存性问题来看,中国式现代化有效解决了世界 1/4 人口的温饱和小康问题,对全球减贫贡献率超过七成,为世界提供了大量价廉物美的消费品,提升了人类的生活品质。中国式现代化立足中国国情与实际,把握时代潮流与趋势,不断实现自身的内在超越,呈现出与时俱进、面向未来的开放性、包容性品格和优势。中国式现代化具有可“借鉴”、可“共生”、可“共赢”的优势,为世界贡献的是和平与发展。

(五) 科学回答“现代化之问”

习近平总书记在中国共产党与世界政党高层对话上的主旨讲话提出了“现代化之问”,强调:“努力以中国式现代化新成就为世界发展提供新机遇,为人类对现代化道路的探索提供新助力,为人类社会现代化理论和实践创新作出新贡献。”①人类社会现代化进程又一次来到了历史的十字路口,中国共产党领导的社会主义现代化具有典型样本意义。在什么是现代化和怎样建设现代化这个问题上,世界各国的回答是不一样的。中国式现代化对“现代化之问”的回答既体现了各国现代化的共同特征,更具有中国特色。要“从中国看世界”与“从世界看中国”两种眼光相结合中深刻把握中国式现代化的重大意义和深远影响。

中国式现代化打破西式现代化的路径依赖,丰富了现代化的形态与内涵。西式现代化长期垄断现代化的解释权,甚至把非西方世界的现代化导向西化,纳入其资本主义世界体系。由于先发优势,西式现代化模式对中国的现代化道路探索长期存在着一种“垂范”效应,使人似乎觉得走西方现代化道路才是中国的现代化的唯一选择。其实,中国共产党领导的社会主义现代化在本质上与西方现代化具有根本区别。中国式现代化把以人的现代化为核心的现代化本质同以人的自由而全面发展为导向的社会主义理念相结合,实现了人的现代化与人民至上根本立场、以人民为中心的发展思想的统一。中国式现代化是人口规模巨大、全体人民共同富裕、物质文明和精神文明相协调、人与自然和谐共生、走和平发展道路的现代化,体现了中国共

---

① 习近平:《携手同行现代化之路》,《人民日报》2023 年 3 月 16 日第 2 版。

产党的性质与宗旨、理想与信念、政策与主张。中国共产党的领导直接关系中国式现代化的根本方向、前途命运、最终成败。作为一种新型现代化理论,中国式现代化突破了西式现代化理论对现代化的认知遮蔽与话语垄断,丰富了世界现代化的内涵,打开了人类对新型现代性的认知和想象空间。

中国式现代化守正创新,开辟了社会主义现代化新道路。与依靠私有制和市场自发调节的西方资本主义现代化模式不同,苏联走了一条依靠公有制和国家指令计划推动的社会主义现代化道路。苏联模式社会主义现代化道路初期有效地调动了人、财、物,曾一度创造了惊人的生产力,显示出优于资本主义的一派生机勃勃景象;但是,由于其模式的缺陷和弊端,最终在同资本主义的较量中败下阵来。新中国成立后,中国的现代化建设曾一度在相当程度上“再版”了苏联模式的现代化道路。邓小平曾坦言:“坦率地说,我们过去照搬苏联搞社会主义的模式,带来很多问题。我们很早就发现了,但没有解决好。”改革开放后,中国的现代化建设注重把科学社会主义原则同中国具体国情和实际相结合、同时代特征和潮流相结合,既坚持了社会主义公有制,又创造性地发展了混合所有制和社会主义市场经济;既坚持了社会主义集体价值观,又充分保障了个体的自由和权益;既坚持了党的集中统一领导,又充分激发了社会和市场的活力;既发展了社会主义先进文化,又推动中华优秀传统文化创造性转化和创新性发展。中国式现代化坚持原则性与灵活性的统一,克服苏联社会主义现代化模式缺陷,创新发展了社会主义现代化的组织方式、实践方式,激发了社会发展的活力和动力。中国式现代化有效发挥了社会主义因素在通往现代化道路上的积极作用,创造了经济快速发展和社会长期稳定的“两大奇迹”,重塑了社会主义现代化的新样板。中国式现代化高擎社会主义伟大旗帜,重塑了科学社会主义的形象,开辟了社会主义发展新境界,用事实宣告了“社会主义失败论”“历史终结论”的破产。

中国式现代化传承历史文化,赓续中华文明。中华民族在漫长的发展史中,创造了博大精深的中华文化,孕育了光辉灿烂的中华文明。近代以来,由于西方列强入侵,再加上政治上层建筑腐败和社会经济基础衰败,中华传统文化受到冲击、质疑和否定,中华文明蒙尘,面临赓续危机。中国共产党是坚定的历史唯物主义者,坚持马克思主义的立场、观点和方法,科学理性对待民族传统文化、文化传统。中国共产党在领导中国式现代化建设的过程中坚守中华文化立场，积极吸收中华优秀传统文化中的有益养分，着力克服传统文化中的局限性，坚决摒弃和改造传统文化中的糟粕部分，使现代化建设植根中华文化沃土，具有鲜明的中国风格、中国气派。中国式现代化改变了旧中国贫穷落后的面貌，大踏步赶上了时代，为中华文化繁荣兴盛提供了坚实的社会经济基础和政治上层建筑保障，实现了民族文化由被动到主动、自卑到自信、衰弱到繁荣的历史性转折。中国式现代化实现了中华优秀传统文化创造性转化和创新性发展，在推动中华文化时代化中激活了中华文化，赓续了中华文明。

中国式现代化造福中国人民，全面推进中华民族伟大复兴。没有现代化，民族独立和复兴就不可能；没有民族独立，现代化就缺乏必要的社会环境。实现现代化和民族复兴，是近代以来中国社会的两大主题和任务。近代中国社会对现代化的认识和探索经历了曲折的发展过程。按照梁启超的说法，大体经历了三个阶段。一是“从器物上感觉不足”，于是开展洋务运动；二是“从制度上感觉不足”，于是进行政体革新；三是“从文化根本上感觉不足”，于是开展新文化运动，改造国民性。遗憾的是，器物层面上学习西方现代化的“以新卫旧”未能挽救民族危亡，制度上对西方经验和模式的“生搬硬套”也未能改变中国半殖民地、半封建社会的命运，单纯的“思想文化革命”对化解民族危亡而言也更是“远水解不了近渴”。改革开放后，中国共产党从全民族发展的长远高度锚定了社会主义现代化建设的中心任务，总结国内外现代化建设的经验和教训，坚持从实际出发，独立自主、自力更生，推动理论和实践创新发展，成功走出了中国式现代化。中国式现代化极大地改善了人民生活水平，提升了国家综合实力，改变了民族面貌。中国式现代化先后解决温饱、摆脱贫困、实现小康，极大地改善了中国人的生存状态，为中华民族伟大复兴奠定了坚实的物质基础。中国式现代化推动中国文化自信自强、丰富人民精神世界、强化历史自觉和主动精神，为中华民族伟大复兴注入了强大精神力量。中国式现代化坚持“五位一体”总体布局，推动“五大文明”全面提升，我们“前所未有地接近实现中华民族伟大复兴的目标，前所未有地具有实现这个目标的能力和信心”①。

四、开启人类文明新形态

中国共产党站在时代和人类发展的高度，坚持马克思主义指导与礼敬传统相结合，探索人类更好社会制度和现代化发展道路，积极推动构建人类命运共同体，开启了人类文明新形态。

（一）重构现代性

中国式现代化新道路建构着中国的“现代性”，一方面使中国“现代化”，另一方面突破西式现代化道路和模式垄断，使现代化“中国化”，显现出一种新的现代化形态。中国式现代化新道路，推动中国社会现代性特质的普遍增长。不同国家的现代化有着各自的特点，但“又总是有某些可以度量的客观尺度和标准”，“总会有生产方式、生活方式、思维方式、价值观念和精神气质等现代性的普遍特征”②。“世界的理性化”可以说是社会现代化的基本特征，也是现代性的核心内涵。中国式现代化新道路，促使生产、生活、社会组织和思想观念更加理性务实，政府权力运作和公共事务管理更加程序化、规范化、透明化，个体权利意识、利益意识、自由意识普遍觉醒。中国式现代化新道路推动中国社会现代性特质普遍增长，但没有重蹈西式现代化的“自我反噬”，可以说是在追求现代性的同时超越和改写着现代性的内涵。正如金耀基所言：“中国的现代化，从根本的意义上说，绝不止是富强之追求，也不止是争国族之独立与自由，而实在是中国‘现代性’的建构。”③

（二）高扬社会主义文明

资本主义现代化的核心逻辑是资本增殖，资本至上、个人优先构成资本主义文明的核心。资本主义工商文明相较传统农耕文明极大地促进了生产

① 中共中央宣传部：《习近平总书记系列重要讲话读本》，学习出版社、人民出版社，2014，第133页。

② 孙利天：《现代性的追求和内在超越》，《中国社会科学》2016年第2期。

③ 金耀基：《中国的现代转向》，牛津大学出版社，2004，中文版序言第9页。

力的发展、人的解放和社会的发展进步，但也给人类带来物化生存与交往异化，给世界带来政治霸权、经济殖民、文化隔阂、社会撕裂和生态危机，给中华民族带来“国家蒙辱、人民蒙难、文明蒙尘”的深重劫难。中国式现代化新道路是社会主义性质的现代化模式，坚持以人为本、人民至上、人民中心的价值追求，坚持集体主义的共同价值原则和立场，调动“资本的文明面”，防范资本主义现代化道路所强调的资本为本、个人至上等负效应。既不输出战争与革命，也不输出饥饿与贫穷，有效克服了资本主义现代化和资本主义文明所推崇的“资本至上”“国强必霸”“文明冲突”的逻辑，开启了社会主义文明新形态。进入新时代，世界社会主义运动的中心转向中国，中国式现代化新道路不断成熟、定型，社会主义新文明形态及其优势将进一步彰显，必将深刻影响人类文明史进程。

（三）引领构建人类新文明

文明形态表征人的存在状态，文明形态变迁需要新的发展道路来支撑。资本主义现代化道路使资本主义文明走向全世界。资本主义文明相较传统农耕形态的文明而言极大地促进了生产力的发展，促进了人的解放和社会的发展进步。但是，资本增殖逻辑使资本主义携带极强的扩张性、侵略性和排他性基因，资本主义现代化道路充满了血腥和暴力，给世界带来政治霸权、经济殖民、文化隔阂、社会撕裂和生态危机。今日之世界乱象和西方危机“根源于西方文化中‘主客二分’的固有思维，根源于西方中心论的狭隘理念，根源于自由主义的人性神话，根源于维护资本逻辑的社会制度架构”①。人类文明处在新的十字路口，但资本主义现代化道路却无法开启人类文明新形态。因为，资本主义现代化是资本至上、赢者通吃、唯我独尊、以邻为壑、自我封闭、终结历史的现代化，意在强化并巩固发达资本主义国家在全球范围内的“支配—从属”结构与剥削地位，其实质是将整个世界纳入资本主义文明体系，试图驯化一切异质文明，但并不孕育新文明。与此不同，中国式现代化坚持马克思主义的“人本逻辑”与共同体思想，吸收中国传统文化中的忠恕之道、和合共生等理念，践行社会主义共同富裕原则，是

① 郑永扣、方兰欣：《人类命运共同体理念与中华文化》，《河南社会科学》2018年第1期。

开放包容、普惠共赢的新型现代化，能够内生创造出人类新文明。“己欲立而立人，己欲达而达人”。中国式现代化不走殖民掠夺的老路，不走国强必霸的歪路，高举和平、发展、合作、共赢旗帜，致力于推动文明交流互鉴，引领构建人类命运共同体，展现了人类文明新形态的美好愿景。中国式现代化既传承了中华文明，又超越了资本主义文明，还高扬了社会主义文明，为人类文明形态变迁提供“道路”。在“历史成为世界历史”的场景中，在“历史的十字路口”“文明的十字路口”，中国式现代化“既造福中国人民、又促进世界共同发展”，“为解决人类问题贡献了中国智慧和中国方案”，越发显现出创造并引领构建人类文明新形态、促进人类文明进步的世界意义。

第十四章　凝练总结:把握新时代观的科学内涵与重大意义

时代问题是马克思主义最基本的理论问题,也是世界政治最基本的实践问题。分析时代、研判时代、经略时代是马克思主义政党的优秀政治传统。党的十八大以来,以习近平同志为核心的党中央创造性回答我国改革发展进程中的一系列重大理论与实践问题,带领中国在国际局势风云变幻之际开创新思想、取得新成就、呈现新气象、进入新时代。时代发展变化,时代观也在与时俱进、不断更新,新时代孕育了习近平新时代观。习近平新时代观是把握新时代、新思想、新战略的总纲,需要我们结合前面的论述进行有深度的概括和阐释。

一、新时代观的科学内涵

习近平总书记基于对马克思主义的深刻洞察,站在历史纵向发展的大视野中指明"我们依然处在马克思主义所指明的历史时代",站在世界风云变幻的大棋局中指明"世界正处于百年未有之大变局",站在中国特色社会主义发展的大进程中把握中国新的历史方位,作出了"中国特色社会主义进入了新时代"的重大政治论断。与此同时,习近平总书记还对中国特色社会主义新时代的基本内涵、社会主要矛盾、中国共产党的历史使命以及所具有的民族与世界的意义作了系统的阐述,形成了习近平新时代观。

经初步研究,习近平新时代观可概括为:习近平新时代观是关于人类当前所处历史时代的马克思主义认知,是对中国特色社会主义由创立、发展到近阶段的理论自觉;习近平新时代观是习近平新时代中国特色社会主义思想的重要组成部分，是对马克思列宁主义时代观的继承与发展；可从哲学本体论、历史观、认识论、价值观、辩证法、文明观、实践观等多个方面完整理解和把握习近平新时代观，它主要包括“历史阶段论”“国际形势论”“中国方位论”“辨证认识论”“强国时代论”“强大政党论”“人民中心论”“一以贯之论念”“唱响中国论”“文明复兴论”“命运与共论”等重要理论；它从总体上科学揭示了中华民族从“站起来”“富起来”到“强起来”，进而“文明起来”这一新时代的历史进程、生成逻辑、根本标志、历史方位、发展逻辑、历史使命、战略安排、实践要求、世界意义和行动指南等丰富内涵；新时代是我国发展起来以后由大国成为强国的时代，是建设中华民族现代文明的时代；历史性成就、历史性变革、历史性影响是中国特色社会主义进入新时代的根据；中华民族“强起来”、中国特色社会主义“立起来”、中国式现代化“领起来”、中华文明“兴起来”是中国特色社会主义进入新时代的根本标志；习近平新时代中国特色社会主义思想是习近平新时代观基础之上的实践经验总结，是新时代坚持和发展中国特色社会主义的行动指南，为建设美好世界提供了中国智慧和中国方案；习近平新时代观科学回答了中国特色社会主义进入新时代的一系列重大理论和实践问题，回答了人类文明在新的十字路口向何处去的方向性问题，开辟了马克思主义中国化时代观的新境界。

二、新时代观的理论贡献

新时代观是习近平新时代中国特色社会主义思想形成、发展的重要思想前提和逻辑依归。新时代观拓展和丰富了中国特色社会主义理论体系，是对马克思主义时代观的创新与发展。

第一，在社会主要矛盾理论上进行了创新。习近平新时代观认为，我国社会生产力水平总体上显著提高，社会生产能力在很多方面进入世界前列，总体上实现小康，不久将全面建成小康社会。我国社会主要矛盾已经由“人民日益增长的物质文化需要同落后的社会生产之间的矛盾”转化为“人民日益增长的美好生活需要和不平衡不充分的发展之间的矛盾”。人民不仅对物质文化生活提出了更高要求，而且在民主、法治、公平、正义、安全、环境等方面的要求日益增长。发展不平衡不充分的问题已经成为满足人民日益增长的美好生活需要的主要制约因素。

第二,在社会主义初级阶段理论上进行了创新和发展。社会历史发展是过程性与阶段性的统一,从一个阶段上升到另一个阶段是一般规律和趋势。马克思主义的创始人在谈到资本主义走向共产主义的时候,提出了需要经历从低级到高级、不成熟到成熟的“第一阶段”,在此基础上进入成熟的、发达的“高级阶段”。“第一阶段”实际上是过渡阶段,不同于“高级阶段”,但却是通往“高级阶段”的必经过程。这就从理论上对如何实现共产主义进行了任务分解、阶段细化,为后继者探索社会主义革命和建设指明了方向。随着新中国政权的建立,特别是社会主义制度在中国的确立,中国共产党对如何建设社会主义、进入共产主义也进行了理论和实践上的探索,主要是分析了中国落后农业国的现实国情,提出我国社会主义是初级阶段、不够格的社会主义,生产力相对比较落后,根本任务是发展生产力。但是后来,由于极“左”的思想影响,对我国社会主义发展状况产生错误认识,致使实践上出现许多曲折。改革开放后,重新确立了解放思想、实事求是的思想路线,逐步明晰了社会主义初级阶段的认识。党的十三大提出:“我国从五十年代生产资料私有制的社会主义改造基本完成,到社会主义现代化的基本实现,至少需要上百年时间,都属于社会主义初级阶段。”①而所谓社会主义初级阶段“特指我国在生产力落后、商品经济不发达条件下建设社会主义必然要经历的特定阶段”。在社会主义初级阶段,社会主要矛盾是人民群众日益增长的物质文化需要同落后的社会生产之间的矛盾。因此,社会主义初级阶段的中心任务是要集中力量发展生产力。习近平新时代观提出中国特色社会主义进入新时代,我国发展进入了新的历史方位,社会主要矛盾发生了改变。但与此同时,我国社会主义初级阶段的基本国情和最大发展中国家的国际地位没有变。这实际上就改变了以往关于社会主义初级阶段的理解和认识。也就是说,以往的理论认为社会主义初级阶段就一个矛盾,解决了这个矛盾,社会主义初级阶段就完成了。新时代观则改变了这一认识,拓展了对社会主义初级阶段的认识,深化了对社会主义初级阶段及其社会主要矛盾的认识。

第三,丰富和发展了马克思世界历史理论。马克思把人类历史发展理

① 《中国共产党第十三次全国代表大会文件汇编》,人民出版社,1987,第12页。

解为以生产力为基础的、从地域和民族历史向世界历史的转变过程。各民族与区域的原始封闭状态由于生产力和交往形式(生产关系)的日益发展,不同民族之间自然形成的分工就会被逐渐消灭,单个民族的历史也就不可避免地成为世界历史。世界历史既是人类的文明进步,也是历史发展的必然趋势。但是,马克思不可能对21世纪的人类生活做出超前的预判,也不可能为21世纪人类发展提供具体的方案。习近平新时代观在历史、现实与未来的结合上,在理论与实践的结合上回答了时代之问。习近平总书记指出:"世界正处于大发展大变革大调整时期,和平与发展仍然是时代主题。世界多极化、经济全球化、社会信息化、文化多样化深入发展,全球治理体系和国际秩序变革加速推进,各国相互联系和依存日益加深,国际力量对比更趋平衡,和平发展大势不可逆转。"①习近平总书记针对"世界怎么了、中国怎么办"的时代之问,给出了有深度的思考和方案,他明确了新时代"中国特色大国外交要推动构建新型国际关系,推动构建人类命运共同体",倡导建设"一带一路",为处在十字路口的人类文明发展指出了方向,为解决时代问题提供了中国方案。

三、新时代观的实践意义

时代观是对人类社会发展的总体认识和基本判断,是制定国家发展战略的基本依据,也是方针政策实施的行动指南。习近平新时代观坚持唯物主义世界观,统筹国内国际两个大局,对中国特色社会主义和世界发展做出了总体上的认识和判断,既有历史基础、理论渊源,又有现实和实践指向,对新时代中国特色社会主义实践,对以习近平同志为核心的党中央治国理政,对国家发展方向和发展战略的制定具有重要的意义。

第一,新时代观指明了我们所处的历史方位。党的十六大报告曾指出:"综观全局,二十一世纪头二十年,对我国来说,是一个必须紧紧抓住并且可以大有作为的重要战略机遇期。"②2018年1月5日,习近平总书记在学习贯彻党的十九大精神研讨班开班式上强调指出:"我国正处于一个大有可为

① 本书编写组:《党的十九大报告辅导读本》,人民出版社,2017,第57页。

② 《江泽民文选》,第三卷,人民出版社,2006,第542页。

的历史机遇期。"①"大有可为的历史机遇"就是中华民族强起来、实现伟大复兴的机遇。这一机遇是中国历史演进的必然,也是社会主义在中国发展的必然。就中国历史演进来说,近代中国命运跌入谷底,民族危亡悬于一线,不屈不挠的中华民族在艰苦卓绝的斗争中最终扭转命运,通过自己的艰苦奋斗实现了从醒过来、站起来、富起来的伟大飞跃,正以不可阻挡的姿态走向全面强起来;从社会主义在中国的发展来说,中国共产党人把科学社会主义基本原则同中国革命、建设、改革的历史实践相结合,推动中国特色社会主义进入了新时代。这不但让中国走出了历史的低谷,还高高举起了中国特色社会主义的伟大旗帜,创造了强起来、复兴起来的历史机遇,同时,也使科学社会主义在21世纪焕发出强大的生机与活力。在习近平新时代观的指引下,中国开启了建设社会主义现代化强国的征程。这个时代就是我们各方面"强起来"的"强国时代",习近平新时代观和习近平新时代中国特色社会主义思想是引领强国征程的"强国理论",历史机遇期就是"强国契机"。

第二,新时代观指引我们确定并实现新时代的奋斗目标。一个时代有一个时代的特点,一代人有一代人的使命和任务。中华民族"超百万年的文化根系,上万年的文明启步,五千年的古国,两千年的中华一统实体"②,虽历经挫折总能浴火重生,具有无比强大的韧劲、生机与力量。经过几代人的不懈奋斗,中华民族在艰苦卓绝的斗争中最终扭转命运,迎来了实现中华民族伟大复兴的光明前景。中国特色社会主义进入新时代,我们处在历史上最好的发展时期。习近平新时代观战略谋划新时代,要求在全面建成小康社会的基础上不松懈,继续奋斗15年,基本实现社会主义现代化目标;在实现社会主义现代化目标基础上,再奋斗15年,到2050年全面建成社会主义现代化强国。习近平总书记在文化传承发展座谈会上的讲话强调要担负起新的文化使命,在新的历史起点上继续推动文化繁荣兴盛、建设文化强国、建设中华民族现代文明。盛世修文,今天的中华民族国家繁荣、社会平安稳定,比以往任何时候都具备传承民族文化的意愿和能力。新时代是奋进者

① 习近平:《推进党的建设新的伟大工程要一以贯之》,《求是》2019年第19期。

② 苏秉琦:《华人·龙的传人·中国人——考古寻根记》,辽宁大学出版社,1994,第245页。

的时代,全党要“拧成一股绳”,安排好新时代“两步走”,打好“三大攻坚战”,统揽“四个伟大”,协调推进“四个全面”战略布局,统筹推进“五位一体”总体布局,以更高的标准践行初心、担当使命、兑现承诺,走好新时代的长征路。

第三,新时代观引领国家战略走向和制定。一个国家、一个民族、一个政党只有科学把握时代潮流和趋势,精准研判时代方位和特征,才能够沿着正确的方向前进,踩着恰当的节点发展。习近平新时代观继承了马克思主义的时代观,揭示了当今人类所处的大的历史阶段,揭示了当今世界正处于百年未有之大变局;指出和平发展仍是时代发展的潮流,合作、共赢、普惠、共享是时代发展的新趋势和新要求;科学把握中国发展的历史方位,明确提出中国特色社会主义进入新时代,我国发展进入新阶段,社会主要矛盾发生阶段性质变。这就从大的历史时段、国际环境和形势、中国自身发展新阶段相结合为党和国家事业的发展提供了背景前提。党的十八大以来,我们所制定的一系列路线方针政策都是建立在对世界发展潮流、国际格局演变和中国特色社会主义进入新时代的认识和把握基础之上,离开对时代潮流、时代特征的科学认识和精准把握,就不可能有“四个全面”战略布局、“五位一体”总体布局,也不可能有构建“人类命运共同体”的外交政策与实践。习近平新时代中国特色社会主义思想是全党全国的指导思想,体现国家意志。习近平新时代观是习近平新时代中国特色社会主义思想的逻辑前提,在深层次上影响、指引、决定了新时代中国共产党路线、方针、政策的制定,从而在总体上引领国家战略走向和制定。

第四,新时代观引领人类文明进步新方向。习近平总书记在纪念马克思诞辰200周年大会上指出:“马克思主义始终是我们党和国家的指导思想,是我们认识世界、把握规律、追求真理、改造世界的强大思想武器。”“我们要坚持用马克思主义观察时代、解读时代、引领时代。”①习近平新时代观自觉运用马克思主义的立场、观点和方法观察历史、研判时代,指明“我们依然处在马克思主义所指明的历史时代”。这就为我们深刻认识当今资本主义世界,深刻认识当今世界人的生存境遇,深刻认识当今世界全球性问题指

① 习近平:《在纪念马克思诞辰200周年大会上的讲话》,《人民日报》2018年5月5日第2版。

明了方向。习近平新时代观指明“世界正处于百年未有之大变局”，世界存在“四大赤字”，人类文明又走到了一个新的十字路口。在这关键当口，身处“地球村”的人们命运休戚与共，理应摒弃“冷战思维”“强权逻辑”，携手共建人类命运共同体。“人类命运共同体理念是在国际秩序深刻调整期，特别是在全球化发展关键节点上，中国推动构建更加公正合理国际秩序，实现人类共同发展、共同进步的重大理论贡献。”①基于习近平新时代观的“人类命运共同体”理念、“一带一路”倡议更新着世人对我们这个时代的认识，也必将引领人类文明发展进步的新方向。

① 郑永扣、方兰欣:《人类命运共同理念与中华文化》,《河南社会科学》2018 年第 1 期。

参考文献

一、著作类

[1]马克思恩格斯全集[M].北京:人民出版社,1995,2019,2016.

[2]马克思恩格斯文集[M].北京:人民出版社,2009.

[3]列宁选集[M].北京:人民出版社,2012.

[4]列宁全集[M].北京:人民出版社,1986,1990.

[5]毛泽东选集[M].北京:人民出版社,1991.

[6]毛泽东文集[M].北京:人民出版社,1999.

[7]毛泽东著作选读(下册)[M].北京:人民出版社,1986.

[8]邓小平文选[M].北京:人民出版社,1994,1993.

[9]江泽民文选[M].北京:人民出版社,2006.

[10]江泽民.全面建设小康社会 开创中国特色社会主义事业新局面——在中国共产党第十六次全国代表大会上的报告[M].北京:人民出版社,2002.

[11]胡锦涛文选[M].北京:人民出版社,2016.

[12]胡锦涛.坚定不移沿着中国特色社会主义道路前进 为全面建成小康社会而奋斗——在中国共产党第十八次全国代表大会上的报告[M].北京:人民出版社,2012.

[13]习近平.习近平谈治国理政[M].北京:外文出版社,2018,2017,2020,2022.

［14］习近平.习近平著作选读［M］.北京：人民出版社，2023.

［15］习近平.让开放的春风温暖世界——在第四届中国国际进口博览会开幕式上的主旨演讲［M］.北京：人民出版社，2021.

［16］习近平.习近平重要讲话单行本［M］.北京：人民出版社，2021.

［17］习近平.论党的宣传思想工作［M］.北京：中央文献出版社，2020.

［18］习近平.论坚持党对一切工作的领导［M］.北京：中央文献出版社，2019.

［19］习近平.在中央党校建校80周年庆祝大会暨2013年春季学期开学典礼上的讲话［M］.北京：人民出版社，2013.

［20］习近平.知之深 爱之切［M］.石家庄：河北人民出版社，2015.

［21］习近平.做焦裕禄式的县委书记［M］.北京：中央文献出版社，2015.

［22］习近平.摆脱贫困［M］.福州：福建人民出版社，1992.

［23］本书编写组.党的十九大报告辅导读本［M］.北京：人民出版社，2017.

［24］本书编写组.党的二十大报告辅导读本［M］.北京：人民出版社，2022.

［25］本书编写组.党的十九届五中全会《建议》学习辅导百问［M］.北京：党建读物出版社，学习出版社，2020.

［26］本书编写组.《中共中央关于党的百年奋斗重大成就和历史经验的决议》辅导读本［M］.北京：人民出版社，2021.

［27］中共中央文献研究室.十六大以来重要文献选编（上）［M］.北京：中央文献出版社，2005.

［28］中共中央文献研究室.十八大以来重要文献选编（上、中）［M］.北京：中央文献出版社，2014，2016.

［29］中共中央党史和文献研究院.习近平新时代中国特色社会主义思想专题摘编［M］.北京：党建读物出版社，中央文献出版社，2023.

［30］中共中央文献研究室.习近平关于全面深化改革论述摘编［M］.北京：中央文献出版社，2014.

［31］中共中央文献研究室.习近平关于社会主义社会建设论述摘编

[M].北京:中央文献出版社,2017.

[32]中共中央文献研究室.习近平关于社会主义经济建设论述摘编[M].北京:中央文献出版社,2017.

[33]中共中央文献研究室.论群众路线:重要论述摘编[M].北京:中央文献出版社,2017.

[34]中共中央宣传部.习近平同志系列重要讲话读本[M].北京:学习出版社,人民出版社,2014.

[35]习近平.论党的自我革命[M].北京:党建读物出版社,中央文献出版社,2023.

[36]中共中央宣传部,中华人民共和国外交部.习近平外交思想学习纲要[M].北京:人民出版社,学习出版社,2021.

[37]中共中央关于制定国民经济和社会发展第十四个五年规划和二〇三五年远景目标的建议[M].北京:人民出版社,2020.

[38]中共中央关于全面推进依法治国若干重大问题的决定[M].北京:人民出版社,2014.

[39]中国共产党第十八届中央委员会第三次全体会议文件汇编[M].北京:人民出版社,2013.

[40]中国共产党第十九届中央委员会第六次全体会议文件汇编[M].北京:人民出版社,2021.

[41]中国共产党第十三次全国代表大会文件汇编[M].北京:人民出版社,1987.

[42]中共中央文献研究室,中央档案馆.建党以来重要文献选编(一九二一——一九四九)(第十五、二十册)[M].北京:中央文献出版社,2011.

[43]中共中央文献研究室.邓小平年谱(1975—1997)(上、下卷)[M].北京:中央文献出版社,2004.

[44]中共中央文献研究室.毛泽东西藏工作文选[M].北京:中央文献出版社,2001.

[45]罗荣渠.现代化新论:世界与中国的现代化进程(增订本)[M].北京:商务印书馆,2004.

[46]张岱年,程宜山.中国文化与文化论争[M].北京:中国人民大学出版社,1990.

[47]孙正聿.马克思与我们[M].北京:中国人民大学出版社,2018.

[48]金耀基.中国的现代转向[M].香港:牛津大学出版社,2004.

[49]张国祚.中国文化软实力研究要论选(第一卷)[M].北京:社会科学文献出版社,2011.

[50]韩庆祥.强国时代[M].北京:红旗出版社,2018.

[51]韩美群,宋州.文化建设的中国话语[M].武汉:武汉大学出版社,2014.

[52]现代汉语词典[M].北京:商务印书馆,1996.

[53]李君如.李君如著作集(第18册)[M].上海:上海人民出版社,2019.

[54]高岸起.时代观[M].北京:人民出版社,2013.

[55]刘卓红,等.当代中国马克思主义新时代观[M].北京:社会科学文献出版社,2022.

[56]郭跃军.马克思主义时代观与当今时代[M].北京:知识产权出版社,2012.

[57]邱耕田.哲学视阈中的科学发展[M].北京:新华出版社,2014.

[58]苏秉琦.华人·龙的传人·中国人——考古寻根记[M].沈阳:辽宁大学出版社,1994.

[59]苏秉琦.中国文明起源新探[M].北京:生活·读书·新知三联书店,2019.

[60]萧功秦.中国的大转型——从发展政治学看中国变革[M].北京:新星出版社,2008.

[61]孙立平.重建社会——转型社会的秩序再造[M].北京:社会科学文献出版社,2009.

[62]吴敬琏,张维迎.改革是最大政策[M].北京:东方出版社,2014.

[63]薛德震.人的哲学论纲(增订版)[M].北京:人民出版社,2011.

[64]胡红生.社会心态论[M].北京:中国社会科学出版社,2011.

[65]周栋.中国特色社会主义话语体系初探[M].北京:人民出版社,2019.

[66]郑永年.通往大国之路:中国的知识重建和文明复兴[M].北京:东方出版社,2011.

[67]华智库,刘伯奎.从大国小民到富国强民:国民精神文化转型指南[M].广州:暨南大学出版社,2014.

[68]肖裕声.中国军事百科全书(第二版)·世界战争史(学科分册)Ⅰ[M].北京:中国大百科全书出版社,2007.

[69]肖裕声.中国军事百科全书(第二版)·世界战争史(学科分册)Ⅱ[M].北京:中国大百科全书出版社,2007.

[70]邓正来.市民社会理论的研究[M].北京:中国政法大学出版社,2002.

[71]蔡俊生,陈荷清,韩林德.文化论[M].北京:人民出版社,2003.

[72]张维为.中国超越:一个“文明型国家”的光荣与梦想[M].上海:上海人民出版社,2016.

[73]阿历克斯·英格尔斯.人的现代化[M].殷陆君,译.成都:四川人民出版社,1985.

[74]魏柳南.中国的威胁?[M].王宝泉,叶寅晶,译.北京:人民日报出版社,2009.

[75]安东尼奥·葛兰西.狱中札记[M].曹雷雨,姜丽,张跣,译.北京:中国社会科学出版社,2000.

[76]汉娜·阿伦特.过去与未来之间[M].王寅丽,张立立,译.南京:译林出版社,2011.

[77]马克·戴维森.隐匿中的奇才——路德维希·冯·贝塔朗菲传[M].陈蓉霞,译.上海:东方出版中心,1999.

[78]乌尔里希·贝克.什么是全球化?全球主义的曲解:应对全球化[M].常和芳,译.上海:华东师范大学出版社,2008.

[79]麦克法夸尔,费正清.剑桥中华人民共和国史(上)——革命的中国的兴起1949—1965年[M].谢亮生,译.北京:中国社会科学出版社,1990.

[80]爱德华·W.萨义德.文化与帝国主义[M].李琨,译.北京:生活·读书·新知三联书店,2003.

[81]小约瑟夫·奈.理解国际冲突:理论与历史[M].张小明,译.上海:上海人民出版社,2002.

[82]丹尼尔·贝尔.意识形态的终结——50年代政治观念衰微之考察[M].张国清,译.北京:中国社会科学出版社,2013.

二、期刊类

[1]习近平.推进党的建设新的伟大工程要一以贯之[J].求是,2019(19).

[2]习近平.坚持历史唯物主义不断开辟当代中国马克思主义发展新境界[J].求是,2020(2).

[3]习近平.把握新发展阶段,贯彻新发展理念,构建新发展格局[J].求是,2021(9).

[4]习近平.在党的十八届六中全会第二次全体会议上的讲话(节选)[J].求是,2017(1).

[5]习近平.在党的十九届一中全会上的讲话[J].求是,2018(1).

[6]习近平.关键在于落实[J].求是,2011(6).

[7]习近平.坚持和发展中国特色社会主义要一以贯之[J].求是,2022(18).

[8]习近平.关于坚持和发展中国特色社会主义的几个问题[J].求是,2019(7).

[9]习近平.中国共产党90年来指导思想和基本理论的与时俱进及历史启示——在纪念中国共产党成立90周年党建研讨会上的讲话[J].党建研究,2011(7).

[10]韩庆祥,黄相怀.为人类对更好社会制度的探索提供中国方案[J].求是,2017(1).

[11]韩庆祥.21世纪马克思主义的基础性问题[J].中国社会科学,2022(4).

[12]韩庆祥.全面深入理解“两个结合”的核心要义和思想精髓[J].马克思主义研究,2021(10).

[13]韩庆祥.中国话语体系的八个层次[J].社会科学战线,2015(3).

[14]韩庆祥,方兰欣.改革开放以来中国特色社会主义的发展逻辑[J].中国特色社会主义研究,2018(3).

[15]韩庆祥,方兰欣.论习近平新时代观[J].阅江学刊,2019(4).

[16]韩庆祥,张健.中国特色社会主义建设实践的内在逻辑与发展趋向[J].中国社会科学,2012(3).

[17]郑永扣,方兰欣.人类命运共同体理念与中华文化[J].河南社会科学,2018(1).

[18]郑永扣,钟科代.加强农村社会主义核心价值观建设是实施乡村振兴战略的重要任务[J].社会主义核心价值观研究,2021(4).

[19]吴晓明.世界历史与中国道路的百年探索[J].中国社会科学,2021(6).

[20]刘同舫.“人体解剖”与“猴体解剖”的辩证关系论[J].马克思主义研究,2023(3).

[21]胡百精.互联网与集体记忆构建[J].中国高校社会科学,2014(3).

[22]丰子义.把握时代的意义与方法论[J].马克思主义与现实,2020(6).

[23]闫坤.新时代:以新的主要矛盾标识新的历史方位[J].学习与探索,2017(12).

[24]方兰欣.中国特色社会主义新时代的内涵、基础与意义——中国特色社会主义进入新时代[J].宁夏党校学报,2018(3).

[25]锁利铭.政府改革困境的制度结构性视角分析[J].公共管理学报,2007(3).

[26]方兰欣.力量转移、结构转型、文明更新:中国总问题的哲学分析[J].求实,2016(4).

[27]黄一兵.党探索我国社会主要矛盾的实践和启示[J].中共党史研究,2018(1).

[28]庞元正.新时代我国社会主要矛盾转化需要深入研究的若干问题[J].哲学研究,2018(2).

[29]谭扬芳,贾江华.中国特色道路昭示光明未来——国外学者论“中国发展模式”[J].红旗文稿,2012(14).

[30]石云霞.论社会主义现代化强国思想的创新和发展[J].思想理论教育导刊,2019(5).

[31]郭广银.习近平关于人民主体地位的思想[J].中共中央党校学报,2014(5).

[32]赵中源.新时代社会主要矛盾的本质属性与形态特征[J].政治学研究,2018(2).

[33]张振波.乡村振兴战略中社会主义核心价值观的乡土化[J].南京邮电大学学报(社会科学版),2019(1).

[34]吴潜涛.深化社会主义核心价值观研究的几点思考[J].社会主义核心价值观研究,2019(1).

[35]陈治亚.把社会主义核心价值观教育融入学校教育全过程[J].中国高等教育,2015(Z3).

[36]吴志成,李佳轩.全球和平赤字治理与中国的责任担当[J].国家安全研究,2022(1).

[37]孙利天.现代性的追求和内在超越[J].中国社会科学,2016(2).

[38]陈培永.马克思主义中国化“两个相结合”的深层意蕴[J].高校马克思主义理论研究,2021(3).

[39]戴木才.“以儒代马论”和“以马废儒论”批判——深入理解马克思主义基本原理同中华优秀传统文化相结合[J].长安大学学报(社会科学版),2022(2).

[40]高长武.马克思主义与中华优秀传统文化相结合四题[J].红旗文稿,2018(5).

[41]张忠军.增强中国国际话语权的思考[J].理论视野,2012(4).

[42]刘本锋.对文化全球化与我国文化安全战略的思考[J].求实,2005(12).

[43]刘国光.对经济学教学和研究中一些问题的看法[J].高校理论战线,2005(9).

[44]张曙光.中国:问题、经验与理论[J].学术研究,2009(1).

三、报纸类

[1]习近平.在庆祝中国共产党成立95周年大会上的讲话[N].人民日报,2016-07-02(2).

[2]习近平.在庆祝中国共产党成立100周年大会上的讲话[N].人民日报,2021-07-02(2).

[3]习近平.担负起新的文化使命 努力建设中华民族现代文明[N].人民日报,2023-06-03(1).

[4]习近平.携手同行现代化之路[N].人民日报,2023-03-16(2).

[5]习近平.决胜全面建成小康社会 夺取新时代中国特色社会主义伟大胜利[N].人民日报,2017-10-28(1).

[6]习近平.高举中国特色社会主义伟大旗帜 奋力谱写全面建设社会主义现代化国家崭新篇章[N].人民日报,2022-07-28(1).

[7]习近平.共同构建人类命运共同体[N].人民日报,2017-01-20(2).

[8]习近平.在庆祝改革开放40周年大会上的讲话[N].人民日报,2018-12-19(2).

[9]习近平.在纪念马克思诞辰200周年大会上的讲话[N].人民日报,2018-05-05(2).

[10]习近平.在哲学社会科学工作座谈会上的讲话[N].人民日报,2016-05-19(2).

[11]习近平.立足我国国情和我国发展实践 发展当代中国马克思主义政治经济学[N].人民日报,2015-11-25(1).

[12]习近平.在纪念孔子诞辰2565周年国际学术研讨会暨国际儒学联合会第五届会员大会开幕会上的讲话[N].人民日报,2014-09-25(2).

[13]习近平.在庆祝中华人民共和国成立65周年招待会上的讲话[N].人民日报,2014-10-01(2).

[14]习近平.共同维护和发展开放型世界经济[N].人民日报,2013-09-06(2).

[15]习近平.在联合国教科文组织总部的演讲[N].人民日报,2014-03-28(3).

[16]习近平.携手构建合作共赢新伙伴 同心打造人类命运共同体[N].人民日报,2015-09-29(2).

[17]习近平.推动全球治理体制更加公正更加合理 为我国发展和世界和平创造有利条件[N].人民日报,2015-10-14(1).

[18]习近平.全面贯彻党的十八届五中全会精神 落实发展理念推进经济结构性改革[N].人民日报,2015-11-11(1).

[19]习近平.在中国国际友好大会暨中国人民对外友好协会成立60周年纪念活动上的讲话[N].人民日报,2014-05-16(2).

[20]习近平.改革要聚焦聚神聚力抓好落实 着力提高改革针对性和实效性[N].人民日报,2014-06-07(1).

[21]习近平.在第十三届全国人民代表大会第一次会议上的讲话[N].人民日报,2018-03-21(2).

[22]习近平.问题就是时代的口号[N].浙江日报,2006-11-24(1).

[23]宣言.紧紧抓住大有可为的历史机遇期[N].人民日报,2018-01-15(1).

[24]对照检查中央八项规定落实情况讨论研究深化改进作风举措[N].人民日报,2013-6-26(1).

[25]杜尚泽.阔步走在中华民族伟大复兴的历史征程上[N].人民日报,2016-01-05(1).

[26]韩庆祥.深刻理解和把握“新的伟大斗争”[N].人民日报,2014-07-23(7).

[27]李斌,霍小光.“改革的集结号已经吹响”[N].人民日报,2014-03-13(1).

[28]陈曙光.为发展中国家走向现代化提供全新选择[N].经济日报,2018-01-18(13).

[29]陈曙光.中国道路的成功密码[N].光明日报,2019-01-25(6).

[30]方兰欣.哲学发展要直面中国问题[N].学习时报,2015-5-11(A3).

[31]何林,赵红艳.让社会主义核心价值观融入日常生活[N].中国社会科学报,2019-07-23(2).

[32]欧阳康.多维探析中国式现代化新道路[N].中国社会科学报,2021-10-19(7).

[33]邸乘光.坚持和发展中国特色社会主义:习近平治国理政思想的鲜明主题[N].宁波日报,2017-01-19(A9).

[34]韩庆祥,方兰欣.正确认识中华文明的突出特性[N].中国社会科学报,2023-06-12(A9).

后　　记

我博士毕业于中共中央党校马克思主义文化学专业，师从韩庆祥教授。2017 年 7 月到郑州大学马克思主义学院工作，三个月后党的十九大胜利召开。在郑州大学马克思主义学院从事马克思主义理论类相关学科的教学科研工作中，我受韩庆祥老师“用学术讲政治”的教诲，把新时代及其相关问题作为研究的侧重点，先后主持了河南省社科规划项目、中国博士后面上项目、教育部青年基金项目、国家社科基金项目等多项课题，在《科学社会主义》《人民论坛》《学术界》《河南日报》等报刊发表相关文章 40 多篇。现在呈现在各位读者面前的这本书是我参加工作以来在教学科研中对新时代、新时代观等相关问题思考和研究的一个汇报。感谢韩老师的全程指导并撰写序言！

马克思主义视域下的新时代观研究是一个政治性、学理性和现实性都很强的重要课题，本书只能是一个初步的阶段性的成果。作为我个人学术研究道路上的首部专著，我确实也尽心尽力地做了很多努力，其间数易其稿，但由于水平局限，书中难免还存在一些需要进一步挖掘和深化的地方，甚至可能还有不少舛漏，敬请读者批评指正。我将把大家的鼓励或指正视为进一步研究和完善的动力！

本书的出版得到了河南省高校哲学社会科学优秀著作资助（二十大专项）出版立项的全额资助，受到郑州大学意识形态安全研究中心和郑州大学马克思主义哲学研究中心的大力支持，河南大学出版社责任编辑郑鑫、薛建立老师提携后学，为此书倾注了许多心血，在此一并表示感谢！

方兰欣

2024 年 11 月